HELMUT W. PESCH
Elbisch für Anfänger

AF201934

Weitere Titel des Autors:

Das große Elbisch-Buch

Als E-Books sind lieferbar:

Die Ringe der Macht (mit Horst von Allwörden)
Die Herren der Zeit

Die Kinder der Nibelungen
Die Kinder von Erin
Die Kinder von Avalon

Über den Autor:

Dr. Helmut W. Pesch ist Tolkien-Fan und -Sammler und gilt als einer der führenden Experten für Fantasy-Literatur im deutschsprachigen Raum. Er hat selbst erfolgreiche Fantasy-Romane wie *Die Ringe der Macht* und *Die Kinder der Nibelungen* geschrieben und mit *Das Große Elbisch-Buch* eine umfassende Darstellung von Tolkiens Elbensprachen verfasst.
www.helmutwpesch.de
www.elbisch.info

Helmut W. Pesch

ELBISCH FÜR ANFÄNGER

Lern- und Übungsbuch

Lübbe

Dieser Titel ist in zwei Bänden als E-Book erschienen.

Eine frühere Fassung dieses Buches ist unter dem Titel *Elbisch: Lern- und Übungsbuch der Elben-Sprachen J. R. R. Tolkiens* (2004) erschienen. Der Text ist für die Neuausgabe vollständig überarbeitet und erweitert worden.

Originalausgabe

Copyright © 2015 Bastei Lübbe AG,
Schanzenstraße 6 – 20, 51063 Köln

Vervielfältigungen dieses Werkes für das Text- und Data-Mining bleiben vorbehalten.

Titelillustration: © Arndt Drechsler, Regensburg
Umschlaggestaltung: Guter Punkt, München
Mit Illustrationen des Verfassers, teilweise unter Verwendung von Motiven von Shutterstock.
Satz: Urban Satzkonzept, Düsseldorf
Gesetzt aus der Berkeley
Druck und Verarbeitung: GGP Media GmbH, Pößneck
Printed in Germany
ISBN 978-3-404-17336-5

5 7 9 8 6

Sie finden uns im Internet unter luebbe.de
Bitte beachten Sie auch: lesejury.de

Inhalt

Vorwort

Die Filmtrilogie *Der Herr der Ringe* war für viele die erste nachhaltige Begegnung mit der Elbensprache aus J. R. R. Tolkiens Mittelerde. Sie nicht nur zu lesen, sondern auch zu hören hatte einen ganz besonderen Zauber. Viele verspürten daher den Wunsch, selbst Elbisch zu lernen. Doch diese Kunstsprache – in ihren zwei Ausprägungen ›Quenya‹ und ›Sindarin‹ – ist das Lebenswerk eines der führenden historischen Sprachwissenschaftlers seiner Zeit, und Tolkien selbst sagte einmal in einem Interview der BBC dazu: »Teegeplauder auf Elbisch kann ich mir nicht vorstellen. Dazu ist Elbisch auch viel zu schwierig. Ich habe nie aufgehört, daran zu arbeiten.«

Als das erste Buch zum Thema, *Elbisch – Grammatik, Schrift und Wörterbuch* (2003) eine unverhofft große Leserschaft fand, lag der Gedanke nahe, auch etwas für diejenigen zu schreiben, die diese Sprache lernen wollten. So entstand *Elbisch – Lern- und Übungsbuch* (2004), das außerdem die Gelegenheit bot, nach den Wörterbüchern Elbisch–Deutsch nun auch Wörterbücher Deutsch–Elbisch herauszubringen. Beide Wörterbücher sind in erweiterter Form in *Das große Elbisch-Buch* (2009) eingegangen, von dem inzwischen eine nochmals korrigierte Neuauflage vorliegt. Das ›Übungsbuch‹ selbst ist wie auch das erste ›Elbisch‹-Buch inzwischen vergriffen.

Mittlerweile ist einiges mehr über Tolkiens Sprachschöpfung bekannt als noch vor einem Jahrzehnt. Doch je mehr wir über Tolkiens Werk wissen, umso schwieriger wird es, zu sagen, was denn ›richtiges‹ Elbisch ist. Was den praktischen Gebrauch des Elbischen betrifft, so bin ich ebenfalls viel vorsichtiger geworden. Nach langem Zögern habe ich dennoch beschlossen, noch einmal den Versuch zu machen, ein ›Lern- und Übungsbuch‹ für Anfänger aufzulegen, als Buch in gedruckter Form und parallel dazu als zwei E-Books, getrennt für Quenya und Sindarin.

Einiges an den Regeln hat sich inzwischen aufgrund neuerer Erkenntnisse geändert. Dennoch ist, wie ich betonen möchte, auch die hier vorgestellte Elbensprache nur eine von verschiedenen möglichen Formen. Sie ist in mancher Hinsicht eine Rekonstruktion, ein ›Neo-Elbisch‹, und zum Teil auch eine Vereinfachung. Ein solcher Ansatz wird von manchen, die sich intensiv mit dem Thema beschäftigen, sehr kritisch gesehen, und ich respektiere diese Einstellung. Für einen Einstieg jedoch ist selbst eine leicht vereinfachte und regulierte Form immer noch kompliziert genug.

Im Detail stimmt darum auch nicht alles hundertprozentig mit den in *Das große Elbisch-Buch* aufgestellten Regeln überein, auch wenn diese nach wie vor Gültigkeit haben. Dennoch habe ich die Hoffnung, dass ein Elbe in Mittelerde diese Sprache verstehen würde – und einem Sterblichen auch den einen oder anderen Fehler verzeiht.

Köln, im Juni 2015
Helmut W. Pesch

Erster Teil

QUENYA

(Tengwar script)

Ein Stern scheint auf die Stunde
unserer Begegung.

alqua ›Schwan‹

Lektion 1: Wie man Quenya erkennt

In den Schriften J. R. R. Tolkiens wird eine Vielzahl von Sprachen erwähnt. Die bekanntesten davon sind Quenya und Sindarin, die Sprachen der Elben in den westlichen Landen von Mittelerde am Ende des Dritten Zeitalters.

Wie kann man erkennen, ob ein Wort Quenya ist? Von vielen Dialekten und Einzelsprachen, wie ›Lindarin‹, ›Telerin‹ oder ›Avarin‹, gibt es nur einzelne Wörter, die gewöhnlich im Text als solche erkennbar sind. Andere Varianten, wie ›Qenya‹ und ›Gnomisch‹, werden nur im *Buch der Verschollenen Geschichten,* nicht in *Der Herr der Ringe* oder im *Silmarillion* verwendet. ›Primitives Quendisch‹ (oder ›Ur-Elbisch‹) ist hauptsächlich in linguistischen Diskussionen zu finden. Meist wird es in der Praxis darum gehen, Elbisch von anderen Sprachen und das elbische Quenya vom elbischen Sindarin zu unterscheiden.

Quenya wird im Text von den Elben auch als »die Alte Sprache« (*HdR* I/3) oder »die Hochsprache des Westens« (*Sil* QS/15) und vom Erzähler als »hochelbische« Sprache oder ähnlich bezeichnet. Diese »Alte Sprache« ist nicht zu verwechseln mit dem Ur-Elbisch, wie es von den ersten Elben an den Wassern des Erwachens gesprochen wurde. Als die Elben sich auf ihre lange Wanderung nach Westen machten, wie das *Silmarillion* berichtet, spaltete sich ihre gemeinsame Sprache in die Dialekte verschiedener Stämme auf. Aus einem dieser Dialekte entwickelte sich das Quenya als die Sprache der Noldor-Elben in den Unsterblichenlanden, während sich in Mittelerde das Sindarin herausbildete. Erst mit der Rückkehr der Noldor nach Mittelerde unter Feanor wurde das Quenya auch in Mittelerde bekannt.

Die alten Namen der Valar, der göttergleichen Mächte des Westens, und viele Bezeichnungen aus der Vorzeit sind Quenya. Im Ersten Zeitalter wurde in Mittelerde jedoch meist Sindarin gesprochen, weil der Grauelbenkönig Thingol den Gebrauch von Quenya in seinem Reich verboten hatte. Viele von den Hochelben haben jedoch Namen, die aus einer Quenya-Form abgeleitet sind. Quenya sind auch die Namen der menschlichen Könige von Númenor und Gondor.

Im Dritten Zeitalter wurde Quenya vorwiegend für rituelle Zwecke verwendet, so wie Latein im Mittelalter; Sindarin war das gesprochene Elbisch des Dritten Zeitalters. Darum sind auch die geografischen Bezeichnungen in *Der Herr der Ringe* meist Sindarin. Namen in Rohan sind Rohirrisch (was im Roman in Altenglisch umgesetzt wurde), Worte, die von Orks gebraucht werden, sind gewöhnlich Orkisch und so weiter. Waldelbisch wurde in Lórien und dem Düsterwald verwendet und ist mit diesen Orten verbunden (siehe »Von den Elben«, *HdR* Anh/F, und »Die Geschichte von Galadriel und Celeborn«, *NaM* 2/IV). Der einzige längere Quenya-Text in *Der Herr der Ringe* ist das Lied »Namárië« (Galadriels Klage in Lórien, *HdR* II/8).

Die hier verwendeten Abkürzungen zu den Quellen werden im Anhang erklärt.

Merkmale

Zur Unterscheidung des Quenya von anderen Sprachen Mittelerdes lassen sich insbesondere die Laute und die Grammatik heranziehen.

Laute

Quenya bevorzugt bestimmte Laute und Lautkombinationen, zum Teil abhängig von der Stellung im Wort:

Typisch für Quenya:

qu, *hl*, *hr*, *hy* sind typische Buchstabenkombinationen im Quenya.
y (als Konsonant).
ai, *au*, *eu*, *oi*, *ui*, *iu* als Diphthonge (Gleitlaute).
v ist häufig im Quenya,
w, *x* ist selten im Quenya, *th*, *z* kommt nur im alten Quenya vor,
    nicht in Mittelerde,
¨ (Diëresis) zur Kennzeichnung eines getrennt gesprochenen
    Vokals ist häufig im Quenya.
hl, *hr*, *hy* am Wortanfang, *mb*, *nd*, *ld*, *rd*, *ng* in der Wortmitte (*b*, *d*,
    g steht nur nach diesen Konsonanten und nur in der Wortmit-
    te).
Quenya-Wörter enden entweder auf einen Vokal oder auf *l*, *n*, *r*,
    s, *t*; andere Konsonanten sind nicht zulässig.
Quenya bevorzugt lange, vielsilbige Wörter.

Typisch für andere Sprachen von Mittelerde:

ch, *dh*, *gh*, *lh*, *mh*, *rh* als Buchstabenkombinationen.
y (als Vokal),
ae, *oe* als Diphthonge (Gleitlaute).
v kommt vor, aber selten,
w, *th* ist häufig im Sindarin,
x, *z* kommt im Sindarin nicht vor, wohl aber in anderen Spra-
    chen.
ˆ (Zirkumflex) ist in der Regel nicht Quenya.
j, *zh*, *sh* kommen im Elbischen überhaupt nicht vor.
b, *d*, *g*, *ch*, *dh*, *lh*, *mh*, *rh*, *io* am Wortanfang,
b, *d*, *g* allein oder nach anderen Konsonanten als *m*, *n*, *l*, *r*.
Die meisten Wörter in anderen Sprachen enden auf einen Konso-
    nanten.
Sindarin bevorzugt kürzere Wörter. Andere Sprachen haben
    auch kurze Wörter, aber mit anderen Lauten als im Quenya.

Grammatik

Jede Sprache hat ihre eigene Grammatik. So sind etwa im Quenya typische Adjektivendungen *-ea*, Plural *-ië*; im Sindarin *-ui* oder *-en*, Plural *-in*. Die Befehlsform (*Imperativ*) endet im Quenya auf *-a*, im Sindarin auf *-o*.

Übungen

(1) Bestimme die Sprache des jeweiligen Satzes:

(a) *Ash nazg durbatulûk, ash nazg gimbatul.*
(b) *A laita te, laita te! Andave laituvalmet!*
(c) *Cuio i Pheriain annan! Aglar'ni Pheriannath!*
(d) *Et Earello Endorenna utúlien.*

(2) Suche die Quenya-Wörter heraus:

Eldar, Adûnakhor, hríve, Haudh-en-Ndengin, Ilúvatar, éored, Isildur, ithildin, lasse-lanta, Elendil, asea aranion, lhûg, Earendil, Elbereth, lómelinde, Lugbúrz, menel, Cuiviénen, Elentári, Morgoth, Narya, Nen Hithoel, Eldalië, Amon Lhaw, Ainulindale, Ninquelóte, coire, Elessar, Ar-Gimilzôr, athelas, palantír, Dúnedain, Quenta Silmarillion, Eldamar, Emyn Muil, simbelmyne, snaga, tengwar, cirth, Azanulbizar, Thangorodrim, Valar, yén

Lösungen am Ende der Lektionen.

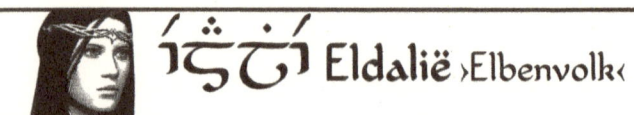 Eldalië ›Elbenvolk‹

Lektion 2: Aussprache

Die Aussprache des Quenya ist für einen deutschen Sprecher relativ einfach, weil die Laute im Wesentlichen denen des Lateinischen entsprechen, von dem unsere eigene Rechtschreibung abgeleitet ist. Dennoch gibt es ein paar Besonderheiten zu beachten.

Hier die wesentlichen Punkte, die vom deutschen Sprachgebrauch abweichen. Eckige Klammern bezeichnen im Folgenden die Aussprache; vor betonten Silben steht ein Hochstrich ['], lange Laute sind durch einen folgenden Doppelpunkt [:] gekennzeichnet.

Weitere Hinweise zur verwendeten Lautschrift sind am Ende des Buches aufgeführt.

Vokale (Selbstlaute)

Vokale sind offene Klänge, bei denen der Luftstrom nicht unterbrochen wird. Sie tragen allein oder zusammen mit Konsonanten die Silben eines Wortes. Die Vokale im Quenya entsprechen im Allgemeinen den deutschen: *a*, *e*, *i*, *o*, *u*. Die deutschen Umlaute *ä*, *ö*, *ü* gibt es im Quenya nicht.

Das *-e* am Ende eines Wortes wird im Quenya immer mitgesprochen, weshalb in den englischen Ausgaben zwei Punkte darüber stehen, um dies zu markieren. In den deutschen Ausgaben wird darauf verzichtet, weshalb ich dies hier auch tun möchte. Dafür verwende ich aber bei *ië* eine solche Markierung, um darauf hinzuweisen, dass es sich nicht um ein langes *i* wie im Deutschen handelt, sondern um zwei getrennte Laute.

Im Folgenden noch einige Hinweise im Detail:

A, I, U wie im Deutschen.

E kurz wie in ›Bett‹ [bɛt], lang wie in ›Beet‹ [be:t]. Das lange *e* ist im Quenya gespannter und geschlossener als das kurze. Das ist im Deutschen genauso, sodass man hier keine Besonderheiten zu beachten braucht.

O kurz wie in ›Gott‹ [gɔt], lang wie in ›Boot‹ [bo:t]. Für die Klangfarbe gilt das Gleiche wie für *e*.

Diphthonge sind Doppel- oder Gleitlaute, die in einer Silbe gesprochen werden. Im Quenya sind dies *ai, oi, ui; au, eu, iu*. Es handelt sich dabei um fallende Diphthonge, das heißt, sie werden auf dem ersten Element betont. (Westron-Sprecher neigen dazu, *iu* auf dem *u* zu betonen, also ähnlich wie *ju* wie im deutschen ›Juli‹.)

AI wie in ›Hain‹ [hain], ›Bein‹ [bain].

OI wie in engl. 'boy' [bɔi].

UI wie in ›Pfui!‹ [pfui].

AU wie in ›Laut‹ [laut].

EU hat keine direkte deutsche Entsprechung. Es handelt sich nicht um das *eu* in ›Beute‹, das [ɔi] ausgesprochen wird, sondern um ein *e* wie in ›weh‹, das nach *u* gleitet – also eher wie *éu*.

IU desgleichen; eine Verbindung von *i* und *u*, in einer Silbe gesprochen: *íu*.

Alle anderen Kombinationen – *ea, eo, iĕ* etc. – sind zweisilbig.

Konsonanten (Mitlaute)

Bei *Konsonanten* wird der Luftstrom im Mund unterbrochen
oder gehindert. Konsonanten können allein keine Silbe tragen,
sondern nur zusammmen mit Vokalen.

C wird immer hart, also wie *k*, ausgesprochen. Tolkien verwendet *c* im Quenya, um der Sprache eine äußere Ähnlichkeit zum
Lateinischen zu geben (*c* ist hart im klassischen Latein).

G steht im Quenya nur nach *n* und wird dann deutlich mitgesprochen, etwa wie im Deutschen die Buchstabenkombination
ngg [ŋg] in ›Ringgeist‹.

H steht für zwei verschiedene Laute.
    (1) Der eine *h*-Laut war ursprünglich ein Reibelaut *ch* [x]
geschrieben *kh*. Dieser hat sich allmählich zu *h* abgeschwächt,
zuerst in der Wortmitte *(aha)*, dann am Wortanfang *(harma)*. Im
Dritten Zeitalter ist der Reibelaut nur noch vor *t* zu finden, ausgesprochen wie im Deutschen bei ›echt‹, ›acht‹: *telumehtar*
[telu'mɛçtar], *ohtar* ['ɔxtar].
    (2) Das *h* vor *l*, *r* und *w* wie in *hlóke*, *hríve*, *hwesta* bezeichnet
einen stark gehauchten, stimmlosen Laut. Im Dritten Zeitalter war
diese Aussprache nicht mehr im Gebrauch; das *h* wurde noch mitgeschrieben: *hlóke* ['lo:kɛ], *hríve* ['ri:ve], *hwesta* ['vɛsta], aber die
Aussprache war stimmhaft.

HY wird ausgesprochen wie das *h* in engl. 'huge', oder das deutsche *ch* in ›ich‹: *hyarmen* ['çarmɛn].

NG steht in der Wortmitte für das harte *ng* [ŋ] (siehe oben unter
G). Am Wortanfang gab es im alten Quenya den Laut *ng* [ŋ] wie
in ›lang‹ (der im Deutschen nicht an dieser Stelle vorkommt):
Ñoldor †['ŋɔldɔr], im Dritten Zeitalter als *n* ausgesprochen:
Noldor ['nɔldɔr].

QU wird [kw] (mit Halbvokal *u*) ausgesprochen, nicht [kv] wie im Deutschen; *Quenya* ['kwɛnja] spricht man *kuén-ja*.

R ist immer das ›Vorderzungen‹-*r*, wie im Italienischen (aber nicht so stark gerollt) oder in manchen Dialekten des Englischen, etwa in der südenglischen Aussprache von 'very' ['vɛri]. Es wird mit der Zungenspitze am Gaumen direkt hinter den Zähnen gebildet, ungefähr wie das deutsche *d*, aber so, dass die Zungenspitze durch den Luftstrom ein bisschen in Schwingung gerät.

Das im Deutschen übliche ›Zäpfchen‹-*r* gibt es in Mittelerde nur bei den Ork-Sprachen – und es wurde von den Elben als ausgesprochen hässlich angesehen!

S ist immer scharf, das heißt stimmlos, wie im Deutschen am Wortende: ›das‹, ›Hass‹, ›groß‹, auch vor Vokalen: *súle* ['su:lɛ] spicht man wie *ßule* (mit langem *u*).

TY wird *tj* ausgesprochen: *tyulma*, gesprochen ['tjulma].

Y ist immer ein Konsonant, wie in engl. 'yes', entsprechend dem deutschen *j*: *yén* ['je:n].

Doppelkonsonanten – *tt*, *ss*, *ll*, *nn* – sind lang; das heißt, sie werden einen Moment in der Position gehalten. Der vorangehende Vokal wird dadurch nicht, wie im Deutschen, verkürzt; im Gegenteil gilt eine Silbe mit Doppelkonsonant immer als lang.

Ein folgendes *y* [j] macht den Konsonanten ebenfalls lang, aber nur für die Betonung! Der Vokal davor kann trotzdem zusätzlich eine Länge haben.

Betonung

Die Betonung wird bestimmt von der Anzahl der Silben im Wort. Dabei bezieht sich ›Silbe‹ auf die Aussprache, nicht auf die Trennung der inhaltlichen Bestandteile eines Wortes.

(1) Zweisilbige Wörter werden in der Regel auf der ersten Silbe betont (*Anor* ['a.nɔr], *parma* ['par.ma]).

(2) Dreisilbige Wörter werden unterschiedlich betont, je nach Länge der vorletzten Silbe:

(a) Wenn die vorletzte Silbe lang ist, trägt sie die Hauptbetonung. Eine lange Silbe enthält entweder einen langen Vokal (*á, é, í, ó, ú*) bzw. einen Diphthong (*ai, oi, ui; au, eu, iu*) oder mehr als einen Konsonanten nach dem Vokal. In letzterem Fall spricht man auch von einer geschlossenen Silbe, da sie in der Aussprache mit einem Konsonanten schließt.

Olórin [ɔ'lo:rin] (langer Vokal: *ó*)
Úlairi [u:'lai.ri] (Diphthong: *ai*)
Isildur [i'sil.dur] (zwei Konsonanten nach dem Vokal: *ld*; die Silbe schließt mit einem Konsonanten, nämlich *l*).
Menelya [mɛ'nɛl.ja] (für die Betonung zählt *y* als Konsonant)

(b) Wenn die vorletzte Silbe kurz ist, wird die drittletzte Silbe betont (soweit vorhanden). Eine kurze Silbe enthält einen kurzen Vokal und entweder nur einen oder gar keinen folgenden Konsonanten. Eine Silbe, die auf einen Vokal endet, nennt man auch eine offene Silbe.

Orome ['ɔ.rɔ.mɛ] (die vorletzte Silbe ist *-ro-*: kurzer Vokal, dem nur ein Konsonant folgt)
Anárion [a.n'a:ri.ɔn] (die vorletzte Silbe ist *-ri-*: kurzer Vokal, kein folgender Konsonant)

Durch die Hinzufügung einer Endung oder die Bildung eines zusammengesetzten Wortes kann sich die Betonung verschieben.
    Namen, die auf *-ndil, -rdur, -rdil, -ldur* etc. enden, werden immer auf der vorletzten Silbe betont. Namen und Wörter, die auf *-iën, -ion, -iël, -ië, -ea* etc. enden, werden immer auf der drittletzten Silbe betont: *namárië* [na'ma:ri.e], *Níniël* ['ni:ni.el], *Lóriën* ['lo:ri.en].

Es gibt neben der Hauptbetonung noch eine schwächere Nebenbetonung, zum Beispiel auf der letzten Silbe, wenn die drittletzte Silbe betont wird. Meistens macht man so etwas automatisch beim Sprechen. Darum wird darauf hier nicht eingegangen, auch um die Sache nicht zu kompliziert zu machen.

Übungen

(1) Sprich die folgenden Quenya-Wörter aus:

cermië, uñque, Telperion, añga, Aule, áze, Númenor, Númenóre, Varda, Ohtar, Tintalle, cirya, loënde, Súlimo, Mahtan, Oiolosse, Turambar, leuca, hwesta, palantír, Elessar, hríve, Alqualonde, Vanyar, Noldor, Teleri, Silmaril, Silmarillion, elendili, Wilwarin, Telumehtar, istari, Hyarmendacil, Anárion, Menelmacar, tyeller, ruinya, Yavanna

(2) Sprich die folgenden Sätze:

(a) *Aiya Earendil elenion añcalima!*
(b) *Elen síla lúmenn' omentiëlvo!*

(3) Lies laut: Galadriels Klage (»Namárië«, HR II/8), den Eid Elendils (»*Et Earello Endorenna utúlien* ... «, HR VI/5) und den Eid Cirions (»*Vanda sina termaruva* ... «, NaM 3/II).

Lösungen am Ende der Lektionen.

 macil ›Schwert‹

Lektion 3: Einfache Substantive und Verben

Das Substantiv (Hauptwort)

Substantive bezeichnen Gegenstände, Personen oder Sachverhalte: ›Haus‹, ›Land‹, ›König‹, ›Nacht‹, ›Freiheit‹. Sie werden im Deutschen stets groß geschrieben.

Substantive im Quenya lassen sich in zwei Gruppen unterteilen, je nachdem, wie sie neben dem *Singular* (Einzahl) den *Plural* (Mehrzahl) bilden.

r-Plural

Substantive, die auf *-a*, *-i* oder *-o* enden, sowie Wörter auf *-ië* oder *-(l)le* bilden den Plural durch Hinzufügen von *-r*.

cirya ›Schiff‹, Pl. *ciryar*
tári ›Königin‹, Pl. *tárir*
Noldo ›Noldo‹ (d. h. ein[er, e] der Noldor), Pl. *Noldor*
enquië ›Woche‹, Pl. *enquiër*
tyelle ›Grad‹, Pl. *tyeller*

i-Plural

Substantive, die auf *l*, *n*, *r*, *s*, *t* enden, bilden den Plural durch Hinzufügen von *-i*.

Substantive, deren Stamm auf *-u* auslautet, fügen gleichfalls im Plural ein *-i* an. Häufig wird in diesem Fall im Singular der Schlussvokal zu *-o*, sodass man sie nicht auf den ersten Blick von

›echten‹ Substantiven auf -o unterscheiden kann; das muss man sich einfach von Fall zu Fall merken.

Bei Substantiven auf -e (außer den oben genannten) verschmilzt e+i im Plural zu -i.

Elendil ›Elbenfreund‹, Pl. *Elendili*
elen ›Stern‹, Pl. *eleni*
atar ›Vater‹, Pl. *atari*
nís ›Frau‹, Pl. *nissi* (Stamm *niss-*)
sarat ›Buchstabe‹, Pl. *sarati*
ango ›Schlange‹, Pl. *angwi* (< *angui; Stamm *angu-*)
lasse ›Blatt‹, Pl. *lassi*

Es gibt ein paar Ausnahmen von diesen Regeln. In einzelnen Fällen scheint es sich dabei um Reste älterer Formen zu handeln. Manchmal werden Singular und Plural auch von verschiedenen Formen des Wortes gebildet.

Ainu ›Heilig(er, e))‹, Pl. *Ainur*
Valarauco, ›Dämon der Macht‹ [= Sindarin *Balrog*], Pl. *Valaraucar*
silmaril ›Silmaril‹, Pl. *silmarilli* (von einer Nebenform *silmarille*)

Die Endung -*i* war ursprünglich lang: *-*í*. Lange Vokale werden im Quenya von Mittelerde in der Endsilbe grundsätzlich verkürzt.

Der Artikel (Begleiter)

Der bestimmte *Artikel* ›der, die, das‹ lautet *i*. Er bleibt für alle Wörter und alle Formen gleich. Einen unbestimmten Artikel ›ein, eine, ein‹ gibt es im Quenya nicht.

Singular
i aiwe ›der Vogel‹
aiwe ›ein Vogel‹

Plural
i aiwi ›die Vögel‹
aiwi ›Vögel‹

Eigentlich ist *i* gar kein richtiger Artikel, sondern eine Art Zeigewort (ein sogenannter ›deiktischer Partikel‹ wie im Deutschen
›o!‹). Es fehlt darum auch in manchen Fällen, wo wir im Deutschen einen Artikel setzen, zum Beispiel häufig bei Namen von
Völkern.

Eldar ›die Elben‹ (als Volk)
i Eldar ›die Elben‹ (eine bestimmte Gruppe)

Konjunktionen (Bindewörter)

Die Konjunktion ›und‹ lautet *ar.*

Eldalië ar Atanatari ›das Elbenvolk und die Menschenväter‹

An weiteren Konjunktionen lassen sich verwenden:

an ›denn‹
ananta ›aber doch, und doch‹
íre ›wann, wenn‹
mal ›oder‹
ná(n); ono ›aber, doch, andererseits, im Gegenteil‹
nó ›bevor‹
sa ›dass‹
(sí)ve ›(so)‹ wie

Das Verb (Tätigkeitswort)

Verben sind sogenannte Tätigkeits- bzw. Zeitwörter: ›arbeiten‹,
›finden‹, ›glauben‹, ›lieben‹. Die unterschiedlichen Formen des

Verbs werden im Quenya durch Anhängen von Endungen an den Stamm gebildet. Wortstämme werden mit einem Bindestrich am Ende geschrieben, um zu zeigen, dass es sich um unvollständige Formen handelt, die eine Endung erfordern.

Wir unterscheiden *schwache* Verben, deren Stamm auf *-a* oder *-u*, und *starke* Verben (auch Stammverben genannt), deren Stamm auf einen Konsonanten endet.

Ein einfacher Satz setzt sich aus zwei Satzgliedern zusammen: *Subjekt* (Satzgegenstand) und *Prädikat* (Satzaussage). Das Subjekt gehört normalerweise zur Wortart der Substantive, das Prädikat zu den Verben. Das Prädikat stimmt im Quenya mit dem Subjekt des Satzes im *Numerus* (Zahlform), das heißt im Singular oder Plural, überein.

In der Grundform – zu anderen Formen kommen wir später – enden schwache Verben im Singular auf *-a*, starke Verben auf *-e*. Im Plural tritt die Endung *-r* hinzu, wodurch bei starken Verben aus dem End-*e* ein *-i-* wird.

lanta- ›fallen‹
i lasse lanta ›das Blatt fällt‹
i lassi lantar ›die Blätter fallen‹

tul- ›kommen‹
i cirya tule ›das Schiff kommt‹
i ciryar tulir ›die Schiffe kommen‹

Wortstellung: Ursprünglich ging im Quenya das Prädikat dem Subjekt voraus.

Auta i lóme ›Es vergeht die Nacht!‹ [wörtlich: ›Vergeht die Nacht‹]

Dies finden wir im Dritten Zeitalter noch in der poetischen Sprache. Man kann es auch verwenden, um eine besondere Betonung zu erzielen. Ansonsten ist im klassischen Quenya die normale Wortstellung, wie im Deutschen auch, Subjekt – Prädikat.

Übungen

(1) Ergänze:

Beispiel: *Elen (sil-).* ›Ein Stern leuchtet.‹
Lösung: *Elen sile*.

Atar (tul-). ›Ein Vater kommt.‹
Enquië (auta-). ›Eine Woche vergeht.‹
Ango (ruc-). ›Eine Schlange flieht.‹
Aiwe (linda-). ›Ein Vogel singt.‹

(2) Setze alle Sätze vom Singular in den Plural.

(3) Übersetze ins Quenya:

Die Eldar irren umher. Dunkel lastet unter dem Himmel. Blätter fallen. Die Wasser fließen und der Wind rauscht. Die Elben halten Ausschau. Ein Stern erstrahlt.

(2) Übersetze ins Deutsche:

Orome i roquen tule. I Eldar rucir. Róma lamya. I Vala sile ve Isil. Auta i lóme. I Eldar tulir. I Vala linda. Lindar i aiwi ar i Eldar. Tintilar i eleni.

Wortschatz

Elda ›Elbe‹ (ein[er, e] der Eldar)
Orome ›Orome‹
Vala ›Vala‹ (›Macht‹)
Isil ›Mond‹

lóme ›Nacht, Dunkel, Zwielicht‹ (Stamm *lómi-*)
menel ›Himmel‹

nen ›Wasser, Gewässer‹
róma ›Horn‹ (Instrument)
roquen ›Reiter‹
súle ›Wind‹

auta- ›fortgehen, vergehen‹
caita- ›liegen, lasten‹
cel- ›fließen‹
lamya- ›klingen‹
lausta- ›rauschen, wehen‹
linda- ›singen‹
ranya- ›umherziehen, streunen‹
ruc- ›sich fürchten, fliehen‹
sil- ›strahlen‹ (mit weißem Licht)
tintil- ›funkeln‹ (Sterne)
tir- ›schauen, Ausschau halten‹
tul- ›kommen‹

ve ›wie‹
nu ›unter, unterhalb von‹ (räumlich)

Die Texte zu den Quenya-Übungen berichten von Geschehnissen, die im *Silmarillion* überliefert sind.

Lösungen am Ende der Lektionen.

 elen ›Stern‹

Lektion 4: Adjektive

Das Adjektiv (Eigenschaftswort)

Ein *Adjektiv* bezeichnet meist eine Eigenschaft einer Sache bzw. eines Sachverhalts: ›schnell‹, ›hoch‹, ›grün‹, ›wild‹. Adjektive können attributiv (›das schnelle Schiff‹) oder adverbial (›das Schiff fährt schnell‹) verwendet werden. Viele Adjektive sind steigerbar: ›schnell, schneller, am schnellsten‹. In vielen Sprachen stimmt das Adjektiv mit dem dazugehörigen Substantiv überein; das heißt, es passt seine Form dem Hauptwort an.

Adjektive im Quenya stimmen mit ihrem Beziehungswort im Numerus, d. h. in Singular oder Plural, überein.

Formen des Adjektivs

Adjektive auf -*a* bilden den Plural durch Änderung des Schlussvokals zu -*e*. (Dies ist anders als bei Substantiven auf -*a*, also Achtung!)

linta, Pl. *linte* ›schnell‹
vanima, Pl. *vanime* ›schön‹

Adjektive auf -*e* ändern den Schlussvokal zu -*i*.

carne, Pl. *carni* ›rot‹
lisse, Pl. *lissi* ›süß‹

Adjektive auf -*ea* ändern die Schlussvokale zu -*ië*.

lómea, Pl. *lómië* ›dunkel‹
laurea, Pl. *laurië* ›golden‹

Adjektive auf -*n* fügen ein -*i* an.

ilfirin, Pl. *ilfirini* ›unsterblich‹

Ein Wort kann im Übrigen von seiner Form her sowohl Substantiv als auch Adjektiv sein, wenngleich dies selten vorkommt.

losse, Pl. *lossi* ›Schnee‹ (Subst.), ›schneeweiß‹ (Adj.)

Wortstellung: Wenn das Beziehungswort Subjekt des Satzes (Satzgegenstand) ist, steht das Adjektiv an zweiter Stelle. In anderen Fällen geht das Adjektiv dem Substantiv voraus. Diese Regel ist jedoch nicht zwingend; insbesondere in Gedichten weicht die Wortstellung häufig ab.

I aiwe carne linda lisse lire. ›Der *rote* Vogel (Subjekt) singt ein *süßes* Lied (Objekt).‹

Elision (Auslassung): Wenn ein Adjektiv, das auf einen Vokal (insbesondere -*a*) endet, von einem Wort gefolgt wird, das mit einem Vokal anfängt, kann das erste Wort seinen Endvokal verlieren. Dies kommt vor allem bei mehr als zweisilbigen Wörtern vor. Der weggefallene Vokal wird durch ein Auslassungszeichen gekennzeichnet, und die zwei Wörter werden mehr oder weniger wie ein einziges zusammenhängendes Wort ausgesprochen, das aber die Betonungen der einzelnen Wörter beibehält.

métim' andúne ›letzter Sonnenuntergang‹ (aus: *métima + andúne*, ausgesprochen [mˈeːtim.andˈuːnɛ])

Steigerung: Wir kennen im Quenya keine Steigerungsformen in dem Sinne ›groß, größer, am größten‹, wohl aber ein ›Intensiv-Präfix‹, das heißt, eine Vorsilbe mit der Bedeutung ›sehr‹. Diese

Vorsilbe lautet *an-*. Sie kann auch mit dem Superlativ übersetzt werden.

calima ›hell‹
ancalima ›sehr hell, der (die, das) hellste‹

Der Sachverhalt ›Die Sonne ist heller als der Mond‹ würde im Quenya ausgedrückt als *Anar calima lá Isil* (wörtlich: ›Sonne [ist] hell, nicht Mond‹).

Das Hilfsverb ›sein‹

Die 3. Person von ›sein‹ (›ist‹, Plural ›sind‹) heißt in der Grundform *na* ›ist‹, Pl. *nar* ›sind‹. ›Sein‹ wird als *Hilfsverb* oder *Kopulaverb* (von lat. *copula* ›Band‹) bezeichnet, weil es eine Prädikatsergänzung, meist ein Adjektiv oder Substantiv, benötigt, um ein vollwertiges Prädikat zu ergeben.

Wortstellung: Subjekt – Prädikat (Kopula + Prädikatsergänzung).

I orne laurea na halla. ›Der goldene Baum ist hoch.‹
I orni laurië nar halle. ›Die goldenen Bäume sind hoch.‹

Im Quenya muss das Adjektiv immer mit dem Substantiv übereinstimmen, ganz gleich, ob es im Subjekt oder im Prädikat steht. Das ist anders als im Deutschen; es entspräche ungefähr dem, als würde man den letzten Satz – sprachlich falsch – übersetzen: **›Die goldenen Bäume sind hohe.‹

Das Hilfsverb ›sein‹ wird im Quenya häufig auch weggelassen, wenn der Sinn eindeutig ist.

Übungen

(1) Setze die folgenden Sätze in den Plural:

Beispiel: *I lasse na laiqua.* ›Das Blatt ist grün.‹
Lösung:
I lassi nar laique. ›Die Blätter sind grün.‹

I roquen na linta. ›Der Reiter ist schnell.‹
I aiwe na vanima. ›Der Vogel ist schön.‹
Andúne na carne. ›Ein Sonnenuntergang ist rot.‹
I róma na laurea. ›Das Horn ist golden.‹
I Vala ilfirin calima lá elen. ›Der unsterbliche Vala [ist] heller als ein Stern.‹

(2) Übersetze ins Quenya:

Lang ist der Weg. Die schönen Elben kommen. Die Vanyar sind die ersten. Die Vanyar haben goldene Haare, die Noldor schwarze, die Teleri braune und silbergraue. Die Welt ist weit. Grün sind die Bäume. Die nebligen Berge sind hoch. Es strahlen die schneeweißen Gipfel.

(3) Übersetze ins Deutsche:

Cele i hisië mista. I eleni tinde nar calime. Nu i laique aldar Elwe lelya. Melyanna i Maia linda lisse líre. I Elda halla tire i vanima Maia. Lóre linta untupe Elwe ar Melyanna ve sinda colla. Halla ar lómea na i taure.

Wortschatz

Arda ›Welt, Erde‹ (als Reich Manwes)
Elwe ›Elu‹ (Thingol)
Maia ›Maia‹ (ein[er, e] der Maiar)

Melyanna ›Melian‹
Teler ›Teler‹ (ein[er, e] der Teleri)
Vanya ›Vanya‹ (ein[er, e] der Vanyar)

aicale ›Gipfel‹
colla ›Mantel‹
finde ›Haar, Haarschopf‹
hisië ›Nebel‹
lóre ›Schlaf, Traum‹
oron ›Berg‹, Pl. *oronti*
taure ›(großer) Wald‹
tië ›Weg‹

harya- ›haben, besitzen, enthalten‹
lelya- ›gehen‹ (ohne Richtung)
untup- ›bedecken, sich legen auf‹

anda ›lang‹ (räumlich und zeitlich)
hiswa ›neblig‹
laiqua ›grün‹
landa ›weit, breit‹
minya ›erst(er, e, es)‹
mista ›grau‹
morna ›dunkel, schwarz‹
sinda ›grau, silbergrau, blass‹
varne ›braun‹
tinda ›funkelnd‹

Wortbildung: Wörter lassen sich auf sogenannte ›Wurzeln‹ zurückführen (die hier mit einem Wurzelzeichen √ und in Großbuchstaben geschrieben werden). Von der Wurzel √KAL-
›scheinen‹ kommen *cala* ›Licht‹, *calma* ›Leuchte‹, *calima* ›hell‹,
cal- ›scheinen, leuchten‹; Sindarin *calad* ›Licht‹, *calen* ›grün‹
(eigentlich ›frisch‹).
   Begriffe, die im Deutschen durch ein und dasselbe Wort wiedergegeben werden, können im Quenya ganz unterschiedlich

abgeleitet sein. So heißt ›Baum‹ im Quenya *orne* (von der Wurzel √OR- ›aufwärts, hoch, steigend‹ und √NI-, möglicherweise verwandt mit dem Zeigewort *ni* [aus √I-; vgl. den bestimmten Artikel *i*] ›da, dort‹) oder *alda* (von der Wurzel √GALAD- ›Baum‹, verwandt mit √GALA- ›gedeihen‹), je nachdem, ob es sich um einen hohen, einzelnen Baum oder um einen breitwüchsigen Baum im Wald handelt.

Die Worte *lómea* und *morna* können beide ›dunkel‹ bedeuten; aber zum einen ist es das Dunkel, das durch einen Schatten geworfen wird oder sich aus der Abwesenheit von Licht ergibt, zum anderen das Dunkel als Schwärze.

Lösungen am Ende der Lektionen.

yg rocco ›pferd‹

Lektion 5: Nominativ, Akkusativ und Dativ

Substantive haben unterschiedliche Funktionen im Satz, die durch den *Kasus* (Fall; Plural *Kasūs* [mit langem *u*]) ausgedrückt werden. Die systematische Veränderung durch Kasusformen bezeichnet man als *Deklination* (Beugung).

In dem Satz: ›Der Junge gibt den Ball dem Mädchen‹ steht ›der Junge‹ (Subjekt) im *Nominativ*, ›den Ball‹ (direktes Objekt) im *Akkusativ* und ›dem Mädchen‹ (indirektes Objekt) im *Dativ*. In den klassischen gebeugten Sprachen wie im Lateinischen – und auch im Quenya – wird der Kasus durch Endungen angezeigt, die an das Substantiv angehängt werden.

Nominativ (*Wer*-Fall)

Der *Nominativ* dient zur Bezeichnung des Subjekts (auf die Frage ›Wer?‹). Der Nominativ hat im Quenya keine Kasusendung. Er unterscheidet aber, wie alle Kasus, zwischen Singular und Plural (sowie zwei weiteren Zahlformen, die in einer späteren Lektion behandelt werden).

cirya ›Schiff‹
Nom. Sg. *cirya* ›das Schiff‹
Nom. Pl. *cirya-r* ›die Schiffe‹

elen ›Stern‹
Nom. Sg. *elen* ›der Stern‹
Nom. Pl. *elen-i* ›die Sterne‹

lóte ›Blüte‹
Nom. Sg. *lóte* ›die Blüte‹
Nom. Pl. *lóti* ›die Blüten‹

Akkusativ (Wen-/Was-Fall)

Der *Akkusativ* dient zur Bezeichnung des direkten Objekts (auf die Frage ›Wen?‹ oder ›Was?‹). Dieser Kasus hatte einst eine eigene Endung, die jedoch vor dem Dritten Zeitalter verloren gegangen ist. Für unsere Zwecke können wir festhalten, dass der Akkusativ somit aussieht wie der Nominativ.

cirya ›Schiff‹
Akk. Sg. *cirya* ›das Schiff‹
Akk. Pl. *cirya-r* ›die Schiffe‹

elen ›Stern‹
Akk. Sg. *elen* ›den Stern‹
Akk. Pl. *elen-i* ›die Sterne‹

lóte ›Blüte‹
Akk. Sg. *lóte* ›die Blüte‹
Akk. Pl. *lóti* ›die Blüten‹

Dativ (Wem-Fall)

Der *Dativ* dient zur Bezeichnung des indirekten Objekts (auf die Frage ›Wem?‹). Die Endung lautet *-n*, das im Plural zu *-in* wird.

cirya ›Schiff‹
Dat. Sg. *cirya-n* ›dem Schiff‹
Dat. Pl. *cirya-i-n* ›den Schiffen‹

elen ›Stern‹
Dat. Sg. *elen-e-n* ›dem Stern‹
Dat. Pl. *elen-i-n* ›den Sternen‹

lóte ›Blüte‹
Dat. Sg. *lóte-n* ›der Blüte‹
Dat. Pl. *lóti-n* ›den Blüten‹

Wie man sieht, fügen auch Substantive, die im Nominativ den Plural mit -*r* bilden, in diesem Fall in der Pluralform stattdessen ein -*i*- ein. Bei Wörtern auf -*a* wird *a*+*i* in der Aussprache zum Diphthong *ai*: *ciryain* ['kir.jain].

Wir nehmen an, dass Wörter wie *elen* im Singular ein neutrales -*e*-, einen sogenannten Fugenvokal, einschieben, um eine flüssige Aussprache zu ermöglichen. Da im Plural ein -*i*- an den Stamm angehängt wird, ist ein Fugenvokal in diesem Fall nicht nötig.

Wörter auf -*ië* fügen wie andere Wörter auf -*e* einfach -*n* an. Im Plural verschmilzt **ië+i* zu *í*.

Lange Vokale werden, wie in Lektion 3 erwähnt, im Quenya von Mittelerde in Endsilben grundsätzlich verkürzt. Aus -*ín* wird daher in der Endsilbe -*in*.

Satzordnung

Die normale Wortstellung ist: Subjekt – Prädikat – direktes Objekt – indirektes Objekt – Präpositionalobjekt.

I lómelinde linda líre Sindacollon.
›Die Nachtigall singt ein Lied dem Sindacollo (Thingol).‹
I lómelinde linda líre i aranen nu i alda.
›Die Nachtigall singt ein Lied dem König unter dem Baum.‹

Wie man sieht, ist die Wortstellung anders als im Deutschen; wir würden eher sagen: ›Die Nachtigall singt dem König ein Lied.‹

Man beachte, dass im Quenya auch Namen mit Endungen versehen werden.

Hinweis: Im Englischen wird die Beziehung, die im Deutschen mit dem Dativ ausgedrückt wird, auf verschiedene Weise wiedergegeben: durch die Wortstellung ('The boy gives the girl a book') oder durch die Präposition 'to' ('The boy gives a book to the girl') beziehungsweise 'for' ('The boy sings a song for the girl'). Darum kann man im Deutschen diesen Kasus auch mit ›zu‹ oder ›für‹ wiedergeben.

Die Regel vom letztgebeugten Wort

In einer *Nominalphrase* (Wortgruppe) wird im Allgemeinen nur das letzte Wort gebeugt.

I lómelinde linda líre aran Sindacollon.
›Die Nachtigall singt ein Lied für König Sindacollo (Thingol).‹

Eine solche Nominalphrase besteht aus einem Substantiv und allen Wörtern, die es näher bestimmen, insbesondere Präposition, Artikel und Adjektiv. Auch ein zweites Substantiv kann ein Bestimmungswort sein, wie bei *aran Sindacollo* ›König Thingol‹. Wenn das letzte Wort einer solchen Gruppe eine Kasusendung hat, gilt sie für die ganze Gruppe. Eine Form wie *?aranen Sindacollon*, mit doppelter Dativ-Endung, wäre wohl nicht unbedingt falsch, würde aber von einem Elben als ungewöhnlich oder seltsam angesehen.

Dies bedeutet im Umkehrschluss, dass das letzte Wort imstande sein muss, eine Endung zu haben. Das ist wohl auch der Grund, weshalb Adjektive und andere Bestimmungswörter einem gebeugten Substantiv vorausgehen. Der Nominativ hat keine Endung. Der Akkusativ hatte früher einmal eine Kasus-Endung; darum wird er wie ein gebeugtes Wort behandelt.

I lómelinde morna **linda** *lisse* **líre** *sind' aranen.*
›Die *dunkle* Nachtigall (Nom.) singt ein *süßes* Lied (Akk.) für den *grauen* König (Dat.).‹

Präpositionen (Verhältniswörter)

Der Akkusativ steht im Quenya auch nach *Präpositionen*, auch wenn im Deutschen der Dativ steht:

nu i menel ›unter dem Himmel‹
mi oromardi ›in [den] Hohen Hallen‹

Übersicht: Präpositionen im Quenya

an(a), *na* ›zu, auf ... hin‹
apa ›nach‹ (zeitlich), ›auf‹ (ohne es zu berühren)
ara ›außerhalb von, neben‹ (räumlich)
arta ›quer über‹
as ›bei, mit ... zusammen‹
epe ›vor‹ (zeitlich)
han ›jenseits von‹
hequa ›außer, mit Ausnahme von‹
ho ›von, weg von‹
imbe ›zwischen‹
mi, *imi* ›in, innerhalb von‹ (*mí* = mi + Artikel *i*)
mica, *imíca* ›unter, zwischen‹ (als ein[er, e] davon)
minna ›in ... hinein‹
or ›über, oberhalb von‹
pella (nachgestellt) ›jenseits von‹
rá ›für, zugunsten von‹
se ›bei‹ (räumlich)
tenna ›bis an, so weit wie‹
ter ›durch ... hindurch‹
va ›von‹ (Besitz oder Herkunft)
yo ›mit‹ (bei drei oder mehr)

Im Elbischen gibt es (für Menschen) mitunter Verwirrung zwischen ›nach‹ und ›vor‹. Das liegt daran, dass die Elben das
Gefühl hatten, sich rückwärts in eine unbekannte Zukunft zu
bewegen, während die lange Vergangenheit ihrem Blick offen lag.
Darum heißt zum Beispiel das Wort *apacenya* ›voraussichtig,
prophetisch‹ im Wortsinn ›nach-sichtig‹ (weil das Ereignis zeitlich danach kommt).

Übungen

(1) Setze die folgenden Ausdrücke in den Dativ:

Beispiel: *orne halla* ›hoher Baum‹

Lösung: *halla ornin* ›einem hohen Baum‹

taure laiqua ›ein grüner Wald‹
hisië mista ›ein grauer Nebel‹
colla carne ›ein roter Mantel‹
nen landa ›ein breites Gewässer‹
oron hiswa ›ein nebliger Berg‹
calma laurea ›eine goldene Leuchte‹

(2) Setze die Dativ-Formen in den Plural.

(3) Übersetze die folgenden Ausdrücke:

Beispiel: ›über einen hohen Berg‹

Lösung: *arta halla oron*

›in einen dunklen Wald hinein‹
›unter einem breiten Baum‹
›vor der ersten Woche‹
›jenseits der grauen Berge‹

›zwischen den hohen Bäumen‹
›bei den schönen Elben‹

(4) Übersetze ins Quenya:

Es wandern die Elben durch den grünen Wald hindurch bis an
das letzte Ufer. Weiße Brandungswellen leuchten in der Nacht.
Osse kommt und zieht eine grüne Insel quer über das Große
Meer. Die lange Insel ist wie ein Schiff für die Elben (Dat.). Die
Eldar sehen hohe Gipfel und ein neues Licht. Jenseits hoher Ber-
ge liegt ein gesegnetes Land.

(5) Übersetze ins Deutsche:

*Minyar i Vanyar vanyar athra Alataire, neunar i Noldor. I Teleri
tulir métime ar himyar se falas.*

*Vanwa na Elwe. Lúce lisse caita no Elwe ar Melyanna nu i mor-
në aldar. Cena i Elda cuivea ilfirin cala.*

*Elwe ar Melyanna i Maia turir Helceldi. I lië linda vinye líri i
fána táriën ar i táro Sindacollon. Sí mi Endóre i Eldar quetir vinya
lambe: i lambe sindarinwa.*

Wortschatz

Alataire ›das Große Meer‹
Endóre ›Mittelerde‹
Heceldi ›Verlassene (Elben)‹

aire ›Meer‹
falasse ›Srand, Ufer, Gestade‹
falma ›Welle, Brandungswelle‹ (schaumgekrönt)
lambe ›Sprache‹
lië ›Volk‹
lúce ›Verzauberung‹
tol ›Insel‹ (Stamm *toll-*)

cen- ›sehen, erblicken‹
himya- ›bleiben, haften an‹
tur- ›beherrschen, herrschen über‹
quet- ›sprechen‹
vanya- ›entschwinden‹

almárea ›gesegnet‹
alta ›groß, riesig‹
cuivea ›erwachend‹
fána ›weiß leuchtend‹
minya ›erst(er, e, es)‹
neuna ›zweit(er, e, es)‹
sindarinwa ›grauelbisch‹
vanwa ›verschwunden, verloren, vorbei‹
vinya ›neu‹
sí ›jetzt; hier‹

Wortbildung: Aus *alta* (√ALAT-) *aire* wird *Alataire* ›das Große Meer‹. Manchmal finden sich in Zusammensetzungen ältere Wortformen wieder.

Lösungen am Ende der Lektionen.

 alda ›Baum‹

Lektion 6: Einfache Zeitformen und Pronomen

Aorist (Zeitlosigkeit)

Wir unterscheiden beim Verb im Quenya verschiedene Zeitformen, mit dem Fachwort *Tempus* (Plural *Tempora*) genannt. So gehören die bislang verwendeten Grundformen nicht, wie man nach der Übersetzung vermuten könnte, zur Gegenwart, sondern zu einem Tempus, das Tolkien *Aorist* nennt. Dieses Wort kommt aus dem Griechischen (von *aoristos* ›unbegrenzt, unbestimmt‹) und bezeichnet im Quenya eine Handlung oder einen Zustand als Ganzheit, d. h. Aussagen von allgemeiner Gültigkeit, die nicht an eine bestimmte Zeit gebunden sind.

lanta- ›fallen‹
lasse lanta ›das Blatt fällt‹ (weil es seine Natur ist)
lassi lantar ›Blätter fallen‹ (im Herbst)

tul- ›kommen‹
aure tule ›der Tag kommt‹ (jeden Tag)
auri tulir ›Tage kommen‹ (jedes Jahr)

Wenn hier ein Artikel gestanden hätte, wäre damit ein bestimmter Tag gemeint gewesen.

Präsens (Gegenwart)

Im Gegensatz zum Aorist steht das *Präsens* für eine Handlung, die sich im Hier und Jetzt ereignet. Das Präsens bilden schwache Verben, indem sie in den Stamm ein -*e*- einschieben, sodass sich die Endung -*ea*, Pl. -*ear*, ergibt. Starke Verben bilden das Präsens mit der Endung -*a*, Pl. -*ar*.

Außerdem wird der Stammvokal gelängt; das heißt, aus einem kurzen Vokal wird ein langer. Wenn der Vokal ohnehin schon lang ist – entweder von Natur aus oder weil er von zwei oder mehr Konsonanten gefolgt wird (siehe Lektion 2) –, ändert sich nichts.

lanta- ›fallen‹
i lasse lantea ›das Blatt fällt‹ (jetzt gerade)
lassi lantear ›Blätter fallen‹ (dort draußen)

tul- ›kommen‹
i aure túla ›der Tag kommt‹ (soeben geht die Sonne auf)
auri túlar ›Tage kommen‹ (ab morgen)

Das Hilfsverb ›sein‹ lautet im Präsens *ná* ›ist‹, Pl. *nár* ›sind‹. Einsilbige Wörter, die von Natur aus als betont gelten, können in Quenya durchaus lang sein, da die Regel, dass die letzte Silbe kurz ist, nur für unbetonte Silben gilt.

Bei einer Verbform auf -*a* oder -*ar* muss man aufpassen, dass man das Präsens von starken Verben nicht mit dem Aorist von schwachen Verben verwechselt!

Bei Verben, deren Stamm auf -*ya-* endet, haben wir im Präsens immer eine Längung des Vokals, da (wie in Lektion 2 erwähnt) nachfolgendes *y* nur für die Betonung als lang zählt: *hilya-* ›folgen‹, Präs. *hílyea* ›folgt‹.

Personalpronomen (Persönliches Fürwort)

Ein *Pronomen* steht für ein Nomen, d. h. ein Substantiv. Es kann aber auch zur näheren Bestimmung eines Substantivs dienen, dann gilt es als Begleiter. Manche Pronomen ersetzen tatsächlich ein Substantiv, z. B. ›der Mann‹ = ›er‹. Andere lassen sich statt eines Artikels und als Satzglied verwenden, z. B. ›dieser‹.

Was die Pronomen in den Elbensprachen betrifft, so gibt es gewisse Grundformen. Allerdings hat Tolkien gerade hier viel herumexperimentiert, und seine Vorstellungen haben sich laufend geändert. Außerdem sind die bekannten Formen sehr lückenhaft, und oft muss man aus einzelnen Beispielen ein ganzes System erschließen, sodass Fehleinschätzungen weitreichende Folgen haben können. Darum ist alles, was man zu den Pronomen im Quenya liest, mit Vorsicht zu genießen – einschließlich der Ausführungen hier!

Grundsätzlich gibt es in jeder Sprechsituation einen Sprecher (= 1. Person), einen Angesprochenen (= 2. Person) und jemanden oder etwas, über den oder das man spricht (= 3. Person):

1. Person Singular: ich liebe
2. Person Singular: du liebst
3. Person Singular: er/sie/es liebt
1. Person Plural: wir lieben
2. Person Plural: ihr liebt
3. Person Plural: sie lieben

In der 1. Person Plural (›wir‹) gibt es im Quenya eine *exklusive* Form, bei der die jeweils Angesprochenen nicht mit eingeschlossen sind (›wir, aber du/ihr nicht‹), sowie eine *inklusive* Form (›wir, du/ihr eingeschlossen‹), welche den oder die Angesprochenen mit umfasst.

In der 2. Person (Singular ›du‹, Plural ›ihr‹) gab es ursprünglich eine *vertraute* und eine *höfliche* Form, vergleichbar dem Unterschied zwischen ›Du‹ und ›Sie‹ im Deutschen. Im Dritten Zeitalter ist jedoch die höfliche Form allgemeiner Gebrauch geworden, und die vertraute Form wird nicht mehr benutzt.

In der 3. Person wird die *personale* Form (›er/sie‹, Plural ›sie‹) nur gebraucht, wenn es sich um natürliche Personen handelt. Dabei wird nicht zwischen männlich und weiblich unterschieden. Ansonsten wird die Grundform (im Folgenden GF abgekürzt) verwendet, die wir bereits kennengelernt haben.

Neben Singular und Plural gibt es noch einen *Dual* (Zweizahl), der sich auf genau zwei Personen bezieht. Auch hier haben wir in der ersten Person eine *exklusive* und eine *inklusive* Form.

Es gibt wohl kein einziges komplettes System, das mit allen Beispielen Tolkiens zurechtkommt. Gerade für die inklusiven und exklusiven Formen führt er immer wieder andere Endungen auf. Zum Schreiben und Sprechen wollen wir uns auf folgende Formen beschränken:

Pronomen (freie Form)

Singular
1. *inye* ›ich‹
2. *elye* ›du‹
3. *erye* ›er/sie‹ (personal)

Plural
1. *emme* ›wir‹ (exklusiv = Angesprochene ausgeschlossen)
1. *elve* ›wir‹ (inklusiv = Angesprochene eingeschlossen)
2. *elle* ›ihr‹
3. *ente* ›sie‹ (personal)

Dual
1. *emmo* ›wir (beide)‹ (exklusiv = ich und ein Dritter)
1. *elmo* ›wir (beide)‹ (inklusiv = ich und du)

2. *elto* ›ihr (beide)‹
3. *esto* ›sie (beide)‹ (personal)

Die Pronomen werden auch als Endungen für die verschiedenen
Personen des Verbs verwendet.

Aorist

lanta- ›fallen‹

Singular
1. *lanta-nye* ›ich falle‹
2. *lanta-lye* ›du fällst‹
3. *lanta-sse* ›er/sie fällt‹ (pers.)
3. *lanta* ›fällt‹ (GF)

Plural
1. *lanta-mme* ›wir fallen‹ (exkl.)
1. *lanta-lve* ›wir fallen‹ (inkl.)
2. *lanta-lle* ›ihr fallt‹
3. *lanta-nte* ›sie fallen‹ (pers.)
3. *lanta-r* ›fallen‹ (GF)

Dual
1. *lanta-mmo* ›wir (beide) fallen‹ (exkl.)
1. *lanta-lmo* ›wir (beide) fallen‹ (inkl.)
2. *lanta-lto* ›ihr (beide) fallt‹
3. *lanta-sto* ›sie (beide) fallen‹ (pers.)
3. *lanta-t* ›(beide) fallen‹ (GF)

tul- ›kommen‹

Singular
1. *tul-i-nye* ›ich komme‹
2. *tul-i-lye* ›du kommt‹
3. *tul-i-sse* ›er/sie kommt‹ (pers.)

3. *tule* ›kommt‹ (GF)

Plural
1. *tul-i-mme* ›wir kommen‹ (exkl.)
1. *tul-i-lve* ›wir kommen‹ (inkl.)
2. *tul-i-lle* ›ihr kommt‹
3. *tul-i-nte* ›sie kommen‹ (pers.)
3. *tul-i-r* ›kommen‹ (GF)

Dual
1. *tul-i-mmo* ›wir (beide) kommen‹ (exkl.)
1. *tul-i-lmo* ›wir (beide) kommen‹ (inkl.)
2. *tul-i-lto* ›ihr (beide) kommt‹
3. *tul-i-sto* ›sie (beide) kommen‹ (pers.)
3. *tul-i-t* ›(beide) kommen‹ (GF)

Präsens

lanta- ›fallen‹

Singular
1. *lant-ea-nye* ›ich falle‹
2. *lant-ea-lye* ›du fällst‹
3. *lant-ea-sse* ›er/sie fällt‹ (pers.)
3. *lant-ea* ›fällt‹ (GF)

Plural
1. *lant-ea-mme* ›wir fallen‹ (exkl.)
1. *lant-ea-lve* ›wir fallen‹ (inkl.)
2. *lant-ea-lle* ›ihr fallt‹
3. *lant-ea-nte* ›sie fallen‹ (pers.)
3. *lant-ea-r* ›fallen‹ (GF)

Dual
1. *lant-ea-mmo* ›wir (beide) fallen‹ (exkl.)
1. *lant-ea-lmo* ›wir (beide) fallen‹ (inkl.)

2. *lant-ea-lto* ›ihr (beide) fallt‹

3. *lant-ea-sto* ›sie (beide) fallen‹ (pers.)

3. *lant-ea-t* ›(beide) fallen‹ (GF)

tul- ›kommen‹

Singular

1. *túl-i-nye* ›ich komme‹

2. *túl-i-lye* ›du kommst‹

3. *túl-i-sse* ›er/sie kommt‹ (pers.)

3. *túle* ›kommt‹ (GF)

Plural

1. *túl-i-mme* ›wir kommen‹ (exkl.)

1. *túl-i-lve* ›wir kommen‹ (inkl.)

2. *túl-i-lle* ›ihr kommt‹

3. *túl-i-nte* ›sie kommen‹ (pers.)

3. *túl-i-r* ›kommen‹ (GF)

Dual

1. *túl-i-mmo* ›wir (beide) kommen‹ (exkl.)

1. *túl-i-lmo* ›wir (beide) kommen‹ (inkl.)

2. *túl-i-lto* ›ihr (beide) kommt‹

3. *túl-i-sto* ›sie (beide) kommen‹ (pers.)

3. *túl-i-t* ›(beide) kommen‹ (GF)

Wenn die freie Form der Personalpronomen als Subjekt verwendet wird, steht sie mit der Grundform des Verbs – im Singular
ohne Endung, im Plural mit *-r*. Das bekannteste Beispiel ist aus
der Klage Galadriëls in Lóriën: *Nai hiruvalye Valimar. Nai elye
hiruva.* ›Vielleicht wirst du Valimar finden. Vielleicht wirst sogar
du es finden.‹ (*HdR*, II/8.) Diese Form wird auch ›emphatisch‹
genannt, weil dabei die Person besonders betont wird:

tuluvanye ›ich werde kommen‹

inye tuluva ›selbst ich werde kommen‹

In der 3. Person wird die persönliche Form nur verwendet, wenn es sich ausdrücklich um Personen handelt und der Satz kein anderes Subjekt hat. Ansonsten steht die Grundform.

linnasse ›er (oder sie) singt‹
erye linna ›selbst er (oder sie) singt‹
aiwe linna ›ein Vogel singt‹

Die 1. Person Singular wird oft abgekürzt zu *-n*; bei den anderen Personen ist eine Verkürzung in einigen Fällen möglich, aber eher selten.

Im Quenya des Dritten Zeitalters bildete sich zudem eine neue Höflichkeitsform heraus, die man vor allem gegenüber Personen von hohem Rang verwendete. Sie wurde gebildet, indem man *-tar* ›hoch‹, Pl. *-tári* oder *-tar*, anfügte.

Übungen

(1) Setze die folgenden Verbformen ins Präsens:

Beispiel:
Aor. *lantalye* ›du fällst‹
Lösung:
Präs. *lantealye* ›du fällst‹

Aor. *quetilye* ›du sprichst‹
Aor. *lelyanye* ›ich gehe‹
Aor. *cenimme* ›wir sehen‹ (exkl.)
Aor. *rucisto* ›sie (beide) fliehen‹ (pers.)
Aor. *lausta* ›weht‹ (GF)
Aor. *lindante* ›sie singen‹ (pers.)
Aor. *silisse* ›er/sie strahlt‹ (pers.)
Aor. *haryalmo* ›wir (beide) haben‹ (inkl.)
Aor. *turinye* ›ich beherrsche‹
Aor. *hiralle* ›ihr findet‹

(2) Übersetze ins Quenya:

Die Noldor kommen (Präs.) durch die Calacirya. Sie sehen
(Präs.) ein goldenes Licht. Das Licht leuchtet (Aor.) allezeit jenseits der Berge. Dort herrscht (Aor.) Manwe, der Herr des Westens, über die Valar.

(3) Übersetze ins Deutsche:

*Eru Ilúvatar care i Arda Eldain ar Fírimoin. Mi númenye nóri
marar i Valar ar i Maiar ilfirini. I lande ambor ar i laique tauri
pella nar i Ilurambar. Manwe as Varda harasto mi Númen. Manwe
melisse i súri linte ar i fanyar ninqui. Varda cénisse i mornië nu
únótime elelli. Erye cáre i eleni vinye ar calime Eldain.*

Wortschatz

Eru ›der Eine, Gott‹
Calacirya ›Calacirya‹ (›Lichtkluft‹)
Fírimo ›Sterblicher‹ (elbische Bezeichnung für den Menschen)
Manwe ›Manwe‹
Herunúmen ›Herr des Westens‹ (Titel Manwes)
Ilurambar ›Mauern der Welt‹
Ilúvatar ›Vater von Allem, Allvater‹ (Beiname Erus)
Varda ›Varda‹ (Sind. *Elbereth*)

ambo ›Hügel‹
fanya ›Wolke‹

alta- ›leuchten, hell sein‹
car- ›schaffen, erschaffen, erbauen‹
mar- ›wohnen‹
hara- ›sitzen‹
mel- ›lieben‹ (im allgemeinen Sinne)

palda ›groß, ausgedehnt‹
númenya ›westlich‹
únótima ›zahllos, unzählig‹

oiale ›allezeit, ewiglich‹

Lösungen am Ende der Lektionen.

I̸ɕʃ hlóce ›Schlange‹

Lektion 7: Futur und Verneinung, Partizip Präsens

Futur (Zukunft)

Die Zeitstufe *Futur* bezeichnet zukünftige Handlungen und Ereignisse. Die Endung im Futur lautet bei schwachen und bei starken Verben gleich, nämlich *-uva*, Pl. *-uvar*.

lanta- ›fallen‹
i lasse lantuva ›das Blatt wird fallen‹
lassi lantuvar ›Blätter werden fallen‹

tul- ›kommen‹
i aure tuluva ›der Tag wird kommen‹
auri tuluvar ›Tage werden kommen‹

Die vollständigen Formen lauten demnach wie folgt:

Futur

lanta- ›fallen‹

Singular
1. *lant-uva-nye* ›ich werde fallen‹
2. *lant-uva-lye* ›du wirst fallen‹
3. *lant-uva-sse* ›er/sie wird fallen‹ (pers.)
3. *lant-uva* ›wird fallen‹ (GF)

Plural
1. *lant-uva-mme* ›wir werden fallen‹ (exkl.)
1. *lant-uva-lve* ›wir werden fallen‹ (inkl.)
2. *lant-uva-lle* ›ihr werdet fallen‹
3. *lant-uva-nte* ›sie werden fallen‹ (pers.)
3. *lant-uva-r* ›werden fallen‹ (GF)

Dual
1. *lant-uva-mmo* ›wir (beide) werden fallen‹ (exkl.)
1. *lant-uva-lmo* ›wir (beide) werden fallen‹ (inkl.)
2. *lant-uva-lto* ›ihr (beide) werdet fallen‹
3. *lant-uva-sto* ›sie (beide) werden fallen‹ (pers.)
3. *lant-uva-t* ›werden (beide) fallen‹ (GF)

tul- ›kommen‹

Singular
1. *tul-uva-nye* ›ich werde kommen‹
2. *tul-uva-lye* ›du wirst kommen‹
3. *tul-uva-sse* ›er/sie wird kommen‹ (pers.)
3. *tul-uva* ›wird kommen‹ (GF)

Plural
1. *tul-uva-mme* ›wir werden kommen‹ (exkl.)
1. *tul-uva-lve* ›wir werden kommen‹ (inkl.)
2. *tul-uva-lle* ›ihr werdet kommen‹
3. *tul-uva-nte* ›sie werden kommen‹ (pers.)
3. *tul-uva-r* ›werden kommen‹ (GF)

Dual
1. *tul-uva-mmo* ›wir (beide) werden kommen‹ (exkl.)
1. *tul-uva-lmo* ›wir (beide) werden kommen‹ (inkl.)
2. *tul-uva-lto* ›ihr (beide) werdet kommen‹
3. *tul-uva-sto* ›sie (beide) werden kommen‹ (pers.)
3. *tul-uva-t* ›werden (beide) kommen‹ (GF)

Das Hilfsverb ›sein‹ lautet im Futur *nauva* ›wird sein‹, Pl. *nauvar* ›werden sein‹.

Verneinung

Die Verneinung (›nicht‹) wird durch die Vorsilbe *ú-* (hier immer mit Bindestrich geschrieben) oder den Partikel *lá* ausgedrückt.

I Elda tuluva ›Der Elbe wird kommen‹
I Elda ú-tuluva oder *I Elda lá tuluva* ›Der Elbe wird nicht kommen‹

Vor einem Substantiv bedeutet *ú-* so etwas wie ›nicht‹ oder ›kein‹. Das verneinte Wort steht dabei immmer im Singular. Vor Adjektiven entspricht es der Vorsilbe ›un-‹.

Partizip Präsens (Mittelwort der Gegenwart)

Das *Partizip* ist ein Adjektiv, das von einem Verb abgeleitet ist.
    Das *Partizip Präsens* beschreibt den Zustand von jemandem oder etwas, wenn er oder es die Handlung des entsprechenden Verbs ausführt: ›laufend‹, ›trinkend‹, ›liebend‹.

ilca- ›weiß glänzen‹
ilcala ›weiß glänzend‹
isilme ilcala ›weiß glänzendes Mondlicht‹

hlapu- ›fliegen‹
hlápula ›fliegend‹
winga hlápula ›fliegender Schaum‹

Wie bei den anderen Präsens-Formen wird der Stammvokal gelängt, sofern die Silbe nicht bereits als lang gilt.

Bei Stammverben würde das Anhängen einer Endung *-la* in einigen Fällen zu unzulässigen Lautverbindungen führen. Es gibt leider kein Beispiel; es liegt aber nahe, bei einem Stamm wie *tir-* eine Form *tírila* anzunehmen.

Das Partizip scheint im Gegensatz zu den Adjektiven keine Plural-Endung aufzuweisen:

sila- ›glänzen‹
ramar sílala ›glänzende Schwingen‹

Möglicherweise gibt es neben der Präsens- auch eine Aorist-Form, ohne Längung des Stammvokals. Auch andere Zeitformen wie ein Partizip Perfekt oder ein Partizip Futur sind nicht auszuschließen, aber es gibt keine Beispiele dafür.

Übungen

(1) Setze die folgenden Verbformen ins Futur:

Beispiel:
Präs. *lindealye* ›du singst‹
Lösung:
Fut. *linduvalye* ›du wirst singen‹

Präs. *quétimme* ›wir sprechen‹ (exkl.)
Präs. *háryeanye* ›ich habe‹
Präs. *célit* ›(beide) fließen‹ (GF)
Präs. *sílille* ›ihr strahlt‹
Präs. *lélyeasse* ›er/sie geht‹ (pers.)
Präs. *hírilye* ›du findest‹
Präs. *túrinte* ›sie beherrschen‹ (pers.)
Präs. *hímyea* ›bleibt‹ (GF)
Präs. *cénilto* ›ihr (beide) seht‹
Präs. *rúcilve* ›wir fliehen‹ (inkl.)

(2) Bilde das Partizip Präsens:

Beispiel:
aure (tul-) ›Tag (kommen)‹
Lösung:
aure túlila ›ein kommender Tag‹

nen (cel-) ›Gewässer (fließen)‹
Isil (alta-) ›Mond (hell leuchten)‹
cirya (vanya-) ›Schiff (entschwinden)‹
elen (sil-) ›Stern (strahlen)‹
róma (yal-) ›Horn (rufen)‹
fanya (ranya-) ›Wolke (umherziehen)‹
Elda (tir-) ›Elbe (Ausschau halten)‹
súle (lausta-) ›Wind (wehen)‹

(3) Übersetze ins Quenya:

Wir Eldar werden (alle) kommen. Die Teleri werden nicht folgen.
Ihr Sindar werdet bleiben, wir Noldor und Vanyar werden fortgehen. Wir werden über das fließende Meer entschwinden. Ich
werde Valimar finden. Selbst du wirst Valimar sehen.

(4) Übersetze ins Deutsche:

*Eque Finwe: »Cenuvanye i alda laurea ar i telperin. Antuvanye
annar Valarin. Míriël liltuva Manwen. Manwe quantuva i yulma
ar sucuvalme i miruvóre. Nai Varda linduva líre. Nai erye linduva! Ar yaluvamme: ›Aiya, Aire-tári!‹«*

Wortschatz

Finwe ›Finwe‹

anna ›Geschenk‹

aire ›Heiligkeit‹ (Anrede)
miruvóre ›Met, Wein, Nektar‹
yulma ›Kelch‹

telperin ›silbern, silbergleich‹

lilta- ›tanzen‹
quant- ›füllen‹
suc- ›trinken‹

aiya ›Siehe!, Heil!‹
eque ›er/sie/es spricht‹ (Formel)
nai ›vielleicht‹

Wortbildung: Aus der Wurzel √KYELEP- wurde im Sindarin *celeb* (vgl. den Namen *Celeborn*), im Telerin, dem Dialekt der Teleri, *telpe* und im Quenya *tyelpe*. Doch im Quenya wurde durch den Einfluss des Telerin die Form *telpe* gebräuchlich, da die Teleri besonders geschickte Silberschmiede waren, die von den Noldor geschätzt wurden.

 soron ›Adler‹

Lektion 8: Kollektiver Plural und Dual, Personalpronomen

Mit dieser Lektion bewegen wir uns in einen Bereich vor, in dem es keine genaue Entsprechung zwischen Quenya und Deutsch gibt. So gibt es im Quenya zwei weitere Zahlformen: *kollektiver Plural* und *Dual* (der uns bereits beim Verb begegnet ist).

Das Substantiv im Quenya hat damit insgesamt vier Zahlformen:

Singular (Einzahl): ein Auge
Dual (Zweizahl): zwei Augen, ein Paar Augen
Plural (Mehrzahl): Augen
kollektiver Plural (Vielzahl): viele Augen, alle Augen

Im Deutschen lassen sich solche Unterscheidungen ebenfalls treffen, zum Beispiel durch Zusätze, doch man tut es normalerweise nicht, wenn es nicht maßgebend ist für den Sinn. Aus diesem Grunde werden in den Übersetzungen aus dem Quenya solche Feinheiten oft nicht wiedergegeben. So bedeutet z. B. *falmalinnar* ›auf die Wellen‹ eigentlich ›auf die vielen Wellen‹ (»Namárië«, HdR II/8). Im Quenya müssen derartige Festlegungen immer getroffen werden, ob sie notwendig erscheinen oder nicht.

Kollektiver Plural (Vielzahl)

Der kollektive Plural verwendet das Bildungselement *lí*, das direkt an den Stamm angefügt wird. Es steht für ›viele, eine große

Zahl, eine Menge; alle von einer Art‹, im Gegensatz zum Plural, der ›mehr als eins‹ bedeutet.

Lange Vokale in werden, wie in Lektion 3 erwähnt, im Quenya von Mittelerde grundsätzlich verkürzt. Aus *lí* wird daher in der Endsilbe *li*.

Im Dativ tritt die Endung *-n* hinzu.

cirya ›Schiff‹
Nom. *cirya-li* ›die (vielen) Schiffe‹
Akk. *cirya-li* ›die (vielen) Schiffe‹
Dat. *cirya-li-n* ›den (vielen) Schiffen‹

elen ›Stern‹
Nom. *elel-li* ›die (vielen) Sterne‹
Akk. *elel-li* ›die (vielen) Sterne‹
Dat. *elel-li-n* ›den (vielen) Sternen‹

lóte ›Blüte‹
Nom. *lóte-li* ›die (vielen) Blüten‹
Akk. *lóte-li* ›die (vielen) Blüten‹
Dat. *lóte-li-n* ›den (vielen) Blüten‹

Wiederum wissen wir nicht genau, wie Stämme, die auf Konsonanten enden, diese Form bilden. Würde man nach dem Muster für den Dativ Singular vorgehen, wäre die Form *elen-e-li*, mit Fugenvokal. Ich habe mich hier für die gefälligere Form mit einer Lautangleichung entschieden (*elen-li > elel-li*). Auch Wörter mit Stämmen auf *-r* und *-n* würde man zu *-l* angleichen.

Dual (Zweizahl)

Der Dual benutzt das Element *ú*, das ein natürliches Paar bezeichnet (das heißt, etwas, bei dem es von Natur aus genau zwei gibt, zum Beispiel Augen oder Hände) oder das Element *-t*, abgeleitet von *at(t)a* ›zwei‹, oder. Im Dritten Zeitalter jedoch war der

Dual nur für natürliche Paare gebräuchlich, und die Wahl zwischen *ú* und *t* wurde danach getroffen, was besser klang.

Lange Vokale in der Endsilbe werden im Quenya von Mittelerde verkürzt. Aus *ú* wird daher in der Endsilbe *u*.

Im Dativ heißt es *-u-n* bzw. *-n-t*.

Die Endung *-u* wird verwendet, wenn das Wort ein *d* oder *t* im Stammauslaut enthält. Bei Wörtern auf *-a* wird in diesen Fällen der Endvokal zu *-u* zusammengezogen:

sarat ›Buchstabe‹
saratu ›ein Paar Buchstaben‹

alda ›Baum‹
aldu ›ein Paar Bäume‹
Aldu ›die Zwei Bäume (von Valinor)‹

Den Dual in gleicher Form *-u* bilden Wörter mit Stämmen auf *-o*:

ambo ›Hügel‹
ambu ›ein Paar Hügel‹

Bei Wörtern auf auf *-i* or *-e* ergeben sich folgende Diphthonge:

tári ›Königin‹
táriu ›ein Paar Königinnen‹

lóte ›Blüte‹
lóteu ›ein Paar Blüten‹

Andere Wörter, die auf *-a* oder auf Konsonanten enden, verwenden die Endung *-t*, desgleichen Wörter auf *-ië*:

cirya ›Schiff‹
cirya-t ›ein Paar Schiffe‹

elen ›Stern‹
elen-e-t ›ein Paar Sterne‹

tië ›Weg‹
tië-t ›ein Paar Wege‹

Den Dual auf *-t* bilden außerdem zwangsläufig Wörter mit Stämmen auf *-u*:

cundu ›Prinz, Fürst‹
cundu-t ›ein Paar Fürsten‹

ango ›Schlange‹ (Stamm *angu-*)
angu-t ›ein Paar Schlangen‹

Einige Wörter wie *veru* ›Ehepaar‹ sind von Natur aus Dual.

Das Wort ›Paar‹ ist in diesem Zusamenhang immer als genau zwei zu verstehen.

Viele dieser Wörter würden normalerweise keinen Dual bilden. So würde man zum Beispiel den Dual nur bei Blüten verwenden, die von Natur aus paarweise vorkommen, etc. Die Beispiele hier sollen nur die Formenbildung erläutern.

Kongruenz (Übereinstimmung)

Adjektive und Verben kennen keine Form des kollektiven Plurals. Beim Dual ist es nicht klar, ob auch das Verb im Dual stehen muss. Zumindest im Quenya des Dritten Zeitalters dürfte das nicht mehr der Fall sein, aber auch sonst würde es von den Eldar vermutlich als unnötige Doppelung angesehen werden, sodass man auch hier besser den Plural verwendet.

Má ninque cara colla. ›Eine weiße Hand macht einen Mantel.‹
Már ninqui carar colla. ›Weiße Hände machen einen Mantel.‹

Máli ninqui carar colla. ›Viele weiße Hände machen einen Mantel.‹
Mát ninqui carar colla. ›Ein Paar weiße Hände machen einen
Mantel.‹

Formen des Pronomens

In Lektion 1 wurde gesagt, dass ein Wort im Quenya nur auf
einen Vokal oder einen Konsonanten der Gruppe *l, n, r, s, t* enden
kann. Wie man aus der letzten Lektion ersehen kann, gibt es für
die meisten grammatischen Personen jeweils einen typischen
Konsonanten. Das macht die Sache schwierig, wenn dieser Konsonant ans Ende rückt; denn ein *-m* (1. Person Plural) darf dort
zum Beispiel nicht stehen. Hinzu kommt, dass *-t* auch als Zeichen für den Dual dienen kann, was zu weiteren Verwirrungen
führt.

Nominativ

Wir hatten bereits in der letzten Lektion die emphatischen
(betonten) und die normalen Formen kennengelernt.

Akkusativ

Es gibt mehrere bekannte Fälle, in denen das Objekt des Satzes
ein Pronomen ist. In solchen Fällen kann es als zweites, zusätzliches Element an das Verb angefügt werden.

Andave lait-uva-lme-t. ›Lang werden wir sie preisen.‹ (*lait-* ›preisen‹, *-uva-* Futur, *-lme-* ›wir (inkl.)‹, *-t* ›sie‹ [Objekt])

Die Endung *-lme-* ist hier vermutlich eine Variante der inklusiven Form *-lve-* im Sinne von ›ich und ihr‹ (aber sie nicht).
    Eine unabhängige Form beim Akkusativpronomen ist nur in
einem Beispiel überliefert:

A laita te, laita te! ›O preiset sie, preiset sie!‹

Daraus könnte man eine unabhängige Form ableiten, die aus dem charakteristischen Konsonanten plus einem neutralen Vokal *-e* besteht.

Diese Vermutung wird teilweise bestätigt durch Formen wie *imbe met* ›zwischen uns beiden‹ (»Namárië«, HR II/8): *me* = 1. Person Plural exklusiv, *t* = Dualendung. Die Form ist exklusiv, weil sie sich auf Galadriel (Sprecher) und Varda (eine andere Person) bezieht, also den oder die Angesprochenen nicht mit einbezieht. Wahrscheinlich handelt es sich außerdem um einen Akkusativ, da dieser Kasus in der Regel nach Präpositionen steht.

Singular
1. *ni* ›mich‹, Endung *-n*
2. *le* ›dich‹, Endung *-l*
3. *se* ›ihn/sie‹, Endung *-s*

Plural
1. *me* ›uns‹ (exkl.)
1. *vi* ›uns‹ (inkl.)
2. *le* ›euch‹, Endung *-l*
3. *te* ›sie‹, Endung *-t*

Die Laute *-m* und *-v* sind im Quenya am Wortende nicht zulässig.

Zumindest eine Möglichkeit, den Dual zu bilden, wäre, dem oben genannten Beispiel folgend, an die Plural-Formen ein *-t* anzuhängen.

Dual
1. *met* ›uns (beide)‹ (exkl.)
1. *vit* ›uns (beide)‹ (inkl.)
2. *let* ›euch (beide)‹
3. *tet* ›sie (beide)‹

Dativ

Auch hier müssen wir versuchen, aus einzelnen Beispielen das System zu rekonstruieren.

Singular
1. *nin* ›mir‹
2. *len* ›dir‹
3. *sen* ›ihm/ihr‹

Plural
1. *men* ›uns‹ (exkl.)
1. *vin* ›uns‹ (inkl.)
2. *len* ›euch‹
3. *ten* ›ihnen‹

Dual
1. *menu* ›uns (beiden)‹ (exkl.)
1. *vinu* ›uns (beiden)‹ (inkl.)
2. *lenu* ›euch (beiden)‹
3. *tenu* ›ihnen (beiden)‹

Allgemein gilt, dass die Pronomen ein gewisses Maß an Intuition im Gebrauch verlangen. Die hier beschriebene Fassung wird im Folgenden als Arbeitsgrundlage genommen.

Übungen

(1) Bilde jeweils den kollektiven Plural und den Dual:

Beispiel: *róma* ›Horn‹
Lösung:
rómali ›viele Hörner‹, *rómat* ›ein Paar Hörner‹

rama ›Schwinge‹
oron ›Berg‹ (Stamm: *oront-*)
lambe ›Sprache‹
calma ›Leuchte‹
lië ›Volk‹
aran › König‹
tol ›Insel‹ (Stamm: *toll-*)

(2) Übersetze ins Quenya und entscheide dabei von Satz zu Satz, ob Präsens oder Aorist angemessen ist:

(a) Aule der Vala erbaut ein Paar hohe Leuchten inmitten von Mittelerde. Doch Melkor zerbricht die Leuchten und versehrt die Welt.
(b) Varda macht die beiden heiligen Bäume Laurelin und Telperion.
(c) Feanor erschafft drei Silmaril. Ein Silmaril enthält das unsterbliche Licht.
(d) Melkor, der dunkle Feind, verlangt nach den Silmaril. Melkor und Ungoliant kommen unter dem Schatten (herbei) und vergiften die Bäume. Es vergeht das hell leuchtende goldene und silberne Licht. Aber Varda erhebt die beiden Hände und schafft Sonne und Mond.

(3) Übersetze ins Deutsche:

Eque Feanáro: »I Teleri haryar ciryar halle. Men antuvantet. Autamme athra i Alataire. Hiruvamme i silmarilli. Inye te hiruva, ar nucúnuvanye i Vala. I cala men siluva, ú-siluva Valarin. Ten avaquetuvanyes. Nurtuvan i míri ar nin siluvar tenn' Ambar-metta.«

Wortschatz

Ambar ›Welt‹ (bewohnte)
Aule ›Aule‹

Feanáro ›Feanor‹
Melcor ›Melkor‹
Ungoliante ›Ungoliant‹

cotumo ›Feind‹
má ›Hand‹
metta ›Ende‹
míre ›Juwel‹
mordo ›Schatten, Verdunkelung‹
silmaril, ›Silmaril‹, Pl. *silmarilli*
tamo ›Schmied, Handwerker‹

anta- ›geben, schenken‹
avaquet- ›verweigern‹
hasta- ›versehren, beschädigen‹
hat- zerbrechen‹
mere- ›wollen, wünschen, verlangen, ersehnen‹
nucúna- ›niederbeugen, demütigen‹
nurta- ›verbergen, verhüllen‹
*sangia- ›vergiften‹

aira ›heilig‹
nelde ›drei‹

Wortbildung: Manchmal muss man neue Wörter aus den bekannten erschließen. Das Wort *sangwa* ›Gift‹ ist belegt, von der Wurzel √SAG- ›bitter‹. Die Form im Primitiven Quendisch ist **sagmā*, wörtlich ›bitteres Etwas‹. Das Element *sag-* mit der bei Verben häufigen primitiven Bildungssilbe *-ya-* ergibt **sagya-* ›bitter machen‹. Da ein *g* zwischen Vokalen im Quenya nicht erlaubt ist und es kein *gy* gibt, wird daraus **sangia-*. (Siehe hierzu auch den Anhang am Ende der Lektionen.)

Lösungen am Ende der Lektionen.

 **ᘰᕝᕌᕍ Anar** ›Sonne‹

Lektion 9: Genitiv, Possessivpronomen

Genitiv (*Wes*-Fall)

Der *Genitiv* bezeichnet ein Substantiv, das sich auf ein anderes Substantiv bezieht und dieses Hauptwort abwandelt oder näher bestimmt. Es gibt zwei Arten des Genitivs:

(1) Der *partitive Genitiv (= Partitiv)* bezeichnet den Ursprung oder das Ganze, von dem sich etwas ableitet (›ein Stück des Kuchens‹). Im Allgemeinen benennt hier das Hauptwort einen kleineren Teil (›das Stück‹), das Wort im Genitiv das große Ganze (›der Kuchen‹).

(2) Der *possessive Genitiv (= Possessiv)* bezeichnet einen Besitzer oder eine Eigenschaft, womit das Hauptwort in Verbindung steht (›das Schwert des Königs‹, ›der Fürst der Dunkelheit‹).

Im Deutschen wird zwischen diesen beiden Arten äußerlich nicht unterschieden. Im Quenya gibt es dafür verschiedene Endungen.

Allgemein kann man sagen, dass man den Partitiv in den Fällen verwenden sollte, wo man die Konstruktion mit ›von‹ umschreiben kann (›ein Stück vom Kuchen‹), den Possessiv, wenn man das Bestimmungswort zu einem Adjektiv umformen kann (›das königliche Schwert‹, ›der dunkle Fürst‹).

(3) Darüber hinaus gibt es die Möglichkeit, Wörter einfach nebeneinanderzusetzen.

Die Unterscheidung in den Bedeutungen lässt sich an Tolkiens eigenem Beispiel, ›Oromes Horn‹, klar machen:

róma Oromeo ›ein Horn von Orome‹ (eines, das von ihm kommt; zum Beispiel, wenn jemand es als Geschenk von Orome besitzt)
róma Oroméva ›Oromes Horn‹ (wenn es in seinem Besitz geblieben ist)
Orome róma ›ein Orome-Horn‹ (eines von Oromes Hörnern, von denen er mehr als eines hatte)

Es gibt natürlich manche Fälle, in denen man sowohl den Partitiv als auch den Possessiv verwenden kann. Dabei gibt es im Quenya, insbesondere im Dritten Zeitalter, eine Tendenz, der Form auf *-o*, Plural *-on*, den Vorzug zu geben, zum Beispiel in Formen wie *Aran Eldaron* ›der König der Elben‹, insbesondere auch bei Namen. Im Zweifelsfall kann man also mit dem partitiven Genitiv nicht viel falsch machen. Wenn also im Folgenden von ›Genitiv‹ die Rede ist, ist in der Regel die Form des Partitivs gemeint.

Die Grundformen lauten:

cirya ›Schiff‹
Gen. *ciryo* ›des Schiffs‹
Poss. *cirya-va* ›des Schiffs‹

elen ›Stern‹
Gen. *elen-o* ›des Sterns‹
Poss. *elen-wa* ›des Sterns‹

lóte ›Blüte‹
Gen. *lóte-o* ›der Blüte‹
Poss. *lóté-va* ›der Blüte‹

Bei den Substantiven wie *cirya* verschmilzt das -*a* im Auslaut im Genitiv mit der Endung -*o* zu einem langen *ó*, welches dann in der Endsilbe verkürzt wird.

Was die Pluralformen betrifft, so konnte das -*o*, da es ursprünglich mal ein Element mit einer eigenständigen Bedeutung (›fort, weg von‹) war, auch an ein Pluralwort angehängt werden: *lasse-o* ›[des] Blattes‹, **lassi-o* ›[der] Blätter‹. Später, als sich diese Nachsilbe zu einer reinen Endung abgeschliffen hatte, wurde sie erweitert um das Pluralzeichen -*n*: **lassi-o* >*lassi-on*. Die anderen Pluralformen lassen sich daraus ableiten.

cirya ›Schiff‹
Gen. Sg. *ciryo* ›des Schiffs‹
Gen. Pl. *cirya-r-on* ›der Schiffe‹
Gen. Koll. *cirya-li-on* ›der (vielen) Schiffe‹
Gen. Dual *cirya-t-o* ›der (beiden) Schiffe‹

elen ›Stern‹
Gen. Sg. *elen-o* ›des Sterns‹
Gen. Pl. *elen-i-on* ›der Sterne‹
Gen. Koll. *elel-li-on* ›der (vielen) Sterne‹
Gen. Dual. *elen-e-t-o* ›der (beiden) Sterne‹

lóte ›Blüte‹
Gen. Sg. *lóte-o* ›der Blüte‹
Gen. Pl. *lóti-on* ›der Blüten‹
Gen. Koll. *lóte-li-on* ›der (vielen) Blüten‹
Gen. Dual *lótu-o* ›der (beiden) Blüten‹

Die Endung des possessiven Genitivs (die ungefähr dem deutschen ›-lich‹ in ›königlich‹ entspricht) lautet -*va* nach Vokalen und -*wa* nach Konsonanten. Die Plural-Form ist einheitlich -*i-va* (mit Diphthong-Bildung bei auslautendem -*a*, -*o* oder -*u*).

cirya ›Schiff‹
Poss. Sg. *cirya-va* ›des Schiffs‹

Poss. Pl. *ciryai-va* ›der Schiffe‹
Poss. Koll. *cirya-lí-va* ›der (vielen) Schiffe‹
Poss. Dual *cirya-t-wa* ›der (beiden) Schiffe‹,

elen ›Stern‹
Poss. Sg. *elen-wa* ›des Sterns‹
Poss. Pl. *elen-i-va* ›der Sterne‹
Poss. Koll. *elel-li-va* ›der (vielen) Sterne‹
Poss. Dual *elen-e-t-wa* ›der (beiden) Sterne‹

lóte ›Blüte‹
Poss. Sg. *lóte-va* ›der Blüte‹
Poss. Pl. *lóti-va* ›der Blüten‹
Poss. Koll. *lóte-lí-va* ›der (vielen) Blüten‹
Poss. Dual *lótu-va* ›der (beiden) Blüten‹

Auch hierbei gibt es eine Reihe von Lautangleichungen, von
denen nur die wichtigsten hier erwähnt werden sollen:

Bei Wörtern, die im Stamm auf einen Vokal enden und deren
Stammsilbe kurz ist, wird der Auslautvokal gelängt. Gleiches gilt
für zweisilbige Wörter mit *-ui-* in der Stammsilbe, die auf einen
Vokal enden. Im Plural werden bei Wörtern auf *-e*, *-ië* oder *-i* die
Auslautvokale mit dem folgenden *i* zu einem langen *í* zusamen-
gezogen.

tamo ›Schmied‹
Poss. Sg. *tamó-va* ›des Schmieds‹
Poss. Pl. *tamoi-va* ›der Schmiede‹

huine ›Düsternis‹
Poss. Sg. *huiné-va* ›der Düsternis‹
Poss. Pl. *huiní-va* ›der Düsternisse‹

lië ›Volk‹
Poss. Sg. *lié-va* ›des Volks‹
Poss. Pl. *lí-va* ›der Völker‹

Generell wird die Endung an die Nominativ-Form angehängt. Nur bei Stämmen auf -*u* oder -*i* wird die Stammform verwendet.

lóme ›Nacht‹ (Stamm *lómi-*)
Poss. Sg. *lómi-va* ›der Nacht‹
Poss. Pl. *lómí-va* ›der Nächte‹

ango ›Schlange‹ (Stamm *angu-*)
Poss. Sg. *angu-va* ›der Schlange‹
Poss. Pl. *angui-va* ›der Schlangen‹

Gleichfalls eine Ausnahme bilden Stämme auf -*ss* und -*c*.

nís ›Frau‹ (Stamm *niss-*)
Poss. Sg. *niss-e-va* ›der Frau‹
Poss. Pl. *niss-i-va* ›der Frauen‹

filit ›Vögelchen‹ (Stamm *filic-*)
Poss. Sg. *filiqua* ›des Vögelchens‹
Poss. Pl. *filic-i-va* ›der Vögelchen‹

Es ist unklar, wie sich diese Form verhält, wenn sie sich auf ein Wort im Plural bezieht. Als Adjektiv müsste sie die Endung von -*a* zu -*e* ändern. Wenn überhaupt, so wäre dies eine sehr späte Form des Quenya, und so wollen wir annehmen, dass die Endung immer gleich bleibt, auch um die Sache nicht zu kompliziert zu machen.

Immer wenn Endungen an ein Wort angehängt werden, kann dies eine Verschiebung der Betonung bewirken. Wie schon öfter erwähnt, werden im Quenya von Mittelerde lange Vokale in der letzten Silbe verkürzt. Dies gilt für das Plural-*í*, das Dual-Element *ú* und die Bildungssilbe *lí* im kollektiven Plural. Wenn ein so verkürzter Vokal in die vorletzte Silbe rückt, gewinnt er die alte Länge zurück, außer wenn die drittletzte Silbe bereits lang ist (da sonst zwei lange Silben aufeinander folgen würden, was die Elben zu vermeiden suchten). Bei Wörtern auf -*ië* wird, wenn die Betonung ansonsten auf das -*i*- fallen würde, das *e* gleichfalls gelängt.

Wortstellung: Der Genitiv geht dem Beziehungswort häufig, aber nicht immer voraus. Der Possessiv folgt den Regeln für Adjektive: Er folgt dem Beziehungswort, wenn dieses im Nominativ steht, und geht ihm in allen anderen Fällen voraus. Diese Regeln können um etwas zu betonen oder in der poetischen Sprache außer Kraft gesetzt werden.

Im Deutschen kann ein Genitiv zwischen Präposition und Hauptwort eingebettet werden: ›*unter* Vardas *blauen Kuppeln*‹. Im Quenya ist das nicht möglich.

Vardo nu luini tellumar
›Vardas unter blaue(n) Kuppeln‹
»unter Vardas blauen Kuppeln«

Man beachte, dass selbst bei einer poetischen Satzstellung die Wortgruppe nicht unterbrochen wird.

Vardo tellumar nu luini (»Namárië«, HR II/8)
›Vardas Kuppeln unter blaue(n)‹
»unter Vardas blauen Kuppeln«

Doppelter Genitiv: Im Lateinischen gibt es die Unterscheidung zwischen einem *objektiven* und einem *subjektiven Genitiv*, je nachdem, ob das Wort zum Beziehungswort in Objekt- oder Subjekt-Beziehung steht. Auch hierfür sind im Quenya die beiden verschiedenen Genitivformen zu verwenden. Das lässt sich am besten an einem Beispiel verdeutlichen:

Nurtale Valinóreva ›Verhüllung von Valinor‹
[= jemand verhüllt Valinor (Objekt)]

Vardo Nurtale ›Vardas Verhüllung‹
[= Varda (Subjekt) verhüllt etwas]

Vardo Nurtale Valinóreva ›Vardas Verhüllung von Valinor‹
[= Varda (Subjekt) verhüllt Valinor (Objekt)]

Das lässt sich, außer bei Namen, im Deutschen ansonsten
schlecht wiedergeben, aber das Prinzip wird mit diesem Beispiel
hoffentlich deutlich.

Possessivpronomen (Besitzanzeigendes Fürwort)

Wie das persönliche Fürwort an das Verb angehängt wird, so wird
das besitzanzeigende Fürwort an das Substantiv angehängt. Wenn
Substantive auf einen Konsonanten enden, tritt ein Fugenvokal *-i-*
(1. Person Singular) oder *-e-* (alle anderen Personen) hinzu.

Singular
1. *-(i)nya* ›mein‹
2. *-(e)lya* ›dein‹
3. *-(e)rya* ›sein/ihr‹
Plural
1. *-(e)mma* ›unser‹ (exkl.)
1. *-(e)lva* ›unser‹ (inkl.)
2. *-(e)lla* ›euer‹
3. *-(e)nta* ›ihr‹
Dual
1. *-(e)mma* ›unser‹ (exkl.)
1. *-(e)lma* ›unser‹ (inkl.)
2. *-(e)lta* ›euer‹
3. *-(e)sta* ›ihr‹

Die Pronominalendung wird an den Stamm angehängt beziehungsweise zwischen Stamm und Endung eingefügt.

Ataremma ›Vater unser‹ bzw. ›unser Vater‹ (exklusiv, weil der
Angesprochene [Gott] in das ›unser‹ nicht mit eingeschlossen
ist!)

omentiëlvo ›unserer Begegnung‹ (inklusiv, Genitiv-Form von *omentiëlva*, zusammengezogen aus *omentië-lva-o*)

Übungen

(1) Bilde jeweils den Genitiv und den Possessiv Singular:

Beispiel: *aran* ›König‹
Lösung:
Gen. *arano*, Poss. *aranwa* ›des Königs‹

aiwe ›Vogel‹
atar ›Vater‹
colla ›Mantel‹
hisië ›Nebel‹
lasse ›Blatt‹
oron ›Berg‹ (Stamm *oront-*)
tári ›Königin‹
tol ›Insel‹ (Stamm *toll-*)
lis ›Honig‹ (Stamm *liss-*)
nen ›Gewässer‹

(2) Setze die Formen in den Plural:
Beispiel: *aran* › König‹
Lösung:
Gen. Pl. *aranion*, Poss. Pl. *araniva* ›der Könige‹

(3) Übersetze ins Quenya:

Das Land des Westens liegt unter dem dunklen Himmel Vardas. Doch ihre Sterne funkeln, denn Manwes Winde vertreiben die Dunkelheit.

Feanor ist der Schmied der Silmaril. Die Silmaril enthalten das Licht der heiligen Bäume (Dual). Im Licht der Silmaril liegt das Glück der unsterblichen Lande. Doch Feanor sagt: »Die Schöpfung meiner Hände (Dual) ist wertvoller als das Licht von Valinor.«

(4) Übersetze ins Deutsche. Versuche dabei die Beinamen aus ihren Bestandteilen zu entschlüsseln:

I essi Valatárion: Manwe Súlimo, Herunúmen ar Ardatáro. Varda Elentári. Ulmo, Heru i Nenion ar Earon Aran. Aule, Naucalion Tamo. Yavanna Cementári Aldafanava. Námo Núrufantur ar Vaire Tárirya. Irmo Olofantur ar Este. Nienna naina Fírimoin ar Eldain. Orome Roimo ar Vána. Tulcas i Ohtacaro ar Nessa.

Wortschatz

Nauco) ›Zwerg‹ (Stamm *Nauca-*)

alcar ›Glanz‹
cemen ›Erde, Boden‹
esse ›Name‹
fana ›Schleier, Hülle, Gewand‹
heru ›Herr‹
lumbule ›Dunkelheit, (tiefer) Schatten‹
nórië ›Land‹
númen ›Westen‹
núru ›Tod‹
ohta ›Krieg, Kampf, Schlacht‹
olos (olor-) ›Traum, Vision‹
parma ›Buch‹
roime ›Jagd‹
súle ›Atem, Hauch, Wind‹
tanwe ›Schöpfung (der Kunst), Konstrukt‹
táro ›König‹

hara ›wertvoll‹ (* von *harma* ›Schatz‹)

hanya- ›verstehen, begreifen, anwenden können‹

horta- ›drängen, antreiben, losschicken‹
naina- ›klagen‹

Nur in Zusammensetzungen:
ava- ›fort-, weg-‹
-mo ›Macher, Handelnder (= Nachsilbe ›-er‹)‹
-tur ›Meister, Herr‹

Lösungen am Ende der Lektionen.

---

i̇ᴸι̇ᴛ Isil 🌙 ›Mond‹

Lektion 10: Lokalkasus

Wie wir in Lektion 5 gesehen haben, gibt es im Quenya Präpositionen zum Ausdruck räumlicher oder zeitlicher Beziehungen.
Für Bestimmungen auf die Fragen *wohin* (›nach Hause‹), *wo* (›zu
Hause‹) oder *woher* (›von zu Hause‹) gibt es jedoch auch Endungen, die bevorzugt verwendet werden.

Diese drei Fälle werden als *Lokalkasus* (Fälle des Ortes)
bezeichnet. Sie gelten gleichermaßen räumlich und zeitlich.

Allativ (*Wohin*-Fall)

Der *Allativ* bezeichnet eine Bewegung auf etwas hin. Er wird ausgedrückt durch die Endung *-nna*. Der Plural wird mit Zusatz von
-r gebildet. In den Formen, wo der Plural bereits eindeutig
gekennzeichnet ist, kann diese Endung auch wegfallen.

cirya ›Schiff‹
All. Sg. *cirya-nna* ›zum Schiff‹
All. Pl. *cirya-nna-r* ›zu den Schiffen‹

elen ›Stern‹
All. Sg. *elenna* ›zum Stern‹ (verkürzt aus **elen-[e-]nna*)
All. Pl. *elen-i-nna(-r)* ›zu den Sternen‹

lóte ›Blüte‹
All. Sg. *lóte-nna* ›zur Blüte‹
All. Pl. *lóti-nna(-r)* ›zu den Blüten‹

Lautangleichungen: Bei Wörtern, deren Stamm auf die Konsonanten *l*, *n*, *r*, *s*, *t* endet, sind beim Anschluss der Endung Lautänderungen zu beachten.

Wörter auf *-l* ändern die Endung in *-lda*.

menel ›Himmel‹
All. Sg. *menelda* ›zum Himmel‹
All. Pl. *menel-i-nna(-r)* ›zu den Himmeln‹

Wörter auf *-n* ziehen die Endung, wie oben am Beispiel *elen* gezeigt, zu *-nna* zusammen. Bei den Wörtern auf *r*, *s* und *t* gehen
wir davon aus, dass im Singular ein Fugenvokal *-e-* eingefügt
wird.

Die Formen im Dual und im kollektiven Plural lauten:

cirya ›Schiff‹
All. Dual *cirya-nta* ›zu (beiden) Schiffen‹
All. Koll. *cirya-li-nna* ›zu den (vielen) Schiffen‹

elen ›Stern‹
All. Dual *elen-e-nta* ›zu (beiden) Sternen‹
All. Koll. *elelli-nna(-r)* ›zu den (vielen) Sternen‹

lóte ›Blüte‹
All. Dual *lótu-nna* ›zu (beiden) Blüten‹
All. Koll. *lóte-li-nna(-r)* ›zu den (vielen) Blüten‹

Im kollektiven Plural kann ein zusätzliches *-r* zur Kennzeichnung des Plurals hinzutreten.

Lokativ (Wo-Fall)

Der *Lokativ* bezeichnet den Ort oder die Zeit, wo etwas geschieht. Er wird ausgedrückt durch die Endung *-sse*. Der Plural
wird mit Zusatz von *-n* gebildet. In den Formen, wo der Plural
bereits eindeutig gekennzeichnet ist, kann diese Endung auch
wegfallen.

cirya ›Schiff‹
Lok. Sg. *cirya-sse* ›auf dem Schiff‹
Lok. Pl. *cirya-sse-n* ›auf den Schiffen‹

elen ›Stern‹
Lok. Sg. *elen-de* ›bei dem Stern‹
Lok. Pl. *elen-i-sse(-n)* ›bei den Sternen‹

lóte ›Blüte‹
Lok. Sg. *lóte-sse* ›in der Blüte‹
Lok. Pl. *lóti-sse(-n)* ›in den Blüten‹

Lautangleichungen: Bei Wörtern, deren Stamm auf die Konsonanten *l, n, r, s, t* endet, sind beim Anschluss der Endung Lautänderungen zu beachten.

Wörter auf *-l* ändern die Endung in *-lde*.

menel ›Himmel‹
All. Sg. *menel-de* ›im Himmel‹
All. Pl. *menel-i-sse(-n)* ›in den Himmeln‹

Wörter auf *-n* ändern die Endung, wie oben am Beispiel *elen*
gezeigt, in *-nde*. Wörter auf *-s* ziehen die Endung zu *-sse* zusammen. Bei den Wörtern auf *r* gehen wir davon aus, dass im Singular ein Fugenvokal *-e-* eingefügt wird. Wörter auf *-t* ändern die
Endung in *-tse*.

An den Präpositionen im Deutschen sieht man, dass der Lokativ
wie auch die anderen Fälle dieser Art unterschiedlich übersetzt
werden kann.

Die Formen im Dual und im kollektiven Plural lauten:

cirya ›Schiff‹
Lok. Dual *cirya-tse* ›auf (beiden) Schiffen‹
Lok. Koll. *cirya-li-sse(-n)* ›auf den (vielen) Schiffen‹

elen ›Stern‹
Lok. Dual *elen-e-tse* ›bei (beiden) Sternen‹
Lok. Koll. *elel-li-sse(-n)* ›bei den (vielen) Sternen‹

lóte ›Blüte‹
Lok. Dual *lótu-sse* ›in (beiden) Blüten‹
Lok. Koll. *lóte-li-sse(-n)* ›in den (vielen) Blüten‹

Im kollektiven Plural kann ein zusätzliches *-n* zur Kennzeichnung des Plurals hinzutreten.

Ablativ (*Woher*-Fall)

Der *Ablativ* bezeichnet eine Bewegung von etwas weg. Er wird
ausgedrückt durch die Endung *-llo*. Der Plural wird mit *-r* oder *-n*
gebildet. In den Formen, wo der Plural bereits eindeutig gekennzeichnet ist, kann diese Endung auch wegfallen.

cirya ›Schiff‹
Abl. Sg. *cirya-llo* ›vom Schiff‹
Abl. Pl. *cirya-llo-r/n* ›von den Schiffen‹

elen ›Stern‹
Abl. Sg. *ele-llo* ›vom Stern‹
Abl. Pl. *elen-i-llo(-r/n)* ›von den Sternen‹

lóte ›Blüte‹
Abl. Sg. *lóte-llo* ›von der Blüte‹
Abl. Pl. *lóti-llo(-r/n)* ›von den Blüten‹

Lautangleichungen: Bei Wörtern, deren Stamm auf die Konsonanten *l, n, r, s, t* endet, sind beim Anschluss der Endung Lautänderungen zu beachten.

Wörter auf -*l* ziehen die Endung zu -*llo* zusammen

menel ›Himmel‹
Abl. Sg. *menello* ›vom Himmel‹
Abl. Pl. *meneli-llo(-n)* ›von den Himmeln‹

Wörter auf -*n*, -*r*, -*s* verlieren, wie oben am Beispiel *elen* gezeigt, den Endkonsonanten vor der Endung. Bei Wörtern auf -*t* gehen wir davon aus, dass im Singular ein Fugenvokal -*e*- eingefügt wird.

Die Formen im Dual und im kollektiven Plural lauten:

cirya ›Schiff‹
Abl. Dual *cirya-lto* ›von den (beiden) Schiffen‹
Abl. Koll. *cirya-li-llo(-r/n)* ›von den (vielen) Schiffen‹

elen ›Stern‹
Abl. Dual *elen-e-lto* ›von den (beiden) Sternen‹
Abl. Koll. *elel-li-llo(-r/n)* ›von den (vielen) Sternen‹

lóte ›Blüte‹
Abl. Dual *lótu-llo* ›in von (beiden) Blüten‹
Abl. Koll. *lóte-li-llo(-r/n)* ›von den (vielen) Blüten‹

Im kollektiven Plural kann ein zusätzliches -*r* oder -*n* zur Kennzeichnung des Plurals hinzutreten.

Mit dem Ablativ im Lateinischen hat dieser Fall außer dem
Namen nichts zu tun. Lokativ, Allativ und Ablativ im Quenya
sind den entsprechenden Fällen im Finnischen nachempfun-
den.

Dies alles ist nicht ganz einfach umzusetzen, darum sollen ein
paar weitere Beispiele die Verwendung verdeutlichen. (Man
beachte die Auslassung im ersten Satz.)

Elen síla lúmenn' omentielvo!
›Ein Stern scheint *auf die Zeit* (All.) Begegnung-unser (inkl.)!‹
»Ein Stern scheint auf die Stunde unserer Begegnung!«

*Et Earello **Endorenna** . . .*
›Heraus *aus dem Meer* (Abl.) nach Mittelerde (All.) . . .‹
»Aus dem großen Meer nach Mittelerde . . .«

. . . i harar mahalmassen mi Númen . . .
›. . . die sitzen *auf Thronen* (Lok. Pl.) im Westen . . .‹
». . . die auf den Thronen des Westens sitzen . . .«

Es mag ein bisschen irritieren, dass diese Formen nicht so eindeutig sind, wie wir es etwa im Lateinischen von Endungen gewohnt
sind. Aber im Elbischen haben solche Wortbildungslemente, wie
sie hier Verwendung finden, eine viel losere Verbindung zu den
Substantiven, und die Elben gingen auch entsprechend damit
um.

Es gibt im Übrigen noch weitere Lautangleichungen bei ein
paar Wortstämmen mit Besonderheiten, aber dabei handelt es
sich um Einzelfälle, und sie zu behandeln würde hier zu weit
führen.

Demonstrativpronomen (Hinweisendes Fürwort)

Vermutlich gibt es eine dreifache Abstufung; die anderen Wörter sind freilich nicht belegt. Die *Demostrativpronomen* gelten sowohl räumlich als auch zeitlich:

sina ›dieser (hier)‹
tana ›der (da)‹ (rückverweisend)
enta ›jener (dort)‹ (vorausverweisend)

Die Formen werden wahlweise wie Adjektive oder wie Adverbien behandelt.

Übungen

(1) Bilde jeweils den Allativ, Lokativ und Ablativ Singular:

Beispiel: *taure* ›Wald‹
Lösung:
All. Sg. *taurenna* ›zum Wald hin‹, Lok. Sg. *tauresse* ›im Wald‹, Abl. Sg. *taurello* ›vom Wald fort‹

aiwe ›Vogel‹
atar ›Vater‹
hisië ›Nebel‹
colla ›Mantel‹
lasse ›Blatt‹
oron ›Berg‹ (Stamm *oront-*)
tári ›Königin‹
tavas ›Waldland‹
riël ›Maid‹ (bekränzte)
nen ›Gewässer‹

(2) Übersetze ins Quenya:

Die weißen Schiffe der Vanyar tragen Feanor und sein Gefolge nach Mittelerde. Doch Fingolfin und eine große Zahl von Elben bleiben in Araman. Fingolfin führt die Verlassenen über das Malmeis. Auf dem Eis sterben zahllose Elben.

(3) Übersetze ins Deutsche:

Eque Nolofinwe: »Helcaracsello Endorenna túlinye. Falasse úrye-ar i ciryar ninqui. Aicalillor hísië untúpe i palla nórië. Tiruvanye Feanáro tumbalissen ar ortossen, lómesse aldaron ar calim' áresse. Cemeno felyassen mornië se ú-haryuva. Íre se hiruvanye, quetuvanye: ›Nanye Noldaran.‹«

Wortschatz

Araman ›Araman‹ (Küstenstrich jenseits des Westlichen Meeres)
Helcaracse ›Malmeis‹
Noldaran ›Noldorkönig‹
Nolofinwe ›Fingolfin‹

áre ›Sonnenlicht‹
felya ›Höhle‹
hecil ›jemand, der von Freunden verlassen wurde; Ausgestoßener‹
helca ›Eis‹
hosta ›Menge, große Zahl‹
mornië ›Dunkelheit, Schwärze‹
nosse ›Familie, Haus, Sippe‹, in diesem Sinne: ›Gefolge‹
orto ›Bergspitze‹
tumba ›Tal‹ (zwischen Hügeln)

col- ›tragen‹
larya- ›bleiben‹ (* aus √DAR-)

linna- ›gehen‹
tulya- ›führen‹
un-tup- ›herab-decken‹

Wortbildung: Als die Noldor nach Mittelerde zurückkehrten, glichen sie ihre Namen dem Sindarin an. In dieser Schreibweise sind sie in *Das Silmarillion* überliefert. Allerdings ergeben sie in dieser Sprache keinen richtigen Sinn. Manchmal sind es auch Mischformen; so wurde aus Qu. *Feanáro* in Mittelerde *Feanor* (eine echte Sindarin-Form würde **Fayanor* lauten). Ñolofinwe setzte den Namen seines Vaters Finwe vornweg, um seinen Anspruch auf das Königtum der Noldor zu demonstrieren; aus Qu. *Finwe Ñolofinwe* wurde *Fingolfin*. (Die Quenya-Namen findet man, soweit bekannt, in *Das große Mittelerde-Lexikon* von Robert Foster.)

Lösungen am Ende der Lektionen.

corma ›Ring‹

Lektion 11: Instrumentalis, Frage- und Relativpronomen

Instrumentalis (*Womit*-Fall)

Der *Instrumentalis* bezeichnet das Mittel und Werkzeug, womit etwas geschieht oder wodurch etwas bewirkt wird. Dies wird im Deutschen durch unterschiedliche Präpositionen wiedergegeben: ›mit‹, ›durch‹, aber auch auf andere Arten wie bei *lantar lassi súrinen* ›es fallen die Blätter im Wind (Instr.)‹, weil der Wind es ist, der die Blätter hinabweht. In manchen Fällen muss daher der Sprecher selbst entscheiden, welche Bedeutung er in den Mittelpunkt stellt. In einem Satz wie ›Das Licht bricht sich in den Wellen‹ könnte dies Lokativ (wo?) oder Instrumentalis (womit/wodurch?) sein, je nach Interpretation.

Die Form des Instrumentalis stellt eine Erweiterung des Dativs dar, indem der Dativ-Endung im Singular wie im Plural ein *-en* angefügt wird. Die Endung lautet somit im Singular *-nen*, im Plural *-i-nen*. Für das Plural-*i*, das Dual-Element *u* und die Bildungssilbe *-li* im kollektiven Plural gelten die gleichen Regeln der Längung wie beim Possessiv (siehe Lektion 9).

cirya ›Schiff‹
Instr. Sg. *cirya-n-en* ›durch das Schiff‹
Instr. Pl. *ciryai-n-en* ›durch die Schiffe‹
Instr. Dual *cirya-nt-en* ›durch (beide) Schiffe‹
Instr. Koll. *cirya-lí-n-en* ›durch (viele) Schiffe‹

elen ›Stern‹
Instr. Sg. *elen-n-en* ›durch den Stern‹
Instr. Pl. *elen-í-n-en* ›durch die Sterne‹
Instr. Dual *elen-e-nt-en* ›durch (beide) Sterne‹
Instr. Koll. *elel-li-n-en* ›durch (viele) Sterne‹

lóte ›Blüte‹
Instr. Sg. *lóte-n-en* ›durch die Blüte‹
Instr. Pl. *lóti-n-en* ›durch die Blüten‹
Instr. Dual *lótu-n-en* ›durch (beide) Blüten‹
Instr. Koll. *lóte-li-n-en* ›durch die (vielen) Blüten‹

Lautangleichungen: Bei Wörtern, deren Stamm auf die Konsonanten *l, n, r, s, t* endet, sind beim Anschluss der Endung Lautänderungen zu beachten.

Wörter auf *-l* ändern die Endung in *-den*.

macil ›Schwert‹
Instr. Sg. *macil-den* ›durch das Schwert‹
Instr. Pl. *macil-í-n-en* ›durch die Schwerter‹

Wörter auf *-n* und *-r* fügen, wie oben am Beispiel *elen* gezeigt, einfach *-nen* an. Bei den Wörtern auf *-s* gehen wir davon aus, dass im Singular ein Fugenvokal *-e-* eingefügt wird.

Bei Verben auf *-p*, *-t* und *-c* gilt die Besonderheit, dass das *n* und der Stammauslaut die Plätze tauschen, weil es sich so leichter aussprechen lässt. Dies bezeichnet man als *Nasal-Infix*: *-p+n-* wird zu *-mp-*, *-t+n-* zu *-nt-* und *-c+n-* zu *-ñc-*.

ecet ›Kurzschwert‹
Instr. Sg. *ecent-en* ›durch das Kurzschwert‹ (aus **ecet-nen*)

filit ›Vögelchen‹ (Stamm *filic-*)
Instr. Sg. *filiñc-en* ›durch das Vögelchen‹ (aus **filic-nen*)

Es gibt noch einen weiteren Kasus in dem vorliegenden Material. In einer Aufstellung Tolkiens aus den Sechzigerjahren, am Beispiel von *cirya* ›Schiff‹, erscheint die Form *ciryan*, die später als Dativ identifiziert wurde, als eine verkürzte Form des Allativs. So wie der Allativ eine Bewegung auf etwas hin bezeichnet, tut der Dativ dies in übertragenem Sinne, indem er das Ziel einer Handlung benennt. Eine ähnliche verkürzte Form gibt es auch beim Lokativ: *ciryas*, Plural *ciryais*. Die genaue Bedeutung ist unklar. Die Form kommt in dem klassischen Quenya-Material nicht vor, und für unsere Zwecke können wir sie ignorieren.

Damit ist die Darstellung der Formen des Substantivs abgeschlossen. Es gibt zahlreiche Unregelmäßigkeiten bei der Formenbildung, die hier nicht berücksichtigt werden können. Alle Formen sind in **Tabelle I** im Anschluss an die Lösungen der Aufgaben zusammengefasst.

Interrogativpronomen (Fragendes Fürwort)

Das *Interrogativpronomen*, das für direkte Fragen verwendet wird, lautet *man*.

Si man i yulma nin enquantuva?
›Nun wer den Kelch mir wiederfüllen-wird?‹
»Wer wird nun den Kelch für mich wiederfüllen?«

Es steht vermutlich neben Personen (›wer‹?) auch für Dinge (›was‹?). Es kann wie ein Substantiv gebeugt werden. Im Deutschen wird beim Fragepronomen nicht nach Singular und Plural unterschieden; im Quenya wäre das möglich, ist aber in dem vorhandenen Sprachmaterial nicht belegt. Daher gehen wir auch hier zunächst von einheitlichen Formen aus.

Nom. *man* ›wer‹ oder ›was‹?
Gen. *man-o* ›von wem‹, ›wovon‹?

Dat. *man-en* ›wem‹?
Akk. *man* ›wen‹ oder ›was‹?
Instr. *ma-nen* ›durch wen‹ oder ›wodurch‹; auch ›wie‹?
All. *ma-nna* ›zu wem‹, ›wohin‹, ›bis wann‹?
Lok. *ma-sse* ›bei wem‹, ›wo‹, ›wann‹?
Abl. *ma-llo* ›von wem‹, ›woher‹, ›seit wann‹?
Poss. *ma-va* ›wessen‹?

Die Formen im Dativ und im Instrumentalis lauten demnach
gleich, auch wenn sie unterschiedlich gebildet werden.

Allativ, Lokativ und Ablativ gelten, wie eingangs in Lektion 9
gesagt, sowohl räumlich als auch zeitlich.

Offene Fragen, auf die man mit Ja oder Nein antworten kann,
haben im Quenya in der Umgangssprache dieselbe Form wie Aussagen, unterschieden nur durch die Stimmführung. Sie können
durch den Partikel *ma* (*a* immer kurz) eingeleitet werden, was in
der Schriftform in der Regel üblich ist. Bei indirekten Fragen ist
das *ma* zwingend erforderlich, vergleichbar dem deutschen ›ob‹.

Diese bislang noch offene Frage hat sich gleichfalls in einer Ver-
öffentlichung aus dem Jahre 2015 geklärt. (*PE* 22:160.)

Relativpronomen (Bezügliches Fürwort)

Das *Relativpronomen* ›der, die, das‹ entspricht in der Form dem
Artikel *i*.

i Eru i or ilye mahalmar ea tennoio
›der Eine, der über allen Thronen ist bis-zur-Ewigkeit‹
»der Eine, der in Ewigkeit über allen Thronen ist«

Auch dieses Pronomen kann wie ein Substantiv gebeugt werden.
In den gebeugten Formen wird *i* zu *ya-*.

mi oromardi yassen tintilar i eleni
›in Hoch-Hallen, die-in (Lok. Pl.) funkeln die Sterne‹
»in den Hohen Hallen, worin [= in denen] die Sterne funkeln«

Hier eine Übersicht. Es gibt im Quenya keine männlichen, weiblichen oder sächlichen Formen des Pronomens wie im Deutschen.

Nom. Sg. *i* ›der/die/das‹, Pl. *i* ›die‹
Gen. Sg. *yo* ›dessen/deren‹, Pl. *yon* ›deren‹
Dat. Sg. *yan* ›dem/der‹, Pl. *yain* ›denen‹
Akk. Sg. *i* ›den/die/das‹, Pl. *i* ›die‹

All. Sg. *yanna* ›zu dem/der‹, Pl. *yannar* ›zu denen‹
Lok. Sg. *yasse* ›in dem/der‹, Pl. *yassen* ›in denen‹
Abl. Sg. *yallo* ›von dem/der‹, Pl. *yallor/n* ›von denen‹

Poss. Sg. *yava* ›dessen/deren‹, Pl. *yave* ›deren‹

Formen im Dual und im kollektiven Plural kann man sich selber ableiten, wenn man sie braucht.

Übungen

(1) Bilde jeweils den Instumentalis Singular und Plural:

Beispiel: *taure* ›Wald‹
Lösung:
Instr. Sg. *taurenen* ›durch den Wald‹, Instr. *taurínen* ›durch die Wälder‹ (im Sinne eines Mittels und Werkzeugs)

aiwe ›Vogel‹
atar ›Vater‹
hisië ›Nebel‹
colla ›Mantel‹
lasse ›Blatt‹

oron ›Berg‹ (Stamm *oront-*)
tári ›Königin‹
tavas ›Waldland‹
riël ›Maid‹ (bekränzte), Pl. *riëlli* (von der Nebenform *riëlle*)
nen ›Gewässer‹

(2) Übersetze ins Quenya:

Wer wird nun das Lied im dunklen Wald singen? Und wer wird den Becher in der Halle füllen? Verschwunden sind die Elben in das Land zwischen den Bergwällen.

Die Lerche wird das Lied in der Höhe singen. Der Bach wird den Becher im Tal füllen. Und die Elben werden aus Gondolin (Ondolinde) wiederkehren.

(3) Übersetze ins Deutsche:

Eque Itarille: »Man na i Noldaran? Nolofinwe i ohtacare Morin-gottonna? Mal na Turucáno i heru Ondolindo yasse Eldar quettar i yára lambe Númeneva?

Man ista mallo lausta i súre? Man ista manen sílar i eleni? Ar man ista i lië yanen quen tuluva muinanóriënna?«

Wortschatz

Itarille ›Idril‹
Moringotto ›Morgoth‹ (›Schwarzer Feind‹)
Ondolinde ›Gondolin‹
Turucáno ›Turgon‹

ampano ›Halle, Gebäude‹ (aus Holz)
lirulin ›Lerche‹
nelle ›Bach‹
ramba ›Bergkette, Wall‹
tarië ›Höhe‹

entul- ›wiederkommen‹
ista- ›wissen‹
ohtacar- ›Krieg führen gegen‹ (mit All.)

muina ›verborgen, geheim‹
yára ›alt‹ (aus alten Zeiten)

quen ›einer, jemand‹

Lösungen am Ende der Lektionen.

narmo ›Wolf‹

Lektion 12: Vergangenheitsformen des Verbs, Partizip Perfekt

Präteritum (Vergangenheit)

Das *Präteritum* steht für abgeschlossene Handlungen in der Vergangenheit. Bei der Bildung sind zahlreiche Regeln und Unregelmäßigkeiten zu beachten.

Schwache Verben

Bei schwachen Verben wird das Präteritum mit der Silbe *-ne* gebildet, die in der Regel an den Stamm angehängt wird.

Bei einem schwachen Verb auf *-ya-* muss man unterscheiden, ob es transitiv oder intransitiv gebraucht wird. Ein transitives Verb kann ein Objekt haben, ein intransitives nicht. Transitive Verben auf *-ya-* bilden ein reguläres Präteritum mit *-ne*. Bei intransitiven Verben fällt das *-ya-* weg, und sie bilden das Präteritum wie ein starkes Verb.

harya- ›haben, besitzen‹
Prät. *haryane* ›hatte, besaß‹
haryane macil ›hatte ein Schwert (Objekt)‹

lamya- ›erklingen‹
Prät. *lamne* ›erklang‹
i róma lamne ›das Horn erklang (kein Objekt möglich)‹

Einige Verben können sowohl transitiv als auch intransitiv sein:

yerya ›alt werden, verschleißen‹
Prät. *ulyane* ›wurde alt‹
Prät. *ulle colla* ›verschliss den Mantel‹

Schwache Verben mit einer kurzen Stammsilbe können das Präteritum regulär bilden. Meistens wird aber der Auslautvokal *-a*
bzw. *-u* fallen gelassen, und sie bilden die Form wie starke Verben.

maca ›schmieden‹
Prät. *macane* oder *mance* ›schmiedete‹

Starke Verben

Bei starken Verben ist die Bildung, wie an den Beispielen oben
schon zu sehen, unterschiedlich:

Bei Verben auf *-r*, *-m*, *-n* wird in der Regel *-ne* angehängt.

Bei Verben auf *-l* wird die Endung zu *-lle* angeglichen.

Bei Verben auf *-p*, *-t*, *-c*, *-qu* wird die Endung zu *-mpe*, *-nte*, *-nce*,
-nqu. Wir sprechen hier von einem *Nasal-Infix*, da der Nasallaut
in das Wort hineinverschoben wird (siehe Lektion 11).

Auch bei Verben auf *-d* tritt ein Nasal-Infix ein. Dieser Laut ist
jedoch im Wortinnern häufig zu *r* geworden. Einige Verben auf *-r*
sind daher ursprünglich Verben auf *-d* und haben somit im Präteritum ihre alte Form behalten, da *-nd-* im Quenya eine zulässige
Lautkombination ist.

har- ›sitzen‹ ($\sqrt{}$KHAD-)
Prät. *hande* ›saß‹

Bei starken Verben auf *-v* oder *-s* lautet die Endung einfach *-e*,
und der Stammvokal wird gelängt.

tuv- ›finden‹
Prät. *túve* ›fand‹

Es gibt zahlreiche unregelmäßige Formen, die hier nicht aus-
führlich behandelt werden können. Einige der wichtigeren
sind:

anta- ›geben‹, Prät. *áne* ›gab‹
ista- ›wissen‹, Prät. *sinte* ›wusste‹
lala- ›lachen‹, Prät. *lande* ›lachte‹
lelya- ›gehen‹, Prät. *lende* ›ging fort‹
lesta- ›zurücklassen‹, Prät. *lende* ›ließ zurück‹
onta- ›zeugen, erschaffen‹, Prät. *óne* oder *ontane* ›zeugte, erschuf‹

Das Verb *auta-* ›fortgehen, entschwinden‹ hat zwei unterschiedliche unregelmäßige Formen:

auta- ›fortgehen‹
Prät. *váne* ›ging fort‹ (den gedanklichen Blickpunkt des Spre-
chers verlassend)
Prät. *oante* ›ging fort‹ (zu einem anderen Ort)

Bei anderen Verben gibt es wiederum den Unterschied zwischen
einer starken intransitiven und einer schwachen transitiven Vergangenheitsform:

atalta- ›einstürzen‹
Prät. *ataltane* ›stürzte [etwas] ein‹, *atalante* ›stürzte [selbst] ein‹
orta- ›erheben, aufsteigen‹
Prät. *ortane* ›erhob‹, *oronte* ›erhob sich, stieg auf‹

Das Präteritum des Hilfsverbs ›sein‹ lautet *né*, Stamm *ne-*.

Stammformen

lanta- ›fallen‹

Singular
1. *lanta-ne-nye* ›ich fiel‹
2. *lanta-ne-lye* ›du fielst‹
3. *lanta-ne-sse* ›er/sie fiel‹ (pers.)
3. *lanta-ne* ›fiel‹ (GF)

Plural
1. *lanta-ne-mme* ›wir fielen‹ (exkl.)
1. *lanta-ne-lve* ›wir fielen‹ (inkl.)
2. *lanta-ne-lle* ›ihr fielt‹
3. *lanta-ne-nte* ›sie fielen‹ (pers.)
3. *lanta-ne-r* ›fielen‹ (GF)

Dual
1. *lanta-ne-mmo* ›wir (beide) fielen‹ (exkl.)
1. *lanta-ne-lmo* ›wir (beide) fielen‹ (inkl.)
2. *lanta-ne-lto* ›ihr (beide) fielt‹
3. *lanta-ne-sto* ›sie (beide) fielen‹
3. *lanta-ne-t* ›fielen (beide) ‹ (GF)

tul- ›kommen‹

Singular
1. *tul-le-nye* ›ich kam‹
2. *tul-le-lye* ›du kamst‹
3. *tul-le-sse* ›er/sie kam‹ (pers.)
3. *tule* ›kam‹ (GF)

Plural
1. *tul-le-mme* ›wir kamen‹ (exkl.)
1. *tul-le-lve* ›wir kamen‹ (inkl.)
2. *tul-le-lle* ›ihr kamt‹

3. *tul-le-nte* ›sie kamen‹ (pers.)
3. *tul-le-r* ›kamen‹ (GF)

Dual
1. *tul-le-mmo*›wir (beide) kamen‹ (exkl.)
1. *tul-le-lmo* ›wir (beide) kamen‹ (inkl.)
2. *tul-le-lto* ›ihr (beide) kamt‹
3. *tul-le-sto* ›sie (beide) kamen‹ (pers.)
3. *tul-le-t* ›kamen (beide)‹ (GF)

Perfekt (Vorgegenwart)

Das *Perfekt* steht für noch nicht abgeschlossene Handlungen in der Vergangenheit (wie das englische *present perfect*). Ansonsten wird das elbische Perfekt am besten ganz einfach mit deutschem Perfekt übersetzt. Im Deutschen wird die Form mit dem Hilfsverb *haben*, bei Verben der Bewegung mit *sein* gebildet.

Das Perfekt wird im Quenya durch eine Kombination von drei Merkmalen gebildet:
(1) die Endung -*ië* (bei schwachen Verben fällt das -*a* bzw. -*ya* im Stammauslaut weg),
(2) Längung des Stammvokals (siehe Lektion 6 zum Präsens),
(3) Reduplikation.

Unter *Reduplikation* (Verdopplung) verstehen wir, dass der Vokal der ersten Silbe am Wortanfang wiederholt wird. Dieser reduplizierte Vokal ist immer kurz; bei Diphthongen wird nur der erste Bestandteil wiederholt. Besteht die erste Silbe nur aus einem Vokal, wird er nicht wiederholt. Daneben fehlt die Reduplikation mitunter in poetischen Texten.

Auch hier sind möglicherweise ältere Sprachformen des Elbischen zu berücksichtigen. So änderten sich bestimmte Laute am

Wortanfang, und es ist zu vermuten, dass sie aufgrund einer Reduplikation die alte Form zurückgewinnen, da sie nun im Wortinnern stehen. So geht etwa das Verb *lant-* ›fallen‹ auf eine Wurzel √DANT- zurück. Anlautendes *d-* änderte sich zu *l-*, im Wortinnern aber zu *-r-*. So betrachtet, könnte die Perfektform ?*arantië* lauten. Ähnliches gilt für Verben, die sich auf Wurzeln mit MB-, ND- oder ÑG- zurückführen lassen, sowie für eine Verben mit anlautendem *s-* und *h-*, die unterschiedliche Herkunft aufweisen. Die Belege sind jedoch dürftig, und daher wollen wir diese Sonderformen hier ignorieren.

Stammformen

lanta- ›fallen‹

Singular
1. *a-lant-ië-nye* ›ich bin gefallen‹
2. *a-lant-ië-lye* ›du bist gefallen‹
3. *a-lant-ië-sse* ›er/sie ist gefallen‹ (pers.)
3. *a-lant-ië* ›ist gefallen‹ (GF)

Plural
1. *a-lant-ië-mme* ›wir sind gefallen‹ (exkl.)
1. *a-lant-ië-lve* ›wir sind gefallen‹ (inkl.)
2. *a-lant-ië-lle* ›ihr seid gefallen‹
3. *a-lant-ië-nte* ›sie sind gefallen‹ (pers.)
3. *a-lant-ië-r* ›sind gefallen‹ (GF)

Dual
1. *a-lant-ië-mmo* ›wir (beide) sind gefallen‹ (exkl.)
1. *a-lant-ië-lmo* ›wir (beide) sind gefallen‹ (inkl.)
2. *a-lant-ië-lto* ›ihr (beide) seid gefallen‹
3. *a-lant-ië-sto* ›sie (beide) sind gefallen‹ (pers.)
3. *a-lant-ië-t* ›sind (beide) gefallen‹ (GF)

tul- ›kommen‹

Singular
1. *u-túl-ië-nye* ›ich bin gekommen‹
2. *u-túl-ië-lye* ›du bist gekommen‹
3. *u-túl-ië-sse* ›er/sie ist gekommen‹ (pers.)
3. *u-túl-ië* ›ist gekommen‹ (GF)

Plural
1. *u-túl-ië-mme* ›wir sind gekommen‹ (exkl.)
1. *u-túl-ië-lve* ›wir sind gekommen‹ (inkl.)
2. *u-túl-ië-lle* ›ihr seid gekommen‹
3. *u-túl-ië-nte* ›sie sind gekommen‹ (pers.)
3. *u-túl-ië-r* ›sind gekommen‹ (GF)

Dual
1. *u-túl-ië-mmo* ›wir (beide) sind gekommen‹ (exkl.)
1. *u-túl-ië-lmo* ›wir (beide) sind gekommen‹ (inkl.)
2. *u-túl-ië-lto* ›ihr (beide) seid gekommen‹
3. *u-túl-ië-sto* ›sie (beide) sind gekommen‹ (pers.)
3. *u-túl-ië-t* ›sind (beide) gekommen‹ (GF)

Bei Wörtern, die mit einem Vokal anfangen, entfällt vermutlich die Reduplikation. Es sind darüber hinaus auch Perfektformen ohne Reduplikation bei Wörtern bekannt, die mit einem Konsonanten beginnen, vor allem in der poetischen Sprache.

Das *u-* in *utúlië* (Perfekt) ist nicht zu verwechseln mit dem *ú-* der Verneinung, etwa in *ú-túle* ›er kommt nicht‹ (Präsens).

Partizip Perfekt (Mittelwort der Vergangenheit)

Das *Partizip Perfekt* beschreibt den Zustand, der durch die Handlung des entsprechenden Verbs herbeigeführt wird: So ist *hastaina* ›beschädigt‹ das Partizip von *hasta-* ›beschädigen‹.

Abgeleitete Verben bilden das passive Partizip durch Anhängen von *-ina* (worauf das Endungs-*a* mit dem *-i-* zu *-ai-* verschmilzt). Die Bildung mit *-ina* scheint auch bei Stammverben auf *-p*, *-t* und *-c* und wahrscheinlich auch auf *-v* zu gelten, wobei der Stammvokal gelängt wird:

rac- ›brechen‹
rácina ›zerbrochen‹

Möglicherweise lässt sich dieses Schema auf alle starken Verben ausdehnen. Doch bei Verben auf *-r*, *-m* und *-n* finden wir die einfache Endung *-na*, ohne Längung des Stammvokals:

car- ›machen‹
Part. Perf. *carna* ›gemacht‹

nam- ›urteilen‹
Part. Perf. *namna* ›verurteilt‹

cen- ›sehen‹
Part. Perf. *cenna* ›gesehen‹

Bei Stammverben auf *-l-* würde ein folgendes *-n-* zu *-d-* angeglichen:

mel- ›lieben‹
Part. Perf. *melda* ›geliebt‹

Über eine Pluralform des Partizips Passiv ist nichts bekannt. Hilfsweise wollen wir annehmen, dass sich Partizipien grundsätzlich im Plural nicht ändern, es sei denn, sie werden als normale Adjektive aufgefasst. Die Grenzen sind dabei fließend.

Es gibt im Quenya anscheinend keine passiven Verbformen wie etwa im Lateinischen. Mithilfe des Partizips Passiv kann man aber eine Ersatzform bilden:

I Arda [na] rácina.
›Die Welt ist zerbrochen.‹

Übungen

(1) Setze die folgenden Verbformen ins Präteritum:

Beispiel:
Aor. *lantalye* ›du fällst‹
Lösung: Prät. *lantanelye* ›du fielst‹

Aor. *lausta* ›weht‹ (GF)
Aor. *quetilye* ›du sprichst‹
Aor. *lelyanye* ›ich gehe‹
Aor. *cenimme* ›wir sehen‹ (exkl.)
Aor. *rucisto* ›sie (beide) fliehen‹ (pers.)
Aor. *celinte* ›sie fließen‹ (pers.)
Aor. *autasse* ›er/sie entschwindet‹ (pers.)
Aor. *haryalmo* ›wir (beide) haben‹ (inkl.)
Aor. *turinye* ›ich beherrsche‹
Aor. *haralle* ›ihr sitzt‹

(2) Setze die Formen ins Perfekt:

Beispiel: Aor. *lantalye* ›du fällst‹
Lösung: Perf. *alantaniëlye* ›du bist gefallen‹

(3) Übersetze ins Quenya:

In dieser Zeit führte Maedhros Krieg gegen Morgoth. Am Morgen
jenes Tages grüßten die Trompeten der Eldar den Sonnenaufgang, und im Osten erhoben die Söhne Feanors ihr Zeichen und
im Westen Fingon, der König der Noldor, das seine. Da öffnete
Turgon die Tore von Gondolin und kam mit einer großen Menge
von Kriegern heraus, die lange Schwerter trugen, und ihre Speere

waren wie ein Wald. Und doch hatte am Ende jenes Tages Morgoth den Sieg in der Schlacht der Ungezählten Tränen.

(3) Übersetze ins Deutsche:

Eque Túrindo: »Haryanemmo alasse, ai Níniëlle, an ú-istanemme man netye. Mán sí i allasse hehtane met. Turun' ambartanen onónenya emeliën. Tana penyane. Sí móre tula.«

Wortschatz

Findecáno ›Fingon‹
Maitimo Russandol ›Maedhros‹
Níniëlle ›Niniel‹
Túrindo ›Túrin‹

ambarta ›Schicksal‹
andon ›Tor‹
ecco ›Speer‹
lúme ›Zeit, Stunde‹
nië ›Träne‹
ohtar ›Krieger‹
onóne ›Schwester‹ (leibliche)
tanna ›Zeichen‹
túre ›Sieg‹

turuna ›bezwungen‹
úvea ›sehr groß‹

*anyal- ›anrufen, grüßen‹ (aus *an* + *yal-* ›rufen‹)
hehta- ›im Stich lassen‹
latya- ›öffnen‹
*penya- ›mangeln, fehlen‹ (von *penya* ›mangelhaft‹)

Lösungen am Ende der Lektionen.

›Möwe‹ **mȧ̇ú** maiwe

Lektion 13: Imperativ, Infinitiv und Gerundium

Imperativ (Befehlsform)

Der *Imperativ* hat nur eine Form für Singular und Plural. Er wird gebildet mit der Grundform und der Endung *-a* (die bei schwachen Verben mit dem Stammauslaut zusammenfällt). Außerdem wird umittelbar vor das Verb ein freier Zeigepartikel gesetzt. Dieser lautet beim Imperativ *á*, das vor langen Silben zu *a* verkürzt wird.

á tira! ›schau!‹ bzw. ›schaut!‹
a laita! ›preise!‹ bzw. ›preiset!‹

Eine abgeschwächte Form des Imperativs, auch als *Subjunktiv* (Möglichkeitsform) bezeichnet, dient zum Ausdruck von etwas, das sein könnte: Wünsche, Hoffnungen, etc. Dies wird ausgedrückt durch ein vorgesetztes *nai* (›möge es sein, dass‹; vermutlich aus *na* ›[es] ist‹ und *i* ›dass‹). In den bekannten Beispielen folgt darauf ein Verb im Futur:

nai elye hiruva ›sei-dass selbst-du finden-wird‹ (übersetzt als: ›vielleicht wirst sogar du es finden‹)

Eine verstärkte Form zum Ausdruck dessen, was sein soll, wird gebildet mit einem vorangesetzten *na*:

araniëlya na tuluva ›Königreich-Dein sei wird-kommen‹ (›Dein Königreich soll kommen‹, ›Dein Reich komme‹)

na care indómelya ›sei schafft (Aor.) Wille-Dein‹ (›Dein Wille
soll walten‹, ›Dein Wille geschehe‹)

Diese Form wird verwendet bei starken Hoffnungen und Wünschen, auf deren Verwirklichung man keinen Einfluss hat.

Infinitiv (Nennform)

Der *Infinitiv* wird auch als Nennform bezeichnet, weil in vielen
Lexika diese Form als Eintrag dient: ›laufen‹, ›trinken‹, ›lieben‹.
Es handelt sich dabei um eine Art Standardform des Verbs ohne
Personenbezug.

Im Quenya entspricht der Infinitiv der einfachen Grundform
ohne Plural-Endung. Bei schwachen Verben ist der Infinitiv
somit gleich dem Stamm. Der Infinitiv kann wie im Deutschen
als einfache Ergänzung des Verbs verwendet werden:

polin hira ›ich kann finden‹

Wenn der Infinitiv ein Pronomen als Objekt hat, tritt eine verlän-
gerte Form an die Stelle der Grundform. In diesem Fall wird zwischen Infinitiv und Pronomen ein *-ta-* eingeschoben:

hira-ta-s ›es finden‹ (›finden-es‹)
polin hiratas ›ich kann es finden‹

Bei schwachen Verben entspricht der Infinitiv ebenfalls der
Grundform.

polin quete ›ich kann sprechen‹

Bei der verlängerten Form wird das *-e* vom Wortende im Wortinnern zu *-i-*.

quete ›sprechen‹
queti-ta-s ›es sagen‹ (›sprechen-es‹)
polin quetitas ›ich kann es sagen‹

Gerundium (Substantiviertes Verb)

Das *Gerundium* wird gebildet durch Anhängen von *-ië* an den Wortstamm. Bei schwachen Verben fällt dabei das *-a* bzw. *-ya* im Stammauslaut weg.

lanta- ›fallen‹
lantië ›(das) Fallen‹

tul- ›kommen‹
tulië ›(das) Kommen‹

vanya- ›entschwinden‹
vanië ›(das) Entschwinden‹

Das Gerundium ist eine Form, die auch aus dem Lateinischen bekannt ist (und dort von den wenigsten Schülern kapiert wird). Es ist ein Substantiv, das aus einem Infinitiv gebildet wird, aber gewisse Eigenschaften eines Verbs beibehält.

Aus einem Verb wie ›fallen‹ lässt sich ein Substantiv ›das Fallen‹ ableiten. So weit kann man das noch sehr gut im Deutschen nachvollziehen.

Das Gerundium kann nun nicht nur wie ein Substantiv ein Beiwort haben, zum Beispiel ein Adjektiv (›das schmerzhafte Fallen‹) oder einen angefügten Genitiv (›das Fallen eines Blattes‹). Alternativ kann es auch ein Objekt oder ein Adverb haben, wie dies normalerweise nur bei Verben vorkommt. Im Deutschen klingen diese Formen ziemlich merkwürdig, wenngleich sie theoretisch möglich sind: ›das Blatt-Fallen‹, ›das Schmerzhaft-Fallen‹.

enyalië ›(das) Erinnern‹
alcar enyalië ›die Erinnerung an den Glanz‹ (›das Den-Glanz-
Erinnern‹)

Das ist kompliziert genug. Um die Sache noch zu verschärfen,
kann von dem Objekt wiederum ein Adjektiv oder Genitivattri-
but abhängen:

calima alcar enyalië
›die Erinnerung an den hellen Glanz‹ (›[das] Den-hellen-Glanz-
Erinnern‹)
Númenóreo alcar enyalië
›die Erinnerung an den Glanz von Númenor‹ (›[das] Númenors-
Glanz-Erinnern‹)

Aber es kommt noch schlimmer. Denn das Gerundium kann im
Quenya wie jedes Substantiv auch gebeugt werden, also Kasus-
endungen haben:

Númenóreo alcar enyaliën ›zur Erinnerung an den Glanz von
Númenor‹ (›für das Númenors-Glanz-Erinnern‹ [Dativ])

Daraus ergeben sich dann Konstruktionen wie:

Vanda sina termaruva Elenna-nóreo alcar enyaliën
›Dieser Eid soll Bestand haben zur Erinnerung an den Glanz des
Elenna-Landes‹ (›Eid dieser durch-bleiben-wird zum Des-Elen-
na-Landes-Glanz-Erinnern‹)

Einfacher kann man es sich machen, indem man diese Form mit
dem erweiterten Infinitiv (›um ... zu‹) übersetzt.

»Dieser Eid soll Bestand haben, um an den Glanz des Landes
Elenna zu erinnern.«

Alle Formen des Verbs sind in **Tabelle II** im Anschluss an die Lösungen der Aufgaben zusammengefasst.

Übungen

(1) Übersetze ins Quenya (und schlage die Wörter, die du nicht kennst, im Wortverzeichnis nach):

Um auf dem Meer zu segeln (Ger. Instr.), baute Earendil ein Schiff. Sein Schiff trug ihn nach Norden, nach Süden, nach Westen. Tiefer Schatten umhüllte ihn. Verloren waren die Wege, müde geworden sein Geist. Siehe! In der Höhe erstrahlt ein Silmaril, getragen von einer weißen Möwe! Das Licht spaltete die Dunkelheit, und er erblickte weiße Strände und dahinter ein fernes grünes Land unter einem raschen Sonnenaufgang.

(2) Übersetze ins Deutsche:

Eque Eonwe: ›Aiya Earendil, ciryamion analcarin, apacennon i na sí tyelcave, merinon merië pella! Aiya, Earendil, i colelye i cala enwina lá Anar ar Isil! Cala Ardahínion, elen morniësse, miril andúnesse, alatarië anaróresse!‹

Zusatzaufgabe für Fortgeschrittene: Übersetze das Gedicht »Der Herr der Ringe« ins Quenya.

Wortschatz

Atan – Mensch
Eldaran – Elbenkönig
Herumor – Dunkler Herr
Mornandóre – Mordor (›Dunkles Land‹)
Naucaheru – Zwergenherr

alata ›Glanz, Leuchten, Strahlen‹
anaróre ›Sonnenaufgang‹
ciryamo ›Schiffer, Seefahrer‹
faire – Tod (natürlich)
híni ›Kind‹
mahalma – Thron (* aus dem Valarin)
miril ›Juwel‹ (leuchtend)
ondo – Stein
rië ›Kranz‹
rondo – Halle (unterirdisch), Gewölbe

alcarin ›ruhmreich‹
enwina ›alt (zu alten Zeiten gehörig oder davon abstammend)‹
fírima – sterblich
marta – verurteilt, verdammt
min, mine – ein(er, e)
nerte – neun
otso – sieben
tyelca ›plötzlich‹

nut- – binden
tuc- – ziehen, bringen

apa- voraus-, nach- (auf die Zukunft bezogen)
-on ›-er‹ (männliche Endung)

Lösungen am Ende der Lektionen.

 Silmaril
›Silmaril‹

Anhang: *Vinyacarië* (Neuschöpfung)

Wie schon gesagt, ist der Wortschatz der Elbensprachen be-
grenzt, und so ist man versucht, aus dem bekannten Wortschatz
neue Wörter zu kreieren. Die Tolkien-Gemeinde hat dafür sogar
ein eigenes Wort geschaffen: *vinyacarië* ›Neuschöpfung‹ (*vinya*
›neu‹, *car-* ›machen‹, *-ië* Gerundium-Endung). So gibt es etwa
die Möglichkeit, bei Sindarin-Wörtern über das rekonstruierte
Ur-Elbisch die entsprechenden Quenya-Formen zu erschließen.
Was nicht ganz unproblematisch ist; denn nach Tolkiens Vorstel-
lung ist es eher so, dass ein und dieselbe Wurzel in verschiedenen
Sprachen unterschiedliche Wortarten hervorbringt: in der einen
Sprache ein Substantiv, in der anderen ein Adjektiv oder Verb.
Darüber hinaus sprengt dies natürlich auch den Rahmen dieses
Übungsbuches.

Was jedoch recht nützlich sein kann, ist, sich verschiedene
Möglichkeiten vor Augen zu führen, aus dem bestehenden Wortschatz neue Wörter und Wortarten zu bilden.

Zusammensetzungen

Im Allgemeinen steht bei zusammengesetzten Hauptwörtern das
erste Wort immer im Singular, auch wenn es Plural-Bedeutung hat.

Da die meisten Wörter im Singular auf einen Vokal enden, können sie mit dem Folgewort problemlos zusammengefügt werden.
Wenn Vokal auf Vokal trifft, wird der letzte Vokal des ersten Wortes meist weggelassen. Wenn Konsonant – möglich sind nur *l*, *n*, *r*,
s, *t* – auf Vokal trifft, werden beide Wörter einfach aneinandergefügt.

Trifft jedoch Konsonant auf Konsonant, so kommt es oft zu Lautangleichungen, die nach bestimmten Regeln verlaufen. Einige davon sind:

l+n > -ld-
l+r > -ll-

n+l > -ll-
n+m > -mm-
n+r > -nd-
n+s > -ss-

r+l > -ll-

Númellóte ›Blume des Westens‹ (*númen+lóte*)
Elemmíre ›Sternjuwel‹ (*elen+míre*)
Elessar ›Elbenstein‹ (*elen+sar*)

Quenya erlaubt nur eine begrenzte Anzahl von Lautkombinationen im Inneren eines Wortes:

cc, cs
ht, hty
lc, ld, ll, lm, lp, lqu, lt, lv, lw, ly
mb, mm, mn, mp, my
nc, nd, ng, ngw, nn, nqu, nt, nty, nw, ny
ps, pt
qu
rc, rd, rm, rn, rqu, rr, rt, rty, rs, rw, ry
sc, squ, ss, st, sty, sw
ts, tt, tw, ty

In anderen Fällen fehlen uns jedoch Beispiele, sodass man nicht genau sagen kann, ob manche Lautkombinationen, die im Quenya normalerweise nicht vorkommen, vielleicht dennoch möglich sind.

Präfixe (Vorsilben)

Die Vorsilben entsprechen weitgehend den Präpositionen, haben zum Teil aber etwas andere Form. Einige davon haben unterschiedliche Form, je nachdem, ob das Folgewort mit einem Vokal oder Konsonanten beginnt.

Quenya-Präfixe

ala- – nicht, un- (rein sachliche Verneinung, ohne negative Färbung)

am(a)-, *amba-* – auf-, aufwärts-, über-

an- – sehr, äußerst (Intensiv- oder Superlativ-Präfix)

at(a)- – wieder-, zurück-, re- (im Sinne einer Umkehrung)

au- – weg-, ab- (Blickpunkt bei dem Objekt)

ava- – nicht, un- (weil es nicht sein darf)

en- – wieder-, noch einmal (im Sinne einer Wiederholung)

ep-, *apa-* – nach- (auf die Zukunft bezogen), voraus-

et- – aus-, heraus-

hó- – weg-, ab- (Blickpunkt außerhalb des Objekts)

il- – nicht, un- (als Gegenteil oder Umkehrung, d. h. mehr als bloße Verneinung)

lin- – viel-

nu(n)- – unter-

o- (betont: *ó-*) – zusammen- (meist aus zwei Richtungen kommend)

oa(r)- – fort-

ter- – durch-, zu Ende, andauernd, hartnäckig

ú- – nicht, un- (oft mit negativer Färbung), ohne (die Abwesenheit von etwas bezeichnend)

un(du)- – herunter-, hinunter-

yo- – zusammen- (aus mehr als zwei Richtungen)

Suffixe (Nachsilben)

Gerade bei den Nachsilben sind einige sehr alt. Meist bestehen Wörter im Ansatz aus einem Wurzel- und einem Bildungselement. So wird aus der Wurzel √KOR- mit der Grundbedeutung ›kreisrund‹ und dem primitiven Element *-ma* mit der Grundbedeutung ›Ding‹ das Wort *corma* ›Ring‹. Viele dieser Bildungselemente sind im klassischen Quenya nicht mehr produktiv; das heißt, sie können nicht mehr zur Neubildung von Wörtern herangezogen werden. Einige der noch verwendbaren sind im Folgenden aufgelistet:

Quenya-Suffixe

-arwa – Adjektivierung mit der Bedeutung ›habend‹: *alda* ›Baum‹, *aldarwa* ›baumbestanden‹ (›Bäume habend‹)

-e, *-le* – Substantivierung von Verben, bei *-e* mit gleichzeitiger Längung des Stammvokals: *nut-* ›binden‹, *núte* ›Knoten‹, *vesta-* ›heiraten‹, *vestale* ›Heirat‹

-ië – Substantivierung von Verben oder Adjektiven, mit abstrakter Bedeutung: *verya-* ›wagen‹, *verya* ›kühn‹, *verië* ›Kühnheit‹

-(i)ë – weibliche Namensendung: *ancalima* ›sehr hell‹, *Ancalime* ›die Sehr-Helle‹

-iël – ›Tochter‹: *Uinéniël* ›Tochter Uinens‹

-ima – Adjektivierung, eine Fähigkeit oder Eigenschaft bezeichnend: *ú-nótima* ›unzählbar‹, *firima* ›sterblich‹

-in(a) – Adjektivierung mit der Bedeutung ›bestehend aus‹: *telpe* ›Silber‹, *telpina* ›silbern, aus Silber‹

-ince, *-lle* – Verkleinerungsform: *atarince* ›Väterchen‹, *nandelle* ›(kleine) Harfe‹

-inqua – Adjektivierung, entsprechend dem deutschen ›-voll‹, ›-reich‹: *alcarinqua* ›ruhmreich‹

-ion – ›Sohn‹: *Anárion* ›Sohn der Sonne‹

-me – Substantivierung von Verben oder Adjektiven, oft Abstraktes oder zumindest Ungreifbares bezeichnend: *mel-* ›lieben‹, *melme* ›Liebe‹

-(n)dil – ›Freund‹: *Elendil* ›Sternfreund‹ (oder ›Elbenfreund‹)

-(n)dur – ›Diener‹, mit uneingennütziger Hingabe, von der Bedeutung her fast identisch mit *-(n)dil: Isildur* ›Monddiener‹

-on – männliche Namensendung: *saura* ›abscheulich‹, *Sauron* ›der Abscheuliche‹

-r, -ro, -re – agentive Endung, den Handelnden bezeichnend, entsprechend dem deutschen ›-er(in)‹. Die Formen auf *-ro* und *-re* sind männlich bzw. weiblich, die auf *-r* neutral: *onta-* ›zeugen‹, *ontaro* ›Erzeuger‹, *ontare* ›Erzeugerin‹, *ontari* (Pl.) ›Eltern‹; *envinyata-* ›erneuern‹, *envinyatar* ›Erneuerer‹ (Beiname Aragorns als König)

-ve – Adverbialendung: *anda* ›lang‹. *andave* ›lange‹, ›lange Zeit‹

-vea – Adjektivierung, entsprechend dem deutschen ›-gleich‹: *él* ›Stern‹, *elvea* ›sternengleich‹

Mit diesen Hinweisen möchte ich ein paar Anregungen geben, über die reine Anwendung des Gelernten selbst sprachschöpferisch tätig zu werden. Darum gibt es zu diesem Schlussteil auch keine Übungen – das Ende der Lektionen ist offen.

ᴘᴀᴄᴄᴘᴛ tegil
>Schreibfeder<

Die Elbenschrift

Das Schreiben mit Tolkiens Elbenschrift ist nicht so ganz einfach. Zunächst muss man sich vor Augen halten, dass es sich dabei um eine *Lautschrift* handelt, das heißt, es wird (in etwa) so geschrieben, wie man spricht. Für jede Sprache haben die Zeichen der Schrift eine unterschiedliche Belegung mit Lauten. Daraus folgt, dass man in einer Quenya-Schreibweise nur Quenya schreiben kann, in einer Sindarin-Schreibweise nur Sindarin, etc. Dies war einer der Gründe, weshalb sich die Noldor, als sie aus den Unsterblichenlanden nach Mittelerde zurückkehrten, Namen zulegten, die wie Sindarin klangen; sonst hätte man sie auf Sindarin nicht schreiben können.

Es ist darum auch nicht ohne Weiteres möglich, einen deutschen Namen in einer Quenya-Schreibweise zu schreiben. Dafür bräuchte man eine Schreibweise für Deutsch, die Tolkien so aber nicht hinterlassen hat. Eine mögliche Schreibweise nach diesem Prinzip ist in *Das große Elbisch-Buch* enthalten.

Die Tengwar-Schrift ist dazu gedacht, mit einer Breitfeder geschrieben zu werden. Wer es ganz authentisch haben will, schreibt mit einem Federkiel oder zumindest mit einer Kalligrafie-Feder im Federhalter. Die Schrift lässt sich aber auch mit einem Kalligrafie-Filzstift mit einer abgeflachten Spitze oder einem Füllhalter mit Italic-Feder schreiben.

Die Feder wird beim Schreiben in einem Winkel von etwa 45 Grad angesetzt. Für die normale Schrift sollte die Federbreite etwa 1,5 mm betragen.

Grundsatz für das Schreiben mit der Breitfeder ist, dass nie gegen die Federspitze geschrieben wird. Darum muss man bei den offenen Bögen der Tengwar-Buchstaben immer zweimal ansetzen, mit einem Ab- und einem Aufstrich.

Die Schreibung der anderen Buchstaben lässt sich aus diesen Musterbeispielen leicht ableiten. Daneben gibt es noch eine andere Form mit eckigen Buchstaben, die aber im Prinzip genauso geschrieben wird.

Man kann die Buchstaben auch verzieren. Tolkien selbst verwendet bei Schmuckinitialen doppelte Striche bei den Stämmen oder, wenn der Buchstabe keinen Stamm hat, eine zusätzliche senkrechte Linie in den Bögen.

Es sieht auch schön aus, wenn – wie bei Tolkiens eigener Fassung von »Namárië« – die Zusatzzeichen für Vokale und Satzzeichen in einer anderen Farbe, etwa in Rot oder Grün, geschrieben werden. Bei den Zierbuchstaben werden die Farben umgekehrt. Doch sollte man sich bei der Kalligrafie im Allgemeinen vor zu viel Schnickschnack hüten. Es ist eine handwerkliche Kunst, und sie lebt vor allem von der Gleichmäßigkeit und Form der Schrift.

Es gibt auch diverse Tengwar-Schriften als TrueType-Fonts im Internet. Sie zu verwenden ist nicht ganz einfach, da die Elben-

schrift eine Handschrift und keine Type ist. Näheres dazu ist auf
der Webseite *www.elbisch.info* zu finden.

Feanorische Schreibweise

Die traditionelle schriftliche Form für Quenya-Texte ist die sogenannte Feanorische Schreibweise, weil sie von dem legendären
Noldor-Fürsten Feanor in den Unsterblichenlanden begründet
wurde – mehr als elftausend Jahre vor den Ereignissen, von
denen *Der Herr der Ringe* berichtet.

Unsere Hauptquelle für diese Form der Schrift ist Tolkiens
eigene Handschrift-Fassung des Lieds »Namárië« (*RGEO* 57).

Die Tengwar-Schrift ist, wie gesagt, eigentlich eine Laut- und

a	b	c	d	e	f	g
h	i	j	k	l	m	n
o	p	q	r	s	t	u
v	w	x	y	z	kurz	lang

keine Buchstabenschrift. Dennoch lassen sich viele Buchstaben aus der lateinischen Schrift Zeichen in der Elbenschrift zuordnen, wie die vorstehende Tabelle zeigt.

Wie man an der Tabelle sieht, kommen einige Buchstaben im Quenya gar nicht oder zumindest nicht in reiner Form vor. Es gibt kein *k* (dafür wird *c* immer [k] ausgesprochen), *j* oder *z*; *x* wird entweder als *c* mit einem unten angehängten *s*-Kringel – wie in der Tabelle – oder als *ks* geschrieben; und *b*, *d* und *g* kommen nur in der Kombination *mb*, *nd* und *ng* vor, weshalb es für diese Lautkombinationen eigene Zeichen gibt. Das gilt auch für *q*, das als *qu* geschrieben und [kw] ausgesprochen wird.

Dabei gilt die Regel, dass die Buchstabenkombinationen in der folgenden Tabelle Vorrang haben vor Einzelbuchstaben. Das heißt, immer wenn ein Buchstabe in einer dieser Verbindungen vorkommt, werden die Tengwar nicht einzeln geschrieben, auch wenn das möglich wäre, sondern es wird das Zeichen für die Buchstabenkombinaton gewählt. Zum Beispiel wird ein Wort wie *elda* ›Elbe‹ mit den Zeichen *e-ld-a* geschrieben, weil *ld* in dieser Schrift ein eigenes Zeichen hat.

hw	ld	mb	mp	nc	ng	ngw
ngu	nt	qu	rd	s	ss	ss

Das nach oben geöffnete Tengwa für *s* in der großen Tabelle ist die Normalform. Es kann aber auch, wie hier abgebildet, umgedreht geschrieben werden, ohne dass sich am Lautwert etwas ändert, und *ss* wird als Verdoppelung dargestellt.

Vokale

Vokale werden in der Feanorischen Schreibweise durch Zusatzzeichen über oder unter den Tengwar dargestellt. Dies entstammt
der alten Sprachtheorie der Noldor-Gelehrten, wonach nur Konsonanten Laute im eigentlichen Sinne sind und Vokale und andere Elemente nur eine ›Färbung‹ darstellen. Im Quenya werden
diese Zeichen *Tehtar* genannt.

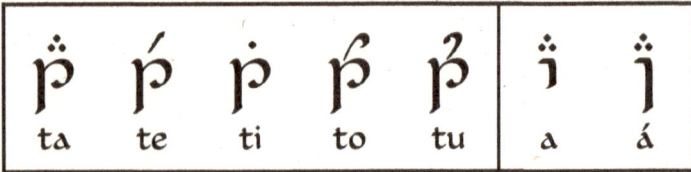

Dies betrifft vor allem die Vokale *a*, *e*, *i*, *o*, *u*. Im Quenya werden
die Vokalzeichen immer über den jeweils *vorangehenden* Buchstaben gesetzt; oben beispielhaft einmal am Konsonanten *t* aufgezeigt. Es gibt jedoch eine Reihe von Ausnahmen:

(1) Es gibt keinen vorangehenden Buchstaben, weil der Vokal
am Wortanfang steht. In diesem Fall benutzt man einen soge-
nannten ›kurzen Träger‹, der aussieht wie ein einfacher Tengwa-
Stamm ohne Ober- oder Unterlänge – ein kurzer senkrechter
Strich, meist mit einer kleinen Nase am oberen Ende, damit das
Tehta da besser Platz hat.

(2) Der vorangehende Buchstabe ist bereits besetzt, weil zwei
Vokale aufeinanderfolgen. In diesem Fall wird das Zeichen für
den zweiten Vokal auf einen kurzen Träger gesetzt.

(3) Der Vokal ist lang. In diesem Fall hat man zwei Möglichkeiten:

(a) Das Vokalzeichen wird auf einen ›langen Träger‹, das
heißt, einen Stamm mit Unterlänge, gesetzt.

(b) Das Vokalzeichen wird verdoppelt (nur möglich bei den
Tehtar für *e*, *u* und *o*).

Welche dieser beiden Möglichkeiten man wählt, bleibt dem
Schreiber überlassen. Tolkien selbst hat in einem Text sogar

zwei verschiedene Schreibweisen bei dem gleichen Wort verwendet.

Das folgende Beispiel soll dies verdeutlichen:

* í̇c̣m ḷj̣ç̇ Ẓ́m̥m̥m̥ ȷ̇m̥ḷ̇ı̇́c̣ḷ*

e-le-n s-í-lɑ lú-me-nn' o-me-nti-ë-l-vo

e-le-n: Das Wort beginnt mit einem Vokal; da es kein vorangehendes Tengwa gibt, wird das Zeichen für das erste *e*, da der Laut kurz ist, auf einen kurzen Träger gesetzt. Das zweite *e* wird über das Tengwa *l* gesetzt. Das *n* ist ein einfacher Buchstabe.

sí-la: Das *s* kann mehrere Formen annehmen; das hier ist die Grundform. Das *í* ist lang, also wird es auf einen langen Träger gesetzt (der in diesem Fall mit dem Zeichen für *s* verbunden wird). Das *a* wird über das Zeichen für *l* gesetzt.

lú-me-nn': Das *ú* ist lang, also wird das Tehta verdoppelt und über das Zeichen für das vorangegangene *l* gesetzt. (Stattdessen hätte man auch einen langen Träger mit einem einzelnen *u*-Tehta verwenden können.) Das *e* wird über das Zeichen für *m* gesetzt. Der geschwungene Strich unter dem Zeichen für *n* bedeutet, dass der Konsonant lang (in der Umschrift verdoppelt) ist. Das Auslassungszeichen wird nicht wiedergegeben.

o-me-nti-ë-l-vo: Das Wort beginnt mit einem Vokal; da es kein vorangehendes Tengwa gibt, wird das Vokalzeichen auf einen kurzen Träger gesetzt. (Stattdessen hätte man die beiden Wörter auch zusammenschreiben und ein *o*-Tehta über das *n* setzen können.) Das *e* wird über das Zeichen für *m* gesetzt. Für *nt* gibt es ein eigenes Zeichen in der Schrift. Das *i* wird über das Tengwa *nt* gesetzt. Das folgende *e* kann nicht über das vorangegangene Tengwa gesetzt werden, da dieses schon besetzt ist; da es kurz ist, erhält es einen kurzen Träger. Das *l* ist ein einzelnes Zeichen, da ihm kein Vokal folgt. Das *o* wird über das Zeichen für *v* gesetzt.

Schreibübung 1

(1) Setze die richtigen Tehtar zu den Tengwar-Buchstaben hinzu:

[Tengwar script]

A-r-we-n   va-ni-me-lda   na-m-á-ri-ë

[Tengwar script]

li-nde-lo-re-ndo-r   ma–li–no–r–né–li–o–n

(2) Schreibe in Tengwar-Schrift:

E-le-ndi-l – I-si-ldu-r – A-n-á-ri-o-n

Lösungen am Ende der Lektionen.

Sonderzeichen und Schreibvarianten

λ	l	ccı	ᴡ	ᴂ	ɋ	ɴ
h-	'h-	ñ-	ñw-	v-	y-	-r

Das Zeichen 'h- für *h* wird nur am Wortanfang vor *l* und *r* in Wörtern wie *hríve*, *hlóke* verwendet (und ist in der Aussprache des Dritten Zeitalters stumm). Ansonsten wird am Wortanfang *h*- verwendet.

Wörter, die auf eine Wurzel mit √NG- zurückgehen wie *Noldo*, werden mit einem anderen Tengwa als das normale *n* geschrieben. (Dies wurde im Dritten Zeitalter allerdings wohl nicht mehr konsequent gehandhabt, sodass man es nicht unbedingt beachten

muss.) Wörter, die mit *nw-* beginnen wie *nwalme* ›Qual‹ werden
mit dem hier aufgeführten Zeichen geschrieben.

Der ursprüngliche Laut **w* wurde am Wortanfang zu *v*, in der
Wortmitte blieb er als *w* erhalten. Am Wortende kommt er nicht
vor. Daher wird *v-* am Wortanfang mit dem Zeichen für *w* geschrieben.

Für *r* gibt es zwei verschiedene Tengwar. Das eine (in der
Tabelle als ›r‹ geschrieben) steht am Wortanfang und vor Vokalen. Das andere (in der Tabelle als ›-r‹) steht vor Konsonanten
und am Wortende.

Für ein nachfolgendes *y* (gesprochen [j]), das ebenso wie
die Vokale als »Färbung« des Konsonanten aufgefasst wurde, stehen zwei Punkte unter dem vorangehenden Tengwa. Wenn das
Wort mit einem *y-* beginnt (wie zum Beispiel *yéni* ›Jahre‹), gibt es
kein vorangehendes Zeichen, unter das man die Punkte setzen
könnte. Statt dessen nimmt man in diesem Fall ein Tengwa, das
im klassischen Quenya keinen Lautwert mehr besitzt; es dient
sozusagen in diesem Fall als Leerstelle oder ›Dummy‹.

Die möglichen Tengwar-Kombinationen für nachfolgendes *y*
sind wie folgt:

| cy | hy | ly | ny | ndy | nty | ry | ty |

Bei *ly* werden die Punkte in das Tengwa für *l* hineingesetzt. Bei *ry*
werden sie entweder dem Tengwa für *r* rechts unten angefügt
(wie oben) oder darunter gesetzt.

Ein waagerechter oder geschwungener Strich unter einem
Tengwa steht für eine Längung (geschrieben als Verdoppelung) des Konsonanten. Siehe dazu weiter oben das Beispiel
lúmenn'.

Bei *ll* wird der Strich in das Tengwa *l* hineingesetzt. Bei *rr* wird er entweder dem Tengwa *r* rechts unten angefügt oder darunter gesetzt.

Auf die verschiedenen Formen von *s* und *ss* wurde bereits hingewiesen. In Verbindung mit Tehtar sind verschiedene Varianten möglich. Alle hier gezeigten kommen vor; weitere sind denkbar.

| sa | se | si | so | su | sse | sse | sí |

Ein geschwungener Haken an einem Tengwa, vor allem am Wortende, der gewissermaßen ein stilisiertes *s*-Tengwa darstellt, kann für ein nachfolgendes *s* gesetzt werden. Siehe hierzu auch das Zeichen für *x* [ks] in der ersten Tabelle.

Schreibübung 2

(1) Setze die richtigen Tehtar und anderen Zusatzzeichen zu den Tengwar-Buchstaben hinzu:

Me–ri–n   sa   h-a-rya-lye   a-la-sse

nó   va-nya-lye   A-mba-re-llo.

(2) Schreibe in Tengwar-Schrift:

Tu-ra-mba-r tu-ru-n' a-mba-r-ta-ne-n

A-na-r ca-lu-va ti-ĕ-lya-nna!

Lösungen am Ende der Lektionen.

Diphthonge

Diphthonge (Zwielaute) sind Kombinationen von Vokalen, die in einer Silbe gesprochen werden. Das Quenya kennt davon sechs: *ai, oi, ui; au, eu, iu*. In diesen Fällen wird der zweite Bestandteil als Halbvokal aufgefasst und mit einem Tengwa für *i* [j] bzw. *u* [w] wiedergegeben. Der erste Bestandteil wird als Tehta darüber gesetzt – in Umkehrung der sonst üblichen Reihenfolge!

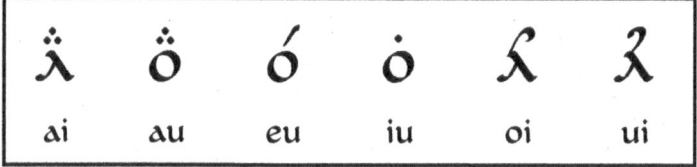

| ai | au | eu | iu | oi | ui |

Satzzeichen

Die auf Mitte gesetzten einfachen oder doppelten Punkte, die für Komma oder Punkt verwendet werden, sind eigentlich Zeichen für Pausen unterschiedlicher Länge. Sie haben meist einen Leerraum Abstand zum Text. Ausrufe- und Fragezeichen können auch zusätzlich zu dem Pausenzeichen gesetzt werden, gewöhnlich davor und in diesem Fall ohne Zwischenraum.

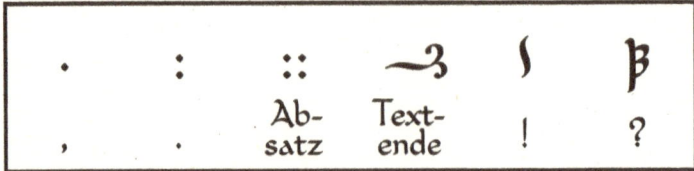

Wörter können am Zeilenende an jeder beliebigen Stelle getrennt werden. Einen Trennstrich gibt es nicht. Wörter, die in der Umschrift mit Bindestrich geschrieben werden, werden in Tengwar gewöhnlich einfach ohne Zwischenraum zusammengefügt.

Schreibübung 3

(1) Schreibe in Tengwar-Schrift:

Au-ta i ló-me-! Au-re e-ntu-lu-va!

(2) Schreibe (mit dekorierten Großbuchstaben):

Et earello Endorenna utúliën. Sinome maruvan ar Hildinyar tenn' ambar-metta.

(3) Schreibe in Tengwar-Schrift (ohne die Zeilentrennungen zu beachten):

Arani halle, ciryar halle, nelyo nelde:
Man túciënte atalantello ear-celumessen?
Otso eleni, otso ondor ar mine ninque orne.

Zahlen

Für Auflistungen – erstens, zweitens, drittens etc. – und dergleichen werden die Tengwar von 1 bis 24 benutzt, so wie wir (a), (b), (c) etc. verwenden, und zwar in der Reihenfolge, wie sie in *Der Herr der Ringe*, Anhang E/II, aufgelistet sind. Eine Markierung wie ein Punkt oder ein waagerechter Strich darüber kann diese Verwendung verdeutlichen.

Für Zahlen – eins, zwei, drei etc. – verwendeten die Elben sowohl ein Dezimal- (Basis 10, wie in unserer heutigen Zählweise) als auch ein Duodezimal-System (Basis 12), und die Menschen des Westens im Dritten Zeitalter hauptsächlich ein Dezimalsystem.

In allen Systemen werden die Zahlen von links nach rechts geschrieben, und zwar mit der kleinsten Ziffer beginnend – also umgekehrt wie in unserem Zahlsystem.

Im Dezimalsystem werden die Ziffern mit einem Punkt über jeder Ziffer oder, bei längeren Zahlen, mit einer durchgehenden Linie über der ganzen Zahl versehen.

Die einzelnen Zeichen sind wie folgt:

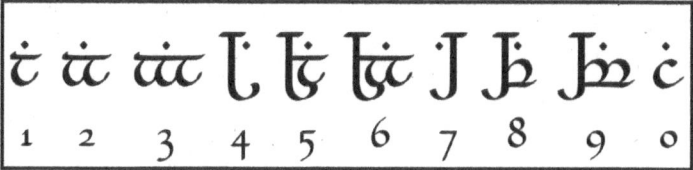

Das Duodezimalsystem wollen wir uns hier schenken; es wird in *Das große Elbisch-Buch*, Seite 258–9, näher erklärt.

Schreibübung 4

Schreibe in Tengwar-Zahlen. Beachte dabei die umgekehrte Reihenfolge der Ziffern:

Beispiel: *1952 = 2–5–9–1*

2, 10, 437, 1150, 2000, 3021

Lösungen

Zu Lektion 1

(1) Bestimme die Sprache des jeweiligen Satzes:

(a) *Ash nazg durbatulûk, ash nazg gimbatul.* (Schwarze Sprache)
(b) *A laita te, laita te! Andave laituvalmet!* (Quenya)
(c) *Cuio i Pheriain annan! Aglar'ni Pheriannath!* (Sindarin)
(d) *Et Earello Endorenna utúliën.* (Quenya)

(2) Suche die Quenya-Wörter heraus:

Quenya: *Ainulindale, asea aranion, coire, Cuiviénen, Earendil, Eldalië, Eldamar, Eldar, Elendil, Elentári, Elessar, hríve, Ilúvatar, Isildur, lasse-lanta, lómelinde, menel, Narya, Ninquelóte, palantír, Quenta Silmarillion, tengwar, Valar, yén.*

Sindarin: *Amon Lhaw, athelas, cirth, Dúnedain, Elbereth, Emyn Muil, Haudh-en-Ndengin, ithildin, lhûg, menel* (gleichlautend im Quenya), *Morgoth, Nen Hithoel, Thangorodrim.*

Adûnaïsch: *Adûnakhor, Ar-Gimilzôr.*

Khuzdul (Zwergensprache): *Azanulbizar.*

Rohirrisch: *éored, simbelmyne.*

Schwarze Sprache (Orkisch): *Lugbúrz, snaga.*

Zu Lektion 2

Zur Lautschrift: Ein Doppelpunkt [:] *steht nach einem langen Laut; alle anderen Laute sind kurz. Betonte Silben sind durch einen vorangestellten Hochstrich* ['] *bezeichnet. Varianten in Klammern* (†) *bezeichnen ältere Formen der Aussprache. Ein einzelner Punkt* [.] *steht gelegentlich zur Verdeutlichung der Silbentrennung; er hat keinen Einfluss auf die Länge oder die sonstige Aussprache. Schrägstriche bezeichnen Pausen unterschiedlicher Länge.*

In der Normalschrift der Wörter ist das n, *sofern es* [ŋ] *ausgesprochen wird, als* ñ *markiert.*

Die Sonderzeichen der Lautschrift sowie die Abkürzungen der Quellenangaben werden im Anhang erläutert.

(1) Sprich die folgenden Quenya-Wörter aus:

cermië ['kɛrmi.ɛ], *uñque* ['uŋkwɛ], *Telperion* [tɛl'pɛriɔn], *añga* ['aŋga], *Aule* ['aulɛ], *áze* ['a:zɛ], *Númenor* ['nu:mɛnɔr], *Númenóre* [nu:mɛ'no:rɛ], *Varda* ['varda], *Ohtar* ['ɔxtar], *Tintalle* [tin'talɛ], *cirya* ['kirja], *loënde* [lɔ'ɛndɛ], *Súlimo* ['su:limɔ], *Mahtan* ['maxtan], *Oiolosse* [oi.ɔ'lɔsɛ], *Turambar* [tu'rambar], *leuca* ['leuka], *hwesta* ['wɛsta] (†['hwɛsta]), *palantír* [pal'anti:r], *Elessar* [ɛ'lɛsar], *hríve* ['ri:vɛ] (†['hri:vɛ]), *Alqualonde* [alkwa'lɔndɛ], *Vanyar* ['vanjar], *Noldor* ['nɔldɔr] (†['ŋɔldɔr]), *Teleri* ['tɛlɛri], *Silmaril* ['silmaril], *Silmarillion* [silma'rili.ɔn], *elendili* [ɛ'lɛndili], *Wilwarin* ['wilwarin], *Telumehtar* [tɛlu'mɛçtar], *istari* ['istari], *Hyarmendacil* [çar'mɛndakil], *Anárion* [a'na:ri.ɔn], *Menelmacar* [mɛ'nɛlmakar], *tyeller* ['tjɛlɛr], *ruinya* ['rui.nja], *Yavanna* [ja'van:a]

(2) Spricht die folgenden Sätze:

(a) *Aiya Earendil elenion añcalima!*
['aija ɛa'rɛndil ɛ'lɛniɔn aŋ'kalima]
(b) *Elen síla lúmenn' omentiëlvo!*
['ɛlɛn 'si:la 'lu:mɛn: ɔmɛnti'ɛlvɔ]

(3) Lies laut:

Galadriels Klage in Lóriën (»*Ai laurië lantar lassi súrinen*...«,
HdR II/8)

[ai 'lauri.ɛ 'lantar 'lasːi 'suːrinɛn /
'jeːni uː'noːtimɛ vɛ 'raːmar 'aldarɔn ///
'jeːni vɛ 'lintɛ 'juldar aˈvaːni.ɛr
mi ɔrɔ'mardi 'lisːɛ miruˈvoːrɛva //
anˈduːnɛ 'pɛlːa 'vardɔ 'tɛlːumar
nu 'lui.ni 'jasːɛn 'tintilar i 'ɛlɛni
oːˈmarjɔ airɛˈtaːri 'liːrinɛn ///

siː man i 'julma nin ɛŋˈkwantuva ///

an siː tinˈtalːɛ 'varda oi.ɔˈlɔsːɛ.ɔ /
vɛ 'fanjar 'marjat ɛlɛnˈtaːri 'ɔrtanɛ //
ar 'iljɛ 'tiɛr unduˈlaːvɛ 'lumbulɛ ///
ar sindanoːriˈɛlːɔ 'kaita 'mɔrniɛ
i falmaˈlinːar 'imbɛ mɛt // ar 'hiːsiɛ
unˈtuːpa kalaˈkirjɔ 'miːri 'oi.alɛ //

siː 'vanwa naː / roːˈmɛlːɔ 'vanwa/'valimar ///

naˈmaːriɛ /// nai hiruˈvaljɛ 'valimar //
nai 'ɛljɛ 'hiruva // naˈmaːriɛ]

*Es gibt eine alte Tonaufname von Tolkien, auf der er selber dieses
Gedicht liest. Man findet sie im Internet, zum Beispiel bei Youtube.*

Der Eid Elendils (»*Et Earello Endorenna utúliën*...«, *HdR* VI/5)

[ɛt ɛaˈrɛlːɔ ɛndɔˈrɛnːa uˈtuːli.ɛn /// 'sinɔmɛ 'maruvan ar hilˈdinjar
tɛnː 'ambar 'mɛtːa]

Der Eid Cirions (»*Vanda sina termaruva*...«, *NaM* 3/II)

['vanda 'sina tɛr'maruva ɛ'lɛn:a 'noːrɛɔ 'alkar ɛn'jali.ɛn / ar ɛ'lɛndil
vɔ'rɔndɔ vɔ'rɔnwɛ /// nai tiru'vantɛs i 'haːrar mahal'masːɛn mi
'nuːmɛn / ar i 'ɛru i ɔr 'iljɛ ma'halmar ɛa tɛn:'oi.ɔ]

Zu Lektion 3

(1) Ergänze:

Atar tule. ›Ein Vater kommt.‹
Enquië auta. ›Eine Woche vergeht.‹
Ango ruce. ›Eine Schlange flieht.‹
Aiwe linda. ›Ein Vogel singt.‹

(2) Setze alle Sätze vom Singular in den Plural:

Atari tulir. ›Väter kommen.‹
Enquiër autar. ›Wochen vergehen.‹
Angwi rucir. ›Schlangen fliehen.‹
Aiwi lindar. ›Vögel singen.‹

(3) Übersetze ins Quenya:

*I Eldar ranyar. Lóme caita nu i menel. Lassi lantar. I neni celir ar
i súle lausta. I Eldar tirir. Elen sile.*

(4) Übersetze ins Deutsche:

Orome der Reiter kommt. Die Eldar fliehen. Ein Horn klingt. Der
Vala strahlt wie der Mond. Es vergeht die Nacht. Die Eldar kommen. Der Vala singt. Es singen die Vögel und die Eldar. Es funkeln die Sterne.

Zu Lektion 4

(1) Setze die folgenden Sätze in den Plural:

I roqueni nar linte. ›Die Reiter sind schnell.‹
I aiwi nar vanime. ›Die Vögel sind schön.‹
Andúni nar carni. ›Sonnenuntergänge sind rot.‹
I rómar nar laurië. ›Die Hörner sind golden.‹
I Valar ilfirini calime lá eleni. ›Die unsterblichen Valar [sind] heller als Sterne.‹

(2) Übersetze ins Quenya:

Anda na i tië. Eldar vanime tulir. I Vanyar nar minye. Vanyar haryar findi laurië, Noldor morne, Teleri varni ar sinde. Arda na landa. Laique nar i aldar. I oronti hiswe nar halle. Silar i aicali lossi.

(3) Übersetze ins Deusche:

Grau fließt der Nebel. Die funkelnden Sterne sind hell. Unter den grünen Bäumen wandelt Elu. Melian die Maia singt ein süßes Lied. Der hochgewachsene Elbe sieht die schöne Maia. Ein rascher Schlaf legt sich auf Elu und Melian wie ein grauer Mantel. Hoch und dunkel ist der Wald.

Zu Lektion 5

(1) Setze die folgenden Ausdrücke in den Dativ:

laiqua tauren ›einem grünen Wald‹
mista hisiën ›einem grauen Nebel‹
carne collan ›einem roten Mantel‹
landa nenen ›einem breiten Gewässer‹
hiswa oronten ›einem nebligen Berg‹ (Stamm *oront-*)
laurea calman ›einer goldenen Leuchte‹

(2) Setze die Dativ-Formen in den Plural.

laique taurin ›grünen Wäldern‹
miste hisin ›grauen Nebeln‹ (*Verkürzung von* *hisië-in)
carni collain ›roten Mänteln‹
lande nenin ›breiten Gewässern‹
hiswe orontin ›nebligen Bergen‹ (*Stamm* **oront-**)
laurië calmain ›goldenen Leuchten‹

(3) Übersetze die folgenden Ausdrücke:

minna morne taure ›in einen dunklen Wald hinein‹
nu land' alda ›unter einem breiten Baum‹ (*mit Elision bei* **landa**)
epe minya enquië ›vor der ersten Woche‹
han oronti sinde oder *oronti sinde pella* ›jenseits der grauen Berge‹
imbe orni halle ›zwischen den hohen Bäumen‹
se vanim' Eldar ›bei den schönen Elben‹ (*mit Elision bei* **vanime**)

*Beachte bei der Wortstellung, dass bei Präpositionen der Akkusativ
steht, gleichlautend mit dem Nominativ, aber mit dem Unterschied,
dass hier das Adjektiv dem Substantiv vorausgeht.*

*Elision (Auslassung des Schlussvokals) gibt es vorwiegend bei
Vokalgleichheit mit dem Anlaut des nächsten Wortes.*

(1) Übersetze ins Quenya:

*Lelyar i Eldar ter laiqua taure tenna i métima falasse. Falmar nin-
qui sílar mí lóme. Osse tula ar tuca laiqua tolle arta i Alataire. I tol
anda na ve cirya i Eldain. I Eldar tirar halle aicali ar vinya cala.
Halle oronti pella caita nóre almárea.*

(2) Übersetze ins Deutsche:

Als Erste entschwinden die Vanyar übers Große Meer, als Zweite
die Noldor. Die Teleri kommen als Letzte und bleiben am Meeres-
ufer.

Verschwunden ist Elwe (= Elu). Süße Verzauberung liegt auf Elwe (= Elu) und Melyanna (= Melian) unter den dunklen Bäumen. Es schaut der erwachende Elbe ein unsterbliches Licht.

Elu und Melian die Maia herrschen über die verlassenen Elben. Das Volk singt der weißen Königin und dem König Graumantel (= Thingol) neue Lieder. Nun sprechen innerhalb von Mittelerde die Elben eine neue Sprache: die grauelbische Sprache (= Sindarin).

Zu Lektion 6

(1) Setze die folgenden Verbformen ins Präsens:

Präs. *quétilye* ›du sprichst‹
Präs. *lélyeanye* ›ich gehe‹
Präs. *cénimme* ›wir sehen‹ (exkl.)
Präs. *rúcisto* ›sie (beide) fliehen‹ (pers.)
Präs. *laustea* ›weht‹ (GF)
Präs. *lindeante* ›sie singen‹ (pers.)
Präs. *sílisse* ›er/sie strahlt‹ (pers.)
Präs. *háryealmo* ›wir (beide) haben‹ (inkl.)
Präs. *túrinye* ›ich beherrsche‹
Präs. *híralle* ›ihr findet‹

Nachfolgendes -y gilt nur für die Betonung als lang; der Vokal in der Silbe kann somit trotzdem eine eigene Länge haben.

(2) Übersetze ins Quenya:

I Noldor túlar ter i Calacirya. Cénar laurea cala. I cala calta oronti pella oiale. Si Manwe Herunúmen turesse i Valar.

(3) Übersetze ins Deutsche:

Eru Ilúvatar erschafft (*Aor.*) die Erde für Elben und Sterbliche. In den westlichen Landen wohnen (*Aor.*) die unsterblichen Valar und Maiar. Jenseits der weiten Hügel und der grünen Wälder sind (*Aor.*) die Mauern der Welt. Manwe und Varda sitzen (*Aor.*) beide zusammen im Westen. Manwe liebt (*Aor.*) die schnellen Winde und die weißen Wolken. Varda erblickt (*Präs.*) die Dunkelheit unter den zahllosen Sternen. Sie selbst schafft (*Präs.*) die neuen und hellen Sterne für die Eldar.

Zu Lektion 7

(1) Setze die folgenden Verbformen ins Futur:

Fut. *quetuvamme* ›wir werden sprechen‹ (exkl.)
Fut. *haryuvanye* ›ich werde haben‹
Fut. *celuvat* ›(beide) werden fließen‹ (GF)
Fut. *siluvalle* ›ihr werden strahlen‹
Fut. *lelyuvasse* ›er/sie wird gehen‹ (pers.)
Fut. *hiruvalye* ›du wirst finden‹
Fut. *turuvante* ›sie werden beherrschen‹ (pers.)
Fut. *himyuva* ›wird bleiben‹ (GF)
Fut. *cenuvalto* ›ihr (beide) werdet sehen‹
Fut. *rucuvalve* ›wir werden fliehen‹ (inkl.)

(2) Bilde das Partizip Präsens:

nen célila ›ein fließendes Gewässer‹
isilme altala ›ein hell leuchtender Mond‹
cirya ványala ›ein entschwindendes Schiff‹
elen sílila ›ein strahlender Stern‹
róma yálila ›ein rufendes Horn‹
fanya rányala ›eine umherziehende Wolke‹

Elda tírila ›ein Ausschau haltender Elbe‹
súle laustala ›ein wehender Wind‹

(4) Übersetze ins Quenya:

Eldar tuluvalme. Teleri u-hilduvante. Sindar himyuvalle, Nordor ar Vanyar autamme. Vanyamme arta ear célila. Hiruvanye Valimar. Elye cenuva Valimar.

(4) Übersetze ins Deutsche:

Finwe spricht: »Ich werde den goldenen Baum und den silbernen sehen. Ich werde den Valar Geschenke geben. Míriël wird für Manwe tanzen. Manwe wird den Kelch füllen und ich werde den Met trinken. Vielleicht wird Varda ein Lied singen. Vielleicht wird selbst sie singen. Und wir werden rufen: ›Heil, Heiligkeit-Königin!‹«

Zu Lektion 8

(1) Bilde jeweils den kollektiven Plural und den Dual:

ramali ›viele Schwingen‹, *ramat* ›ein Paar Schwingen‹
oronteli ›viele Berge‹, *orontu* ›ein Paar Berge‹ (Stamm *oront-*)
lambeli ›viele Sprachen‹, *lambet* ›ein Paar Sprachen‹
calmali ›viele Leuchten‹, *calmat* ›ein Paar Leuchten‹
liëli ›viele Völker‹, *liët* ›ein Paar Völker‹
araneli ›viele Könige‹, *aranet* ›ein Paar Könige‹
tolleli ›viele Inseln‹, *tollet* ›ein Paar Inseln‹ (Stamm: *toll-*)
Ainuli ›viele Ainur‹, *Ainut* ›ein Paar Ainur‹

Normalerweise würde man von den meisten dieser Wörter keinen Dual bilden. Aber **ramat***, bezogen auf die Schwingen eines Vogels, oder* **calmat***, bezogen auf die beiden Leuchten der Valar in grauer Vorzeit, wäre zum Beispiel durchaus denkbar.*

(2) Übersetze ins Quenya und entscheide dabei von Satz zu Satz, ob Präsens oder Aorist angemessen ist:

(a) *Aule i Vala cára calmat halle mi Endóre. Nán Melco háta i calmat ar hasta i Arda.*
(b) *Varda cára i aire Aldu Laurelin ar Telperion.*
(c) *Feanor cára nelde Silmarilli. Silmaril harya ilfirin cala.*
(d) *Melcor, i morna cotumo, mere i Silmarilli (im Quenya mit einfachem Akkusativ). Melcor ar Ungoliante túlar nu mordo ar sangiar Aldu. Auta i cala altala laurea ar telperin. Mal Varda ortea mát ar cára Anar ar Isil.*

(3) Übersetze ins Deutsche:

Feanor spricht: »Die Teleri haben hohe Schiffe. Sie werden sie uns *(exkl.)* geben. Wir *(exkl.)* werden über das Große Meer fortgehen. Wir *(exkl.)* werden die Silmaril finden. Ich selbst werde sie finden, und ich verde den Vala (= *Melkor*) beugen. Das Licht wird für uns *(exkl.)* leuchten, es wird nicht leuchten für die Valar. Ihnen werde ich es verweigern. Ich werde die Steine verbergen, und für mich werden sie leuchten bis zum Ende der Welt.«

Zu Lektion 9

(1) Bilde jeweils den Genitiv und den Possessiv Singular:

Gen. *aiweo*, Poss. *aiweva* ›des Vogels‹
Gen. *ataro*, Poss. *atarwa* ›des Vaters‹
Gen. *collo*, Poss. *collava* ›des Mantels‹
Gen. *hisiéo*, Poss. *hisiéva* ›des Nebels‹
Gen. *lasseo*, Poss. *lasseva* ›des Blattes‹
Gen. *oronto*, Poss. *oronwa* ›des Berges‹ (*Stamm* oront-)
Gen. *tário*, Poss. *táriva* ›der Königin‹
Gen. *tollo*, Poss. *tolwa* ›der Insel‹ (*Stamm* toll-)

Gen. *lisso*, Poss. *lisseva* ›des Honigs‹ (*Stamm* **liss-**)
Gen. *neno*, Poss. *nenwa* ›des Gewässers‹

(2) Setze die Formen in den Plural:

Gen. Pl. *aiwion*, Poss. Pl. *aiwiva* ›der Vögel‹
Gen. Pl. *ataron*, Poss. Pl. *atariva* ›der Väter‹
Gen. Pl. *collon*, Poss. Pl. *collaiva* ›der Mäntel‹
Gen. Pl. *hisiéon*, Poss. Pl. *hisíva* ›der Nebel‹
Gen. Pl. *lasseon*, Poss. Pl. *lassiva* ›der Blätter‹
Gen. Pl. *oronton*, Poss. Pl. *orontiva* ›der Berge‹ (*Stamm* **oront-**)
Gen. Pl. *tárion*, Poss. Pl. *táriva* ›der Königinnen‹
Gen. Pl. *tollon*, Poss. Pl. *tolliva* ›der Insel‹ (*Stamm* **toll-**)
Gen. Pl. *lisson*, Poss. Pl. *lissiva* ›der Honige‹ (*Stamm* **liss-**)
Gen. Pl. *nenon*, Poss. Pl. *neniva* ›der Gewässer‹

(3) Übersetze ins Quenya:

*I nóre númeneva (oder númenya ›westlich‹) caita Vardo nu morna
menel. Nán elenirya tintilar, an i súli Manweo avahortar i lumbule.*
   *Feanáro na i támo Silmarillion. I Silmarilli haryar i cala airi
Alduo. Mi i cala Silmarilliéva caita i alasse ilfírine nóriéon (oder
ilfirinóriéon). Nán eque Feanáro: »I tanwe mátonya hara lá i cala
Valinóreva.«*

(4) Übersetze ins Deutsche. Versuche dabei die Beinamen aus
ihren Bestandteilen zu entschlüsseln:

Die Namen der Valarfürsten: Manwe der Atmer (*Windmacher*),
Herr des Westens und König der Welt. Varda die Sternkönigin.
Ulmo, Herr der Wasser und König der Meere. Aule, Schmied der
Zwerge. Yavanna die Erdkönigin, von der Gestalt eines Baumes.
Námo, der Herr der Todesschleier, und Vaire, seine Königin.
Irmo, der Herr der Traumschleier, und Este. Nienna trauert um
Menschen und Elben (*Dat.*). Orome der Jäger und Vána. Tulcas
der Krieger und Nessa.

Zu Lektion 10

(1) Bilde jeweils den Allativ, Lokativ und Ablativ Singular:

All. Sg. *aiwenna* ›zum Vogel hin‹, Lok. Sg. *aiwesse* ›beim Vogel‹,
Abl. Sg. *aiwello* ›vom Vogel fort‹
All. Sg. *atarenna* ›zum Vater hin‹, Lok. Sg. *ataresse* ›beim Vater‹,
Abl. Sg. *atallo* ›vom Vater fort‹
All. Sg. *hisienna* ›zum Nebel hin‹, Lok. Sg. *hisiesse* ›im Nebel‹,
Abl. Sg. *hisiello* ›vom Nebel fort‹
All. Sg. *collanna* ›zum Mantel hin‹, Lok. Sg. *collasse* ›im Mantel‹,
Abl. Sg. *collallo* ›vom Mantel fort‹
All. Sg. *lassenna* ›zum Blatt hin‹, Lok. Sg. *lassesse* ›auf dem Blatt‹,
Abl. Sg. *lassello* ›vom Blatt fort‹
All. Sg. *orontenna* ›zum Berg hin‹, Lok. Sg. *orontesse* ›auf dem
Berg, Abl. Sg. *orontello* ›vom Berg fort‹ (*Stamm* oront-)
All. Sg. *tárinna* ›zur Königin hin‹, Lok. Sg. *tárisse* ›bei der Köni-
gin, Abl. Sg. *tárillo* ›von der Königin fort‹
All. Sg. *tavanna* ›zum Waldland hin‹, Lok. Sg. *tavasse* ›im Wald-
land, Abl. Sg. *tavallo* ›vom Waldland fort‹
All. Sg. *riëlda* ›zur Maid hin‹ Lok. Sg. *riëlde* ›bei der Maid‹, Abl.
Sg. *riëllo* ›von der Maid fort‹
All. Sg. *nenda* ›zum Gewässer hin‹, Lok. Sg. *nende* ›am (*oder* im)
Gewässer‹, Abl. Sg. *nello* ›vom Gewässer fort‹

(2) Übersetze ins Quenya:

I ciryar ninqui Vanyaiva cólir Feanáro ar nosserya Endorenna.
Mal Fingolfin ar hosta Eldaron láryear Aramande. Nolofinwe
túlyea I hecili athra i Helcaracse. Helcasse Eldar únotime firear.

(2) Fingolfin (*Nolofinwe*) spricht: »Vom Malmeis komme ich nach
Mittelerde. Am Ufer brennen die weißen Schiffe. Von den Gipfeln
herab deckt Nebel das weite Land. Ich werde Ausschau halten nach
Feanor (*Feanáro*) in den (*vielen*) Hügeln und auf den Bergspit-
zen, im Dunkel der Bäume und im hellen Tageslicht. In den Höhlen

der Erde wird die Dunkelheit ihn nicht verbergen. Wenn ich ihn finden werde, werde ich sagen: ›Ich bin der König der Noldor.‹«

Zu Lektion 11

(1) Bilde jeweils den Instumentalis Singular und Plural:

Instr. Sg. *aiwenen* ›durch den Vogel‹, Instr. Pl. *aiwinen* ›durch die Vögel‹

Instr. Sg. *atarnen* ›durch den Vater‹, Instr. Pl. *atarínen* ›durch die Väter‹

Instr. Sg. *hisiénen* ›durch den Nebel‹, Instr. Pl. *hisínen* ›durch die Nebel‹

Instr. Sg. *collanen* ›durch den Mantel‹, Instr. Pl. *collainen* ›durch die Mäntel‹

Instr. Sg. *lassenen* ›durch das Blatt‹, Instr. Pl. *lassinen* ›durch die Blätter‹

Instr. Sg. *orontenen* ›durch den Berg‹, Instr. Pl.. *orontinen* ›durch die Berge‹ (Stamm *oront-*)

Instr. Sg. *tárinen* ›durch die Königin‹, Instr. Pl. *tárirínen* ›durch die Königinnen‹ (*Plural* **tárir**)

Instr. Sg. *tavasenen* ›durch das Waldland‹, Instr. Pl. *tavasínen* ›durch die Waldlländer‹

Instr. Sg. *tollenen* ›durch die Insel‹, Instr. Pl. *tollinen* ›durch die Inseln‹ (Stamm *toll-*)

Instr. Sg. *riëlden* ›durch die Maid‹, Instr. Pl. *riëllinen* ›durch die Maiden‹

Instr. Sg. *nennen* ›durch das Gewässer‹, Instr. Pl.. *neninen* ›durch die Gewässer‹

Das Wort ›durch‹ ist hier jeweils im Sinne eines Mittels und Werkzeugs zu verstehen.

Bei Wörtern auf -ië wird im Instrumentalis Singular das e gelängt (und damit betont), um eine unschöne Betonung zu vermeiden. Im

Plural wird das i in der vorletzten Silbe gelängt (und damit betont),
wenn die drittletzte kurz ist.

(2) Übersetze ins Quenya:

Sí man i líre linduva tauremornasse? Ar man i yulma quantuva
ampanosse? Vanwa nar i Eldar imbe rambar noriënna.
I lirulin linduva i lire táriësse. I ehtele quantuva i yulma tumbas-
se. Ar i Eldar entuluvar Ondolindello.

(3) Übersetze ins Deutsche:

Idril *(Itarille)* spricht: »Wer ist der König der Noldor? Fingolfin
(Nolofinwe), der gegen den Schwarzen Feind Krieg führt? Oder
ist es Turgon *(Turucáno)*, der Herr von Gondolin *(Ondolinde)*, wo
die Eldar die alte Sprache des Westens sprechen?«
    Wer weiß, woher *(oder* von wem*)* der Wind weht? Wer weiß,
warum *(oder* durch wen*)* die Sterne leuchten? Und wer weiß den
Weg, auf dem einer in das verborgene Land kommen wird?

Zu Lektion 12

(1) Setze die folgenden Verbvormen ins Präteritum:

Prät. *laustane* ›wehte‹ (GF)
Prät. *quentilye* ›du sprachst‹
Prät. *lendanye* ›ich ging‹
Prät. *cennemme* ›wir sahen‹ (exkl.)
Prät. *runcesto* ›sie (beide) flohen‹ (pers.)
Prät. *cellente* ›sie flossen‹ (pers.)
Prät. *vánesse* oder *oantesse* ›er/sie entschwand‹ (pers.)
Prät. *haryanelmo* ›wir (beide) hatten‹ (inkl.)
Prät. *turnenye* ›ich beherrschte‹
Prät. *handelle* ›ihr saßt‹

(2) Setze die Formen ins Perfekt:

Perf. *alaustië* ›hat geweht‹ (GF)
Perf. *equétiëlye* ›du hast gesprochen‹
Perf. *elelyiënye* ›ich bin gegangen‹
Perf. *eceniëmme* ›wir haben gesehen‹ (exkl.)
Perf. *urúciësto* ›sie (beide) sind geflohen‹ (pers.)
Perf. *eceliënte* ›sie sind geflossen‹ (pers.)
Perf. *avániësse* oder *oantiësse* ›er/sie ist entschwunden‹ (pers.)
Perf. *ahariëlmo* ›wir (beide) haben gehabt‹ (inkl.)
Perf. *uturiënye* ›ich habe beherrscht‹
Perf. *ahariëlle* ›ihr habt gesessen‹

(3) Übersetze ins Quenya:

*Sina lumesse Maitimo Russandol ohtacarne Moringottonna. Ari-
nesse tana réo i rómar Eldarive anyalle i anaróre, ar rómesse i
Feanárioni ortaner i tannanta ar númesse Findecano i Noldaran i
erya. Sí Turucáno lantyane i andoni Ondolindeva ar túve ohtaron
yo hosta úvea i coller macili ande ar eccorente ner síve taure.
Ananta tana réo mettasse Moringotto haryane i túre ohtasse
únótime niëron.*

(4) Übersetze ins Deutsche:

Túrin spricht: »Wir *(beide)* waren glücklich, o Niniël, denn wir
(alle) wussten nicht, wer du warst. Aber nun hat das Glück uns
beide im Stich gelassen. Bezwungen vom Schicksal, habe ich
meine Schwester geliebt. Dies *(rückverweisend)* fehlte noch. Jetzt
kommt die Nacht.«

Zu Lektion 13

(1) Übersetze ins Quenya:

Earesse ciriën Earendil cáre cirya. Ciryarya se colle formenna, hyarmenna, númenna. Lumbule se halyane. Vanwe ner tiĕr, yerina indorye. Aiya! Táriësse sisíla Silmaril, colla ninque maiwenen. I cala círyane i mornië, ar erye ecénië ilcale falassi ar ennas haira laiquanórië nu linta anaróre.

(2) Übersetze ins Deutsche:

Eonwe spricht: »Heil, Earendil, der Seefahrer ruhmreichster, Erwarteter, der unversehens da ist, Ersehnter jenseits allen Hoffens! Heil, Earendil, der du das Licht trägst, das älter ist als Sonne und Mond! Licht der Erdenkinder, Stern in der Dunkelheit, Juwel in der Abendsonne, Strahlenkranz am Morgen!« (Vgl. *Sil* QS/24.)

Zusatzaufgabe für Fortgeschrittene: Übersetze das Gedicht »Der Herr der Ringe« ins Quenya.

Heru i Cormaron

Nelde Cormar Eldaranin nu i menel,
 Otso Naucaheruin mí ondorondinta,
Nerte firim' Atanin fairenen marte,
 Mine Herumoren mahalma mornasse
Mi Mornandóre yasse caitar Huini.
 Min Corma turiën te ilye, Min Corma tuviën te,
 Min Corma tuciën te ilye ar morniësse nutiën te
Mi Mornandóre yasse caitar Huini.

Es gibt natürlich noch andere Möglichkeiten, dieses Gedicht zu übersetzen, die gleichermaßen richtig sein mögen. Man findet einige davon im Internet. Tolkien selbst gibt den Ausdruck »Der Herr der

Ringe« *einmal mit* **Heru i million** *und ein andermal, später, mit*
i Turin i Cormaron *wieder (in einem Brief von 1973).*

Zu weiteren Vokabeln siehe auch die Wörterbücher in Das große
Elbisch-Buch.

Zur Feanorischen Schreibweise

Zu Schreibübung 1

(1) Setze die richtigen Tehtar zu den Tengwar-Buchstaben hinzu:

(Tengwar-Schrift)
A-r-we-n   va-ni-me-lda   na-m-á-ri-ë

(Tengwar-Schrift)
li-nde-lo-re-ndo-r   ma-li-no-r-né-li-o-n

*Bei zwei aufeinanderfolgenden Vokalen, die keinen Diphthong erge-
ben, steht der zweite in der Regel auf einem Träger, z. B. immer am
Ende von Wörtern auf -ië. Das é in* **malinornélion** *hätte auch als einfaches Tehta auf einen folgenden langen Träger gesetzt werden können. Tolkien beendet das e-Tehta immer mit einem kleinen Häkchen
am Ende, und bei doppeltem e-Tehta gehen die Enden auseinander.*

(2) Schreibe in Tengwar-Schrift:

(Tengwar-Schrift)
E-le-ndi-l   -   I-si-ldu-r   -   A-n-á-ri-o-n

Als ›Signatur‹ verwendete Elendil einfach die Tengwar l-nd-l, ohne
Tehtar. Das s-Tengwa in Isildur kann auch umgedreht werden; dies
ist aber die Normalform.

Zu Schreibübung 2

(1) Setze die richtigen Tehtar und anderen Zusatzzeichen zu den
Tengwar-Buchstaben hinzu:

Me–ri–n   sa   h-a-rya-lye a-la-sse

nó   va-nya-lye A-mba-re-llo .

*Das s-Tengwa in **sa** kann auch umgedreht werden; dies ist aber die*
Normalform, auch bei folgendem a. Nach h muss nicht unbedingt ein
Träger folgen; es ist auch möglich, das Tehta rechts oben neben das
Tengwa zu schreiben. Bei ry, ly und ny finden wir die verschiedenen
Schreibweisen des darunter gesetzten Tehta für nachfolgendes y. Die
Verdoppelung des Tehta für ó kan unterschiedliche Formen haben;
dies ist eine geläufige Form. Als Zeichen der Verdoppelung wird die
normalerweise darunter gesetzte geschwungene Linie bei dem Zei-
chen für l in das Tengwa hineinverlegt. Es handelt sich dabei nicht um
ein Tehta; das Zeichen würde darum auch nicht farblich abgehoben
werden, wenn man die Tehtar in anderer Farbe schreibt.

(2) Schreibe in Tengwar-Schrift:

[Tengwar script]
Tu-ra-mba-r· tu-ru-n' a-mba-r-ta-ne—n

[Tengwar script]
A-na-r   ca-lu-va ti-ë-lya-nna !

*Die Wortfolge **turun' ambartanen** könnte man auch zusammen-schreiben; es wäre dann auch möglich, das Tehta für das anlautende a über das n von **turun'** zu setzen. Das Ausrufezeichen steht vor dem Pausen- bzw. Satzende-Zeichen.*

Zu Schreibübung 3

(1) Schreibe in Tengwar-Schrift:

[Tengwar script]
Au-ta i ló-me!   Au-re e-ntu-lu-va!

Im fortlaufenden Text kann nach dem Ausrufezeichen ein Pausenzei-chen stehen, muss es aber nicht. Bei kurzen Sätzen oder Ausdrücken fehlt es in der Regel.

(2) Schreibe (mit dekorierten Großbuchstaben):

(Tengwar-Schrift / Feanorische Schrift)

Et earello Endorenna utúliën.
Sinome maruvan ar Hildinyar
tenn' Ambar-metta.

*Der aus dem Film bekannte Krönungseid Aragorns als König Eles-
sar (HdR VI/5).*

(3) Schreibe in Tengwar-Schrift (ohne die Zeilentrenungen zu
beachten):

(Tengwar script, four lines)

Arani halle, ciryar halle, nelyo nelde:
Man túciente atalantello ear-celumessen?
Otso eleni, otso ondor ar mine ninque orne.

*Ein Versuch der Übersetzung des Spruchs, an den sich Gandalf auf dem Weg von Isengart erinnert: 'Tall ships and tall kings / Three times three, / What brought they from the foundered land / Over the flowing sea? / Seven stars and seven stones / and one white tree.' (vgl. HdR III/11). Man beachte, dass das Adjektiv beim Subjekt dem Hauptwort folgt (wie bei **arani halle**) und ihm beim Objekt vorangeht (wie bei **otso eleni**).*

Zu Schreibübung 4

Schreibe in Tengwar-Zahlen. Beachte dabei die umgekehrte Reihenfolge der Ziffern:

(Tengwar numerals)

2	0-1	7-3-4	0-5-1-1	0-0-0-2	1-2-0-3
2	10	437	1150	2000	3021

Tabelle 1: Formen des Substantivs

cirya ›Schiff‹

Singular
Nom. *cirya* ›das Schiff‹
Gen. *ciryo* ›des Schiffs‹
Dat. *cirya-n* ›dem Schiff‹
Akk. *cirya* ›das Schiff‹
Instr. *cirya-nen* ›durch das Schiff‹
All. *cirya-nna* ›zum Schiff‹
Lok. *cirya-sse* ›auf dem Schiff‹
Abl. *cirya-llo* ›vom Schiff‹
Poss. *cirya-va* ›des Schiffs‹

Plural
Nom. *cirya-r* ›die Schiffe‹
Gen. *cirya-r-on* ›der Schiffe‹
Dat. *cirya-i-n* ›den Schiffen‹
Akk. *cirya-r* ›die Schiffe‹
Instr. *cirya-i-nen* ›durch die Schiffe‹
All. *cirya-nna-r* ›zu den Schiffen‹
Lok. *cirya-sse-n* ›auf den Schiffen‹
Abl. *cirya-llo-r/n* ›von den Schiffen‹
Poss. *cirya-i-va* ›der Schiffe‹

Dual
Nom. *cirya-t* ›die (beiden) Schiffe‹
Gen. *cirya-t-o* ›der (beiden) Schiffe‹
Dat. *cirya-nt* ›der (beiden) Schiffe‹
Akk. *cirya-t* ›die (beiden) Schiffe‹
Instr. *cirya-nten* ›durch (beide) Schiffe‹
All. *cirya-nta* ›zu (beiden) Schiffen‹
Lok. *cirya-tse* ›auf (beiden) Schiffen‹
Abl. *cirya-lto* ›von den (beiden) Schiffen‹
Poss. *cirya-t-va* ›der (beiden) Schiffe‹

Koll. Plural
Nom. *cirya-li* ›die (vielen) Schiffe‹
Gen. *cirya-li-on* ›der (vielen) Schiffe‹
Dat. *cirya-li-n* ›der (vielen) Schiffe‹
Akk. *cirya-li* ›die (vielen) Schiffe‹
Instr. *cirya-li-nen* ›durch die (vielen) Schiffe‹
All. *cirya-li-nna(-r)* ›zu den (vielen) Schiffen‹
Lok. *cirya-li-sse(-n)* ›auf den (vielen) Schiffen‹
Abl. *cirya-li-llo(-r/n)* ›von den (vielen) Schiffen‹
Poss. *cirya-li-va* ›der (vielen) Schiffe‹

elen ›Stern‹

Singular
Nom. *elen* ›den Stern‹
Gen. *elen-o* ›des Sterns‹
Dat. *elen-e-n* ›dem Stern‹
Akk. *elen* ›den Stern‹
Instr. *elen-nen* ›durch den Stern‹
All. *elen-e-nna* ›zum Stern‹
Lok. *elen-de* ›bei dem Stern‹
Abl. *elel-lo* ›vom Stern‹
Poss. *elen-e-va* ›des Sterns‹

Plural
Nom. *elen-i* ›die Sterne‹
Gen. *elen-i-o-n* ›der Sterne‹
Dat. *elen-i-n* ›den Sternen‹
Akk. *elen-i* ›die Sterne‹
Instr. *elen-i-nen* ›durch die Sterne‹
All. *elen-i-nna(-r)* ›zu den Sternen‹
Lok. *elen-i-sse(-n)* ›bei den Sternen‹
Abl. *elen-i-llo(-r/n)* ›von den Sternen‹
Poss. *elen-i-va* ›der Sterne‹

Dual
Nom. *elen-e-t* ›die (beiden) Sterne‹
Gen. *elen-e-t-o* ›der (beiden) Sterne‹
Dat. *elen-e-nt* ›der (beiden) Sterne‹
Akk. *elen-e-t* ›die (beiden) Sterne‹
Instr. *elen-e-nten* ›durch (beide) Sterne‹
All. *elen-e-nta* ›zu (beiden) Sternen‹
Lok. *elen-e-tse* ›bei (beiden) Sternen‹
Abl. *elen-e-lto* ›von den (beiden) Sternen‹
Poss. *elen-e-t-va* ›der (beiden) Sterne‹

Koll. Plural
Nom. *elel-li* ›die (vielen) Sterne‹
Gen. *elel-li-o-n* ›der (vielen) Sterne‹
Dat. *elel-li-n* ›der (vielen) Sterne‹
Akk. *elel-li* ›die (vielen) Sterne‹
Instr. *elel-li-nen* ›durch die (vielen) Sterne‹
All. *elel-li-nna(-r)* ›zu den (vielen) Sternen‹
Lok. *elel-li-sse(-n)* ›bei den (vielen) Sternen‹
Abl. *elel-li-llo(-r/n)* ›von den (vielen) Sternen‹
Poss. *elel-li-va* ›der (vielen) Sterne‹

lóte ›Blüte‹

Singular
Nom. *lóte* ›die Blüte‹
Gen. *lóte-o* ›der Blüte‹
Dat. *lóte-n* ›der Blüte‹
Akk. *lóte* ›die Blüte‹
Instr. *lóte-nen* ›durch die Blüte‹
All. *lóte-nna* ›zur Blüte‹
Lok. *lóte-sse* ›in der Blüte‹
Abl. *lóte-llo* ›von der Blüte‹
Poss. *lóte-va* ›der Blüte‹

Plural
Nom. *lóti* ›die Blüten‹
Gen. *lóti-o-n* ›der Blüten‹
Dat. *lóti-n* ›den Blüten‹
Akk. *lóti* ›die Blüten‹
Instr. *lóti-nen* ›durch die Blüten‹
All. *lóte-nna-r* ›zu den Blüten‹
Lok. *lóte-sse-n* ›in den Blüten‹
Abl. *lóte-llo-r/n* ›von den Blüten‹
Poss. *lóti-va* ›der Blüten‹

Dual
Nom. *lótu* ›die (beiden) Blüten‹
Gen. *lótu-o* ›der (beiden) Blüten‹
Dat. *lótu-n* ›der (beiden) Blüten‹
Akk. *lótu* ›die (beiden) Blüten‹
Instr. *lótu-nen* ›durch (beide) Blüten‹
All. *lótu-nna* ›zu den (beiden) Blüten‹
Lok. *lótu-sse* ›in den (beiden) Blüten‹
Abl. *lótu-llo* ›von den (beiden) Blüten‹
Poss. *lótu-va* ›der (beiden) Blüten‹

Koll. Plural
Nom. *lóte-li* ›die (vielen) Blüten‹
Gen. *lóte-li-o-n* ›der (vielen) Blüten‹
Dat. *lóte-li-n* ›der (vielen) Blüten‹
Akk. *lóte-li* ›die (vielen) Blüten‹
Instr. *lóte-lí-nen* ›durch die (vielen) Blüten‹
All. *lóte-li-nna(-r)* ›zu den (vielen) Blüten‹
Lok. *lóte-li-sse(-n)* ›in den (vielen) Blüten‹
Abl. *lóte-li-llo(-r/n)* ›von den (vielen) Blüten‹
Poss. *lóte-lí-va* ›der (vielen) Blüten‹

Tabelle 2: Formen des Verbs

lanta- ›fallen‹

Aorist

Singular
1. *lanta-nye* ›ich falle‹
2. *lanta-lye* ›du fällst‹
3. *lanta-sse* ›er/sie fällt‹ (pers.)
3. *lanta* ›fällt‹ (GF)

Plural
1. *lanta-mme* ›wir fallen‹ (exkl.)
1. *lanta-lve* ›wir fallen‹ (inkl.)
2. *lanta-lle* ›ihr fallt‹
3. *lanta-nte* ›sie fallen‹ (pers.)
3. *lanta-r* ›fallen‹ (GF)

Dual
1. *lanta-mmo* ›wir (beide) fallen‹ (exkl.)
1. *lanta-lmo* ›wir (beide) fallen‹ (inkl.)
2. *lanta-lto* ›ihr (beide) fallt‹
3. *lanta-sto* ›sie (beide) fallen‹ (pers.)
3. *lanta-t* ›(beide) fallen‹ (GF)

Präsens

Singular
1. *lant-ea-nye* ›ich falle‹
2. *lant-ea-lye* ›du fällst‹
3. *lant-ea-sse* ›er/sie fällt‹ (pers.)
3. *lant-ea* ›fällt‹ (GF)

Plural
1. *lant-ea-mme* ›wir fallen‹ (exkl.)

1. *lant-ea-lve* ›wir fallen‹ (inkl.)
2. *lant-ea-lle* ›ihr fallt‹
3. *lant-ea-nte* ›sie fallen‹ (pers.)
3. *lant-ea-r* ›fallen‹ (GF)

Dual
1. *lant-ea-mmo* ›wir (beide) fallen‹ (exkl.)
1. *lant-ea-lmo* ›wir (beide) fallen‹ (inkl.)
2. *lant-ea-lto* ›ihr (beide) fallt‹
3. *lant-ea-sto* ›sie (beide) fallen‹ (pers.)
3. *lant-ea-t* ›(beide) fallen‹ (GF)

Futur

Singular
1. *lant-uva-nye* ›ich werde fallen‹
2. *lant-uva-lye* ›du wirst fallen‹
3. *lant-uva-sse* ›er/sie wird fallen‹ (pers.)
3. *lant-uva* ›wird fallen‹ (GF)

Plural
1. *lant-uva-mme* ›wir werden fallen‹ (exkl.)
1. *lant-uva-lve* ›wir werden fallen‹ (inkl.)
2. *lant-uva-lle* ›ihr werdet fallen‹
3. *lant-uva-nte* ›sie werden fallen‹ (pers.)
3. *lant-uva-r* ›werden fallen‹ (GF)

Dual
1. *lant-uva-mmo* ›wir (beide) werden fallen‹ (exkl.)
1. *lant-uva-lmo* ›wir (beide) werden fallen‹ (inkl.)
2. *lant-uva-lto* ›ihr (beide) werdet fallen‹
3. *lant-uva-sto* ›sie (beide) werden fallen‹ (pers.)
3. *lant-uva-t* ›(beide) werden fallen‹ (GF)

Präteritum

Singular
1. *lanta-ne-nye* ›ich fiel‹
2. *lanta-ne-lye* ›du fielst‹
3. *lanta-ne-sse* ›er/sie fiel‹ (pers.)
3. *lanta-ne* ›fiel‹ (GF)

Plural
1. *lanta-ne-mme* ›wir fielen‹ (exkl.)
1. *lanta-ne-lve* ›wir fielen‹ (inkl.)
2. *lanta-ne-lle* ›ihr fielt‹
3. *lanta-ne-nte* ›sie fielen‹ (pers.)
3. *lanta-ne-r* ›fielen‹ (GF)

Dual
1. *lanta-ne-mmo* ›wir (beide) fielen‹ (exkl.)
1. *lanta-ne-lmo* ›wir (beide) fielen‹ (inkl.)
2. *lanta-ne-lto* ›ihr (beide) fielt‹
3. *lanta-ne-sto* ›sie (beide) fielen‹ (pers.)
3. *lanta-ne-t* ›(beide) fielen‹ (GF)

Perfekt

Singular
1. *a-lant-ië-nye* ›ich bin gefallen‹
2. *a-lant-ië-lye* ›du bist gefallen‹
3. *a-lant-ië-sse* ›er/sie ist gefallen‹ (pers.)
3. *a-lant-ië* ›ist gefallen‹ (GF)

Plural
1. *a-lant-ië-mme* ›wir fielen‹ (exkl.)
1. *a-lant-ië-lve* ›wir fielen‹ (inkl.)
2. *a-lant-ië-lle* ›ihr seid gefallen‹
3. *a-lant-ië-nte* ›sie sind gefallen‹ (pers.)
3. *a-lant-ië-r* ›sind gefallen‹ (GF)

Dual
1. *a-lant-ië-mmo* ›wir (beide) sind gefallen‹ (exkl.)
1. *a-lant-ië-lmo* ›wir (beide) sind gefallen‹ (inkl.)
2. *a-lant-ië-lto* ›ihr (beide) seid gefallen‹
3. *a-lant-ië-sto* ›sie (beide) sind gefallen‹ (pers.)
3. *a-lant-ië-t* ›(beide) sind gefallen‹ (GF)

Partizip

Aktiv
lanta-la ›fallend‹

Passiv
lanta-ina ›gefallen‹

Infinite Formen

Imperativ
á lanta ›falle‹, ›fallt‹

Infinitiv
lanta ›fallen‹, erweitert *lanta-ta-*

Gerundium
lant-ië ›(das) Fallen‹

tul- ›kommen‹

Aorist

Singular
1. *tul-i-nye* ›ich komme‹
2. *tul-i-lye* ›du kommt‹
3. *tul-i-sse* ›er/sie kommt‹ (pers.)
3. *tule* ›kommt‹ (GF)

Plural

1. *tul-i-mme* ›wir kommen‹ (exkl.)
1. *tul-i-lve* ›wir kommen‹ (inkl.)
2. *tul-i-lle* ›ihr kommt‹
3. *tul-i-nte* ›sie kommen‹ (pers.)
3. *tul-i-r* ›kommen‹ (GF)

Dual

1. *tul-i-mmo* ›wir (beide) kommen‹ (exkl.)
1. *tul-i-lmo* ›wir (beide) kommen‹ (inkl.)
2. *tul-i-lto* ›ihr (beide) kommt‹
3. *tul-i-sto* ›sie (beide) kommen‹ (pers.)
3. *tul-i-t* ›(beide) kommen‹ (GF)

Präsens

Singular

1. *túl-i-nye* ›ich komme‹
2. *túl-i-lye* ›du kommst‹
3. *túl-i-sse* ›er/sie kommt‹ (pers.)
3. *túle* ›kommt‹ (GF)

Plural

1. *túl-i-mme* ›wir kommen‹ (exkl.)
1. *túl-i-lve* ›wir kommen‹ (inkl.)
2. *túl-i-lle* ›ihr kommt‹
3. *túl-i-nte* ›sie kommen‹ (pers.)
3. *túl-i-r* ›kommen‹ (GF)

Dual

1. *túl-i-mmo* ›wir (beide) kommen‹ (exkl.)
1. *túl-i-lmo* ›wir (beide) kommen‹ (inkl.)
2. *túl-i-lto* ›ihr (beide) kommt‹
3. *túl-i-sto* ›sie (beide) kommen‹ (pers.)
3. *túl-i-t* ›(beide) kommen‹ (GF)

Futur

Singular
1. *tul-uva-nye* ›ich werde kommen‹
2. *tul-uva-lye* ›du wirst kommen‹
3. *tul-uva-sse* ›er/sie wird kommen‹ (pers.)
3. *tule* ›wird kommen‹ (GF)

Plural
1. *tul-uva-mme* ›wir werden kommen‹ (exkl.)
1. *tul-uva-lve* ›wir werden kommen‹ (inkl.)
2. *tul-uva-lle* ›ihr werdet kommen‹
3. *tul-uva-nte* ›sie werden kommen‹ (pers.)
3. *tul-uva-r* ›werden kommen‹ (GF)

Dual
1. *tul-uva-mmo* ›wir (beide) werden kommen‹ (exkl.)
1. *tul-uva-lmo* ›wir (beide) werden kommen‹ (inkl.)
2. *tul-uva-lto* ›ihr (beide) werdet kommen‹
3. *tul-uva-sto* ›sie (beide) werden kommen‹ (pers.)
3. *tul-uva-t* ›(beide) werden kommen‹ (GF)

Präteritum

Singular
1. *tul-le-nye* ›ich kam‹
2. *tul-le-lye* ›du kamst‹
3. *tul-le-sse* ›er/sie kam‹ (pers.)
3. *tule* ›kam‹ (GF)

Plural
1. *tul-le-mme* ›wir kamen‹ (exkl.)
1. *tul-le-lve* ›wir kamen‹ (inkl.)
2. *tul-le-lle* ›ihr kamt‹
3. *tul-le-nte* ›sie kamen‹ (pers.)
3. *tul-le-r* ›kamen‹ (GF)

Dual

1. *tul-le-mmo* ›wir (beide) kamen‹ (exkl.)
1. *tul-le-lmo* ›wir (beide) kamen‹ (inkl.)
2. *tul-le-lto* ›ihr (beide) kamt‹
3. *tul-le-sto* ›sie (beide) kamen‹ (pers.)
3. *tul-le-t* ›(beide) kamen‹ (GF)

Perfekt

Singular

1. *u-túl-ië-nye* ›ich bin gekommen‹
2. *u-túl-ië-lye* ›du bist gekommen‹
3. *u-túl-ië-sse* ›er/sie ist gekommen‹ (pers.)
3. *u-túl-ië* ›ist gekommen‹ (GF)

Plural

1. *u-túl-ië-mme* ›wir sind gekommen‹ (exkl.)
1. *u-túl-ië-lve* ›wir sind gekommen‹ (inkl.)
2. *u-túl-ië-lle* ›ihr seid gekommen‹
3. *u-túl-ië-nte* ›sie sind gekommen‹ (pers.)
3. *u-túl-ië-r* ›sind gekommen‹ (GF)

Dual

1. *u-túl-ië-mmo* ›wir (beide) sind gekommen‹ (exkl.)
1. *u-túl-ië-lmo* ›wir (beide) sind gekommen‹ (inkl.)
2. *u-túl-ië-lto* ›ihr (beide) seid gekommen‹
3. *u-túl-ië-sto* ›sie (beide) sind gekommen‹ (pers.)
3. *u-túl-ië-t* ›(beide) sind gekommen‹ (GF)

Partizip

Aktiv
túl-i-la ›kommend‹

Passiv
tul-da ›gekommen‹

Infinite Formen

Imperativ
a tule ›komm‹, ›kommt‹

Infinitiv
tule ›kommen‹, erweitert *tul-i-ta-*

Gerundium
tul-ië ›(das) Kommen‹

Wortverzeichnis Quenya–Deutsch

aicale – Gipfel
Ainu – Heilig-e(r), Pl. *Ainur*
aira – heilig
aire – Heiligkeit (Anrede)
aire – Meer
aiwe – Vogel (klein)
aiya – Siehe!, Heil!
alata – Glanz, Leuchten, Strahlen
Alataire – das Große Meer
alcar – Glanz
alcarin – ruhmreich
alda – Baum (hoch)
almárea – gesegnet
alqua – Schwan
alta – groß, riesig
alta- – leuchten, hell sein
Ambar – Welt (bewohnte)
ambarta – Schicksal
ambo – Hügel
ampano – Halle, Gebäude (aus Holz)
an – denn
an(a), *na* – zu, auf … hin
ananta – aber doch, und doch
Anar – Sonne
anaróre – Sonnenaufgang
ancalima – sehr hell, der (die, das) hellste
anda – lang (räumlich und zeitlich)
andon – Tor
andúne – Sonnenuntergang, Westen
ango – Schlange (Stamm *angu-*)
anna – Geschenk
anta- – geben, schenken, Prät. *áne*
anyal- – anrufen, grüßen (*aus *an* + *yal-* ›rufen‹)
apa – nach (zeitlich), auf (ohne es zu berühren)

apa- – voraus-, nach- (auf die Zukunft bezogen)

apacenya – voraussichtig, prophetisch

ar – und

ara – außerhalb von, neben (räumlich)

Araman – Araman (Küstenstrich jenseits des Westlichen Meeres)

aran – König

Arda – Welt, Erde (als Reich Manwes)

áre – Sonnenlicht

arta – quer über

as – bei, mit . . . zusammen

atalta- – einstürzen, *Prät. ataltanë* (trans.), *atalantë* (intrans.)

Atanatari – Menschenväter

Atan – Mensch

atar – Vater

auta- – fortgehen, entschwinden, vergehen, Prät. *váne* oder *oante*

ava- – fort-, weg-

avaquet- – verweigern

caita- – liegen, lasten

cal- – scheinen, leuchten

cala – Licht

Calacirya – Calacirya (›Lichtkluft‹)

calima – hell

calma – Leuchte

car- – schaffen, erschaffen, erbauen

carne – rot

cel- – fließen

cemen – Erde, Boden

cen- – sehen, erblicken

cir- – segeln, ein Schiff steuern (poetisch)

cirya – Schiff

ciryamo – Schiffer, Seefahrer

col- – tragen

colla – Mantel

corma – Ring

cotumo – Feind

cuivea – erwachend

ea – ist (›sein‹ im existenziellen Sinne)

ecco – Speer

ecet – Kurzschwert

Elda – Elbe (eine/r der Eldar)

Eldalië – Elbenvolk

Eldaran – Elbenkönig

elen – Stern‹

Elendil – Elbenfreund

-(e)lla – euer, 2. Pers. Dual

-(e)lla – euer, 2. Pers. Pl.

elle – ihr 2. Pers. Pl., Endung *-lle*

ello – ihr (beide), 2. Pers. Dual, Endung *-llo*

elma – unser, 1. Pers. Dual (inkl.)

elva – unser, 1. Pers. Pl. (inkl.)

elve – wir, 1. Pers. Pl. (inkl. = Angesprochene eingeschlossen), Endung *-lve*

elvo – wir (beide), 1. Pers. Dual (inkl. = ich und du), Endung *-lvo*

Elwe – Elu (Thingol)

-(e)lya – dein, 2. Pers. Sg.

elye – du, 2. Pers. Sg., Endung *-lye*

-(e)mma – unser, 1. Pers. Dual (exkl.)

-(e)mma – unser, 1. Pers. Pl. (exkl.)

emme – wir, 1. Pers. Pl. (exkl. = Angesprochene ausgeschlossen), Endung *-mme*

emmo – wir (beide), 1. Pers. Dual (exkl. = ich und ein Dritter), Endung *-mmo*

Endóre – Mittelerde

enquië – Woche

-(e)nta – ihr, 3. Pers. Pl.

ente – sie, 3. Pers. Pl. (pers.), Endung *-nte*

entul- – wiederkommen

enwina – alt (zu alten Zeiten gehörig oder davon abstammend)

epe – vor (zeitlich)

eque – er/sie/es spricht (Formel)

Eru – der Eine, Gott

-(e)rya – sein/ihr, 3. Pers. Sg.

erye – er/sie, 3. Pers. Sg. (pers.), Endung *-sse*

esse – Name

-(e)sta – ihr, 3. Pers. Dual

esto – sie (beide), 3. Pers. Dual (personal), Endung *-sto*

faire – Tod (natürlich)

falasse – Strand, Ufer, Gestade

falma – Welle, Brandungswelle (schaumgekrönt)

fana – Schleier, Hülle, Gewand

fána – weiß leuchtend

fanya – Wolke

Feanáro – Feanor

felya – Höhle

filit – Vögelchen (Stamm *filic-*)

finde – Haar, Haarschopf

Findecáno – Fingon

Finwe – Finwe

fírima – sterblich

Fírimo – Sterblicher (elbische Bezeichnung für den Menschen)

halla – hoch

halya – umhüllen, verbergen

han – jenseits von

hanya- – verstehen, begreifen, anwenden können

har- – sitzen

hara – wertvoll (* von *harma* – ›Schatz‹)

harya- – haben, besitzen, enthalten

hasta- – versehren, beschädigen

hat- – zerbrechen

Heceldi – Verlassene (Elben)

hecil – jemand, der von Freunden verlassen wurde; ›Ausge-stoßener‹

hehta- – im Stich lassen

helca – Eis

Helcaracse – Malmeis

hequa – außer, mit Ausnahme von
heru – Herr
Herumor – Dunkler Herr
Herunúmen – Herr des Westens (Titel Manwes)
hilya- – folgen
himya- – bleiben, haften an
híni – Kind
hir- – finden
hisië – Nebel
hiswa – neblig
hlapu- – fliegen
hlóce – Schlange
ho – von, weg von
horta- – drängen, antreiben, losschicken
hosta – Menge, große Zahl
huine – Düsternis, Schatten
i – der, die, das, Pl. die
ilca- – weiß glänzen
ílfirin – unsterblich
Ilurambar – Mauern der Welt
Ilúvatar – Vater von Allem, Allvater (Beiname Erus)
ilye (Pl.) – alle
imbe – zwischen
indo – Geist, Herz
-(i)nya – mein, 1. Pers. Sg.
inye – ich, 1. Pers. Sg., Endung *-n(ye)*
íre – wann, wenn
Isil – Mond
isilme – Mondlicht
ista- – wissen, Prät. *sinte*
Itarille – Idril
lá – nicht
laiqua – grün
lait- – preisen, loben
lala- – lachen, Prät. *lande*
lambe – Sprache

lamya- – klingen

lanta- – fallen

larya- – bleiben (* aus √DAR-)

lasse – Blatt

latya- – öffnen

laurea – golden

lausta- – rauschen, wehen

le – dich, 2. Pers. Sg., Endung *-l*

le – euch, 2. Pers. Pl. Akk., Endung *-l*

lelya- – gehen (ohne Richtung), Prät. *lende*

len – dir, 2. Pers. Sg.

len – euch, 2. Pers. Pl. Dat.

lenu – euch (beiden), 2. Pers. Dual

lesta- – zurücklassen, Prät. *lende*

let – euch (beide) 2. Pers. Dual Akk.

lië – Volk

lilta- – tanzen

linda- – singen

linna- – gehen

linta – schnell, rasch

lirulin – Lerche

lis – Honig (Stamm *liss-*)

lisse – süß

lóme – Dunkelheit, Nacht, Zwielicht (Stamm *lómi-*)

lómea – dunkel, schattig

lómelinde – Nachtigall (›Dunkelsänger‹)

lóre – Schlaf, Traum

losse – Schnee; schneeweiß

lóte – Blüte, Blume

lúce – Verzauberung

lumbule – Dunkelheit, (tiefer) Schatten

lúme – Zeit, Stunde

má – Hand

maca- – schmieden

macil – Schwert

mahalma – Thron (* aus dem Valarin)

Maia – Maia (ein[er, e] der Maiar)
Maitimo Russandol – Maedhros
maiwe – Möwe
mal – oder
mallo – von wem?, woher?, seit wann?
man – wer oder was?; wen oder was?
manen – durch wen oder wodurch?, wie?
manen – wem?
manna – zu wem?, wohin?, bis wann?
mano – von wem?, wovon?
Manwe – Manwe
mar- – wohnen
marta – verurteilt, verdammt
masse – bei wem?, wo?, wann?
mava – wessen
me – uns, 1. Pers. Pl. (exkl.) Akk.
mel- – lieben (im allgemeinen Sinne)
Melcor – Melkor
Melyanna – Melian
men – uns, 1. Pers. Pl. (exkl.) Dat.
menel – Himmel
menu – uns (beiden), 1. Pers. Dual (exkl.)
mere- – wollen, wünschen, verlangen, ersehnen, Prät. *merne*
met – uns (beide), 1. Pers. Dual (exkl.) Akk.
métima – letzt(er, e, es)
metta – Ende
mi, imi – in, innerhalb von (*mí* = *mi* + Artikel *i*)
mica, imíca – unter, zwischen (als eine/r davon)
minna – in ... hinein
min, mine – ein(er, e)
minya – erst(er, e, es)
míre – Juwel
miril – Juwel (leuchtend)
miruvóre – Wein, Met, Nektar
-mo – Macher, Handelnder (= Nachsilbe – -er‹)
mordo – Schatten, Verdunkelung

Moringotto – Morgoth (›Schwarzer Feind‹)

morna – dunkel, schwarz

Mornandóre – Mordor (›Dunkles Land‹)

mornië – Dunkelheit, Schwärze

muina – verborgen, geheim

na- – sein

ná(n) – aber, doch, andererseits, im Gegenteil

nai – vielleicht

naina- – klagen

narmo – Wolf

Nauco – Zwerg (Stamm *Nauca-*)

Naucaheru – Zwergenherr

nelde – drei

nelle – Bach

nen – Wasser, Gewässer

nerte – neun

neuna – zweit(er, e, es)

ni – mich, 1. Pers. Sg., Endung *-n*

nië – Träne

nin – mir, 1. Pers. Sg.

Níniëlle – Niniel

nis – Frau (Stamm *niss-*)

Noldaran – Noldorkönig

Noldo – Noldo (einer der Noldor)

Nolofinwe – Fingolfin‹

nórië – Land

nosse – Familie, Haus, Sippe; Gefolge

nu – unter, unterhalb von (räumlich)

nucúna- – niederbeugen, demütigen

númen – Westen

númenya – westlich

nurta- – verbergen, verhüllen

núru – Tod

nut- – binden

ohta – Krieg, Kampf, Schlacht

ohtacar- – Krieg führen gegen (mit All.)

ohtar – Krieger

oiale – allezeit, ewiglich

olos – Traum, Vision (Stamm *olor-*)

-on – -er (männliche Endung)

ondo – Stein

Ondolinde – Gondolin

ono – aber, doch, andererseits, im Gegenteil

onóne – Schwester (leibliche)

onta- – zeugen, erschaffen, Prät. *óne* oder *ontane*

or – über, oberhalb von

orne – Baum (breit)

oromardi – Hohe Hallen (von Valinor)

Orome – Orome

oron – Berg (Stamm *oront-*)

orta- – erheben, aufsteigen, Prät. *ortanë* (trans.), *orontë* (intrans.)

orto – Bergspitze

otso – sieben

palda – groß, ausgedehnt

parma – Buch

pella (nachgestellt) – jenseits von

penya- – mangeln, fehlen (*von *penya* – mangelhaft‹)

quant- – füllen

quen – einer, jemand

quet- – sprechen

rá – für, zugunsten von

rac- – brechen

rama – Schwinge, Flügel

ramba – Bergkette, Wall

ranya- – umherziehen, streunen

rië – Kranz

riël – Maid (bekränzte)

rocco – Pferd

roime – Jagd

róma – Horn (Instrument)

rondo – Halle (unterirdisch), Gewölbe

roquen – Reiter

ruc- – sich fürchten, fliehen

sa – dass

sangia- – vergiften

sangwa – Gift

sarat – Buchstabe

se – bei (räumlich)

se – ihn/sie, 3. Pers. Sg., Endung *-s*

sen – ihm/ihr, 3. Pers. Sg.

sí – jetzt; hier

sil- – strahlen (mit weißem Licht)

sila- – glänzen, scheinen

silmaril – Silmaril, Pl. *silmarilli* (von einer Nebenform *silma-rille*)

sinda – grau

Sindacollo – Thingol (›Graumantel‹)

sindarinwa – grauelbisch

síve – so wie

soron – Adler

suc- – trinken

súle – Atem, Hauch, Wind

tamo – Schmied, Handwerker

tanna – Zeichen

tanwe – Schöpfung der Kunst, Konstrukt

tári – Königin

tarië – Höhe

táro – König

taure – Wald (groß)

tavas – Waldland

te – sie, 3. Pers. Pl. Akk., Endung *-t*

tecil – Schreibfeder

Teler – Teler (ein[er, e] der Teleri)

telperin – silbern, silbergleich

ten – ihnen, 3. Pers. Pl.

tenna – bis an, so weit wie

tennoio – in Ewigkeit

tenu – ihnen (beiden), 2. Pers. Dual

ter – durch ... hindurch

tet – sie (beide) 3. Pers. Dual Akk.

tië – Weg

tintil- – funkeln (Sterne)

tir- – schauen, Ausschau halten

tol – Insel (Stamm *toll-*)

tuc- – ziehen, bringen

tul- – kommen

tulya- – führen

tumba – Tal (zwischen Hügeln)

tur- – beherrschen, herrschen über

tur – Meister, Herr

túre – Sieg

Túrindo – Túrin

Turucáno – Turgon

turuna – bezwungen

tuv- – finden

tyelca – plötzlich

tyelle – Grad

tyelpe – Silber

Ungoliante – Ungoliant

únótima – zahllos, unzählig

untup- – bedecken, sich legen auf

un-tup- – herab-decken

úvea – sehr groß

va – von (Besitz oder Herkunft)

Vala – Vala (›Macht‹)

Valarauco, – Balrog (›Dämon der Macht‹) Pl. *Valaraucar*

vanima – schön

vanwa – verschwunden, verloren, vorbei

vanya- – entschwinden

Vanya – Vanya (ein[er, e] der Vanyar)

Varda – Varda (Sind. *Elbereth*)

ve – wie

vi – uns, 1. Pers. Pl. (inkl.) Akk.

vin – uns, 1. Pers. Pl. (inkl.) Dat.

vinu – uns (beiden) 1. Pers. Dual (inkl.)

vinya – neu

vit – uns (beide) 1. Pers. Dual (inkl.) Akk.

winga – Schaum

yal- – rufen

yára – alt (aus alten Zeiten)

yerya- – alt werden, müde werden, verschleißen

yo – mit (bei drei oder mehr)

yulma – Kelch

Wortverzeichnis Deutsch–Quenya

aber – *ná(n)*; *ono*

aber doch – *ananta*

Adler – *soron*

alle – *ilye* (Pl.)

allezeit – *oiale*

Allvater (Beiname Erus) – *Ilúvatar*

alt (aus alten Zeiten) – *yára*

alt (zu alten Zeiten gehörig oder davon abstammend) – *enwina*

alt werden – *yerya-*

andererseits – *ná(n)*; *ono*

anrufen – *anyal-* (*aus *an* + *yal-* ›rufen‹)

antreiben – *horta-*

anwenden können – *hanya-*

Araman (Küstenstrich jenseits des Westlichen Meeres) – *Araman*

Atem – *súle*

auf (ohne es zu berühren) – *apa*

auf . . . hin – *an(a)*, *na*

aufsteigen – *orta-*, Prät. *orontë*

ausgedehnt – *palda*

Ausgestoßener – *hecil*

Ausschau halten – *tir-*

außer – *hequa*

außerhalb von – *ara*

Bach – *nelle*

Balrog (›Dämon der Macht‹) – *Valarauco*, Pl. *Valaraucar*

Baum (breit) – *orne*

Baum (hoch) – *alda*

bedecken – *untup-*

begreifen – *hanya-*

beherrschen – *tur-*

bei (räumlich) – *se*

bei wem? – *masse*

bei, mit – *as*

Berg (Stamm *oront-*) – *oron*

Bergkette, Wall – *ramba*

Bergspitze – *orto*

besitzen – *harya-*

bezwungen – *turuna*

binden – *nut-*

bis an – *tenna*

bis wann? – *manna*

Blatt – *lasse*

bleiben – *himya-*, *larya-* (* aus √DAR-)

Blüte, Blume – *lóte*

Brandungswelle (schaumgekrönt) – *falma*

brechen – *rac-*

bringen, ziehen – *tuc-*

Buch – *parma*

Buchstabe – *sarat*

Calacirya (›Lichtkluft‹) – *Calacirya*

dass – *sa*

demütigen – *nucúna-*

dein, 2. Pers. Sg. – -*(e)lya*

denn – *an*

der, die, das, Pl. ›die – *i*

dich, 2. Pers. Sg. – *le*, Endung -*l*

dir, 2. Pers. Sg. – *len*

doch – *ná(n); ono*

drei – *nelde*

du, 2. Pers. Sg. – *elye*, Endung -*lye*

dunkel, schattig – *lómea*

dunkel, schwarz – *morna*

Dunkelheit, Nacht – *lóme* (Stamm *lómi-*)

Dunkelheit, Schatten (tief) – *lumbule*

Dunkelheit, Schwärze – *mornië*

Dunkler Herr – *Herumor*

durch . . . hindurch – *ter*

durch wen? – *manen*

Düsternis, Schatten – *huine*

ein(er, e) – *min*, *mine*

Eine, der – *Eru*

einer – *quen*

einstürzen – *atalta-*, Prät. *ataltanë* (trans.), *atalantë* (intrans.)

Eis – *helca*

Elbe (ein[er, e] der Eldar) – *Elda*

Elbenfreund – *Elendil*

Elbenkönig – *Eldaran*

Elbenvolk – *Eldalië*

Elu (Thingol) – *Elwe*

Ende – *metta*

entschwinden – *auta-*, Prät. *váne* oder *oante*

entschwinden – *vanya-*

-er (männliche Endung) – *-on*

er/sie, 3. Pers. Sg. (pers.) – *erye*, Endung *-sse*

er/sie/es spricht (Formel) – *eque*

erbauen – *car-*

erblicken – *cen-*

Erde (als Reich Manwes) – *Arda*

Erde, Boden – *cemen*

erheben – *orta-*, Prät. *ortanë*

erschaffen, machen – *car-*

erschaffen, zeugen – *onta-*, Prät. *óne* oder *ontane*

ersehnen – *mere-*, Prät. *merne*

erst(er, e, es) – *minya*

erwachend – *cuivea*

euch (Akk.) – *le*, Endung *-l*

euch (beide) 2. Pers. Dual Akk. – *let*

euch (beiden), 2. Pers. Dual – *lenu*

euch, 2. Pers. Pl. Akk. – *le*, Endung *-l*

euch, 2. Pers. Pl. Dat. – *len*

euer, 2. Pers. Dual – *-(e)lla*

euer, 2. Pers. Pl. – *-(e)lla*

ewiglich – *oiale*

fallen – *lanta-*

Familie – *nosse*

Feanor – *Feanáro*
fehlen, mangeln – *penya-* (*von *penya* ›mangelhaft‹)
Feind – *cotumo*
finden – *hir-*
finden – *tuv-*
Fingolfin – *Nolofinwe*
Fingon – *Findecáno*
Finwe – *Finwe*
fliegen – *hlapu-*
fliehen – *ruc-*
fließen – *cel-*
Flügel – *rama*
folgen – *hilya-*
fort- – *ava-*
fortgehen – *auta-*, Prät. *váne* oder *oante*
Frau – *nís* (Stamm *niss-*)
führen – *tulya-*
füllen – *quant-*
funkeln (Sterne) – *tintil-*
für – *rá*
Gebäude (aus Holz) – *ampano*
geben – *anta-*, Prät. *áne*
Gefolge – *nosse*
geheim – *muina*
gehen – *linna-*
gehen (ohne Richtung) – *lelya-*, Prät. *lende*
Geist, Herz – *indo*
Geschenk – *anna*
gesegnet – *almárea*
Gewand – *fana*
Gewässer – *nen*
Gewölbe, Halle (unterirdisch) – *rondo*
Gift – *sangwa* (* aus √SAG- + -MA)
Gipfel – *aicale*
Glanz – *alcar*
Glanz, Leuchten – *alata*

glänzen – *sila-*
golden – *laurea*
Gondolin – *Ondolinde*
Gott – *Eru*
Grad – *tyelle*, Pl. *tyeller*
grau – *sinda*
grauelbisch – *sindarinwa*
groß, ausgedehnt – *palda*
groß, riesig – *alta*
Große Meer, das – *Alataire*
große Zahl, Menge – *hosta*
grün – *laiqua*
grüßen – *anyal-* (*aus *an* + *yal-* ›rufen‹)
Haar, Haarschopf – *finde*
haben – *harya-*
haften an – *himya-*
Halle (aus Holz) – *ampano*
Halle (unterirdisch), Gewölbe – *rondo*
Hand – *má*
Handelnder – *-mo* (= Nachsilbe ›-er‹)
Handwerker – *tamo*
Hauch – *súle*
Haus – *nosse*
Heil! – *aiya*
heilig – *aira*
Heilig(er, e) – *Ainu*, Pl. *Ainur*
Heiligkeit (Anrede) – *aire*
hell – *calima*
hell sein – *alta-*
herab-decken – *un-tup-*
Herr – *heru*
Herr des Westens (Titel Manwes) – *Herunúmen*
Herr, Meister – *tur*
herrschen über – *tur-*
Himmel – *menel*
hoch – *halla*

Höhe – *tarië*
Hohe Hallen (von Valinor) – *oromardi*
Höhle – *felya*
Honig (Stamm *liss-*) – *lis*
Horn (Instrument) – *róma*
Hügel – *ambo*
Hülle – *fana*
ich, 1. Pers. Sg. – *inye*, Endung *-n(ye)*
Idril – *Itarille*
ihm/ihr, 3. Pers. Sg. – *sen*
ihn/sie, 3. Pers. Sg. – *se*, Endung *-s*
ihnen (beiden), 2. Pers. Dual – *tenu*
ihnen, 3. Pers. Pl. – *ten*
ihr (beide), 2. Pers. Dual – *ello*, Endung *-llo*
ihr, 2. Pers. Pl. – *elle*, Endung *-lle*
ihr, 3. Pers. Dual – *-(e)sta*
ihr, 3. Pers. Pl. – *-(e)nta*
im Gegenteil – *ná(n); ono*
im Stich lassen – *hehta-*
in – *mi, imi (mí = mi* + Artikel *i)*
in . . . hinein – *minna*
in Ewigkeit – *tennoio*
innerhalb von – *imi, mi (mí = mi* + Artikel *i)*
Insel – *tol* (Stamm *toll-*)
ist (›sein‹ im existenziellen Sinne) – *ea*
Jagd – *roime*
jemand – *quen*
jemand, der von Freunden verlassen wurde – *hecil*
jenseits von – *han; pella* (nachgestellt)
jetzt; hier – *sí*
Juwel – *míre*
Juwel (leuchtend) – *miril*
Kampf – *ohta*
Kelch – *yulma*
Kind – *híni*
klagen – *naina-*

klingen – *lamya-*

kommen – *tul-*

König – *aran*; *táro*

Königin – *tári*

Konstrukt – *tanwe*

Kranz – *rië*

Krieg – *ohta*

Krieg führen gegen (mit All.) – *ohtacar-*

Krieger – *ohtar*

Kurzschwert – *ecet*

lachen – *lala-*, Prät. *lande*

Land – *nórië*

lang (räumlich und zeitlich) – *anda*

lasten – *caita-*

Lerche – *lirulin*

letzt(er, e, es) – *métima*

Leuchte – *calma*

Leuchten – *alata*

leuchten – *cal-*

leuchten, hell sein – *alta-*

Licht – *cala*

lieben (im allgemeinen Sinne) – *mel-*

liegen – *caita-*

loben – *lait-*

losschicken – *horta-*

Macher– *-mo* (= Nachsilbe ›-er‹)

Maedhros – *Maitimo Russandol*

Maia (eine/r der Maiar) – *Maia*

Maid (bekränzte) – *riël*

Malmeis – *Helcaracse*

mangeln – *penya-* (*von *penya* ›mangelhaft‹)

Mantel – *colla*

Manwe – *Manwe*

Mauern der Welt – *Ilurambar*

Meer – *aire*

mein, 1. Pers. Sg. – *-(i)nya*

Meister – *tur*

Melian – *Melyanna*

Melkor – *Melcor*

Menge – *hosta*

Mensch – *Atan*

Menschenväter – *Atanatari*

Met – *miruvóre*

mich – *ni*, Endung *-n*

mich, 1. Pers. Sg. – *ni*, Endung *-n*

mir, 1. Pers. Sg. – *nin*

mit (bei drei oder mehr) – *yo*

mit ... zusammen – *as*

mit Ausnahme von – *hequa*

Mittelerde – *Endóre*

Mond – *Isil*

Mondlicht – *isilme*

Mordor (›Dunkles Land‹) – *Mornandóre*

Morgoth (›Schwarzer Feind‹) – *Moringotto*

Möwe – *maiwe*

müde werden – *yerya-*

nach- (auf die Zukunft bezogen) – *apa-*

nach (zeitlich) – *apa*

Nacht – *lóme* (Stamm *lómi-*)

Nachtigall (›Dunkelsänger‹) – *lómelinde*

Name – *esse*

Nebel – *hisië*

neben (räumlich) – *ara*

neblig – *hiswa*

Nektar – *miruvóre*

neu – *vinya*

neun – *nerte*

nicht – *lá*

niederbeugen, demütigen – *nucúna-*

Niniel – *Níniëlle*

Noldo (einer der Noldor) – *Noldo*

Noldorkönig – *Noldaran*

oder – *mal*

öffnen – *latya-*

Orome – *Orome*

Pferd – *rocco*

plötzlich – *tyelca*

preisen – *lait-*

prophetisch – *apacenya*

quer über – *arta*

rauschen – *lausta-*

Reiter – *roquen*

riesig – *alta*

Ring – *corma*

rot – *carne*

rufen – *yal-*

ruhmreich – *alcarin*

schaffen – *car-*

Schatten (tief) – *lumbule*

Schatten, Düsternis *huine*

Schatten, Verdunkelung – *mordo*

schattig – *lómea*

schauen – *tir-*

Schaum – *winga*

scheinen, leuchten – *cal-*

schenken, – *anta-*, Prät. *áne*

Schicksal – *ambarta*

Schiff – *cirya*

Schiffer – *ciryamo*

Schlacht – *ohta*

Schlaf – *lóre*

Schlange *ango* (Stamm *angu-*); *hlóce*

Schleier – *fana*

Schmied – *tamo*

schmieden – *maca-*

Schnee – *losse*

schneeweiß – *losse*

schnell, rasch – *linta*

schön – *vanima*

Schöpfung (der Kunst) – *tanwe*

Schreibfeder – *tecil*

Schwan – *alqua*

schwarz – *morna*

Schwärze – *mornië*

Schwert – *macil*

Schwester (leibliche) – *onóne*

Schwinge – *rama*

Seefahrer – *ciryamo*

segeln (poetisch) – *cir-*

sehen – *cen-*

sehr groß – *úvea*

sehr hell, der (die, das) hellste – *ancalima*

sein – *na-*

sein/ihr, 3. Pers. Sg. – *-(e)rya*

seit wann? – *mallo*

sich fürchten – *ruc-*

sich legen auf – *untup-*

sie (beide), 3. Pers. Dual (pers.) – *esto*, Endung *-sto*

sie (beide), 3. Pers. Dual Akk. – *tet*

sie 3. Pers. Pl. (pers.) – *ente*, Endung *-nte*

sie, 3. Pers. Pl. Akk. – *te*, Endung *-t*

sieben – *otso*

Sieg – *túre*

Siehe! – *aiya*

Silber – *tyelpe*

silbergleich – *telperin*

silbern – *telperin*

Silmaril – *silmaril*, Pl. *silmarilli* (von einer Nebenform *silma-rille*)

singen – *linda-*

Sippe, – *nosse*

sitzen – *har-*

so weit wie – *tenna*

so wie – *síve*

Sonne *Anar*

Sonnenaufgang – *anaróre*

Sonnenlicht – *áre*

Sonnenuntergang, Westen – *andúne*

Speer – *ecco*

Sprache – *lambe*

sprechen – *quet-*

Stein (als Material) – *ondo*

sterblich – *fírima*

Sterblicher (elbische Bezeichnung für den Menschen) – *Fírimo*

Stern – *elen*

steuern – *cir-* (ein Schiff; poetisch)

Strahlen – *alata*

strahlen (mit weißem Licht) – *sil-*

Strand, Ufer, Gestade – *falasse*

streunen – *ranya-*

Stunde – *lúme*

süß – *lisse*

Tal (zwischen Hügeln) – *tumba*

tanzen – *lilta-*

Teler (ein[er, e] der Teleri) – *Teler*

Thingol (›Graumantel‹) – *Sindacollo*

Thron– *mahalma* (* aus dem Valarin)

Tod – *núru*

Tod (natürlich) – *faire*

Tor – *andon*

tragen – *col-*

Träne – *niĕ*

Traum – *lóre*

Traum, Vision – *olos* (Stamm *olor-*)

trinken – *suc-*

Turgon – *Turucáno*

Túrin – *Túrindo*

über, oberhalb von – *or*

umherziehen – *ranya-*

umhüllen – *halya*

und – *ar*

und doch – *ananta*

Ungoliant – *Ungoliante*

uns (beide) 1. Pers. Dual (inkl.) – *vit*

uns (beide), 1. Pers. Dual (exkl.) – *met*

uns (beiden) 1. Pers. Dual (inkl.) – *vinu*

uns (beiden), 1. Pers. Dual (exkl.) – *menu*

uns, 1. Pers. Pl. (exkl.) Akk. – *me*

uns, 1. Pers. Pl. (exkl.) Dat. – *men*

uns, 1. Pers. Pl. (inkl.) Akk. – *vi*

uns, 1. Pers. Pl. (inkl.) Dat. – *vin*

unser, 1. Pers. Dual (exkl.) – *-(e)mma*

unser, 1. Pers. Dual (inkl.) – *-(e)lma*

unser, 1. Pers. Pl. (exkl.) – *-(e)mma*

unser, 1. Pers. Pl. (inkl.) – *-(e)lva*

unsterblich – *ílfirin*

unter (als ein[er, e] davon) – *mica*, *imíca*

unter (räumlich) – *nu*

unterhalb von – *nu*

unzählig – *únótima*

Vala (›Macht‹) – *Vala*

Vanya (ein[er, e] der Vanyar) – *Vanya*

Varda (Sind. *Elbereth*) – *Varda*

Vater – *atar*

Vater von Allem (Beiname Erus) – *Ilúvatar*

verbergen – *halya-*, *nurta-*

verborgen – *muina*

verdammt, verurteilt – *marta*

Verdunkelung – *mordo*

vergehen – *auta-*, Prät. *váne* oder *oante*

vergiften – *sangia-* (* von *sangwa* ›Gift‹)

verhüllen – *nurta-*

verlangen – *mere-*, Prät. *merne*

Verlassene (Elben) – *Heceldi*

verloren – *vanwa*

verschleißen – *yerya-*
verschwunden – *vanwa*
versehren, beschädigen – *hasta-*
verstehen – *hanya-*
verurteilt, verdammt – *marta*
verweigern – *avaquet-*
Verzauberung – *lúce*
vielleicht – *nai*
Vogel (klein) – *aiwe*
Vögelchen – *filit* (Stamm *filic-*)
Volk – *lië*
von (Besitz oder Herkunft) – *va*
von wem? (Abl.) – *mallo*
von wem? (Gen.) – *mano*
von, weg von – *ho*
vor (zeitlich) – *epe*
voraus- (auf die Zukunft bezogen) – *apa-*
voraussichtig – *apacenya*
vorbei, verloren – *vanwa*
Wald (groß) – *taure*
Waldland – *tavas*
wann – *íre*
wann? – *masse*
was? – *man*
Wasser – *nen*
weg- – *ava-*
Weg – *tië*
wehen – *lausta-*
Wein – *miruvóre*
weiß glänzen – *ilca-*
weiß leuchtend – *fána*
Welle (schaumgekrönt) – *falma*
Welt (als Reich Manwes) – *Arda*
Welt (bewohnte) – *Ambar*
wem? – *manen*
wen? – *man*

wenn – *íre*

wer? – *man*

wertvoll – *hara* (*von *harma* ›Schatz‹)

wessen? – *mava*

Westen – *andúne*, *númen*

westlich – *númenya*

wie – *ve*

wie? – *manen*

wiederkommen – *entul-*

Wind – *súle*

wir (beide), 1. Pers. Dual (exkl. = ich und ein Dritter) – *emmo*, Endung *-mmo*

wir (beide), 1. Pers. Dual (inkl. = ich und du) – *elvo*, Endung *-lvo*

wir, 1. Pers. Pl. (exkl. = Angesprochene ausgeschlossen) – *emme*, Endung *-mme*

wir, 1. Pers. Pl. (inkl. = Angesprochene eingeschlossen) – *elve*, Endung *-lve*

wissen – *ista-*, Prät. *sinte*

wo? – *masse*

Woche – *enquië*

wodurch? – *manen*

woher? – *mallo*

wohin? – *manna*

wohnen – *mar-*

Wolf – *narmo*

Wolke – *fanya*

wollen – *mere-*, Prät. *merne*

wovon? – *mano*

wünschen – *mere-*, Prät. *merne*

zahllos – *únótima*

Zeichen – *tanna*

Zeit – *lúme*

zerbrechen – *hat-*

zeugen – *onta-*, Prät. *óne* oder *ontane*

ziehen, bringen – *tuc-*

zu – *an(a)*, *na*
zu wem? – *manna*
zugunsten von – *rá*
zurücklassen – *lesta-*, Prät. *lende*
zweit(er, e, es) – *neuna*
Zwerg – *Nauco* (Stamm *Nauca-*)
Zwergenherr – *Naucaheru*
Zwielicht – *lóme* (Stamm *lómi-*)
zwischen – *imbe*
zwischen (als ein[er, e] davon) – *mica*, *imíca*

Ausführliche Wörterbücher Quenya–Deutsch und Deutsch–Quenya sind in *Das große Elbisch-Buch* enthalten.

Zweiter Teil
SINDARIN

PEDO MELLON A MINNO

Sprich ›Freund‹ und tritt ein!

 alph ›Schwan‹

Lektion 1: Wie man Sindarin erkennt

Sindarin ist das gesprochene Elbisch in den westlichen Landen von Mittelerde.

Wie kann man erkennen, ob ein Wort Sindarin ist? Von vielen Dialekten und Einzelsprachen, wie ›Lindarin‹, ›Telerin‹ oder ›Avarin‹, gibt es nur einzelne Wörter, die gewöhnlich im Text als solche erkennbar sind. Andere Varianten, wie ›Qenya‹ und ›Gnomisch‹, werden nur im *Buch der Verschollenen Geschichten,* nicht in *Der Herr der Ringe* oder im *Silmarillion* verwendet. ›Primitives Quendisch‹ (oder ›Ur-Elbisch‹) ist hauptsächlich in linguistischen Diskussionen zu finden. Meist wird es in der Praxis darum gehen, Elbisch von anderen Sprachen und das elbische Sindarin vom elbischen Quenya zu unterscheiden.

Sindarin wird im Text auch als ›Graulbisch‹ bezeichnet, bei den Menschen als ›Sprache der Gebildeten‹. Als die ersten Elben in grauer Vorzeit auf Einladung der Valar ihre lange Wanderung vom See des Erwachens nach Westen unternahmen, spaltete sich ihre Sprache in verschiedene Dialekte. Aus dem Dialekt jener Elben, die in Beleriand am Ufer des Westlichen Meeres zurückblieben, entwickelte sich bis zum Ersten Zeitalter das Sindarin als die Sprache der Sindar oder Grauelben. Als die Noldor, die über das Meer zu den Unsterblichenlanden gezogen waren, nach ihrer Rebellion gegen die Valar (von der *Das Silmarillion* berichtet) nach Mittelerde zurückkehrten, brachten sie Quenya als ihre eigene Sprache von dort mit. Elu Thingol, der König der Elben von Beleriand, verbot jedoch den Gebrauch dieser Sprache in seinem Reich, weil die Noldor seine Teleri-Verwandten jenseits des Meeres getötet hatten. Darufhin passten die Noldor ihre Namen in Mittelerde dem Sindarin an.

Auch die gebildeten Menschen der westlichen Lande sprachen Sindarin. Ihre Umgangssprache war im Dritten Zeitalter Adûni (›Westron‹), auch die Gemeinsprache genannt (im Original mit Englisch, in der Übersetzung mit Deutsch wiedergegeben), Namen in dieser Sprache sind oft eine Übersetzung des Elbischen. Namen in Rohan sind meist Rohirrisch (was im Roman in Altenglisch umgesetzt wurde), Worte, die von Orks gebraucht werden, sind gewöhnlich Orkisch, und so weiter.

Im Allgemeinen sind alle elbischen Namen und Bezeichnungen in Mittelerde Sindarin. Ausnahmen bilden die alten Namen der menschlichen Könige von Númenor und Gondor, die in Quenya gehalten waren. Es gibt eine Reihe von anderen Dialekten, die auf manche Namen Einfluss nahmen, dies betrifft vor allem Lothlórien und den Düsterwald (vgl. »Von den Elben«, *HdR* Anh/F, und »Die Geschichte von Galadriël und Celeborn«, *NaM* 2/IV). Dort sprach man im Dritten Zeitalter Sindarin mit einem Akzent. Der einzige längere Sindarin-Text in *Der Herr der Ringe* ist das Lied »A Elbereth Gilthoniel« (Hymne der Elben von Bruchtal, *HdR* II/1).

Seit dem Ersten Zeitalter hat sich das Sindarin nur wenig verändert, aber doch stärker als das Quenya. Die Formen der Sprache im Folgenden entsprechen denen, wie sie Elben gegen Ende des Dritten Zeitalters gebrauchen würden.

Die hier verwendeten Abkürzungen zu den Quellen werden im Anhang erklärt.

Merkmale

Zur Unterscheidung des Sindarin vom Quenya und von anderen Sprachen Mittelerdes lassen sich insbesondere die Laute und die Grammatik heranziehen.

Laute

Sindarin bevorzugt bestimmte Laute und Lautkombinationen, zum Teil abhängig von der Stellung im Wort:

Typisch für Sindarin:

ch, *dh*, *gh*, *lh*, *mh*, *rh* sind typische Buchstabenkombinationen im Sindarin,
v kommt vor, aber selten,
w, *th* ist häufig im Sindarin.
y (als Vokal),
ai (als Gleitlaut, nur in der Endsilbe),
ei (als Gleitlaut, in anderen Silben),
ae, *oe* (als Gleitlaute).
ˆ (Zirkumflex) in einsilbigen Wörtern zur Darstellung eines besonders langen Vokals,
· (mittiger Punkt) zum Zeichen einer folgenden Mutation.
b, *d*, *g*, *ch*, *dh*, *lh*, *mh*, *rh*, *io*.
b, *d*, *g* nach Vokalen oder nach anderen Konsonanten als *m*, *n*, *l*, *r*.
Sindarin-Wörter enden meist auf einen Konsonanten.
Sindarin bevorzugt kürzere Wörter.

Typisch für andere Sprachen von Mittelerde:

y (als Konsonant)
qu, *hl*, *hr*, *hy* kommen als Buchstaben-Kombinationen im Sindarin nicht vor,
v ist im Quenya häufiger,
w ist selten im Quenya,
th kommt nur im alten Quenya vor, nicht in Mittelerde,
x, *z* gibt es im Sindarin nicht,
j, *zh*, *sh* kommen im Elbischen überhaupt nicht vor.
ai (als Gleitlaut, in anderen als der Endsilbe), *eu, oi, iu* (als Gleitlaute).

^ (Zirkumflex) in mehrsilbigen Wörtern ist meist Adûnaïsch, Khuzdul oder Orkisch,

¨ (Diëresis) wird im Allgemeinen nur für Quenya verwendet.

hl, *hr*, *hy* am Wortanfang ist Quenya.

p, *t*, *c* nach Vokalen ist nicht Sindarin,

b, *d*, *g* steht im Quenya nur nach *m*, *n*, *l*, *r*.

Quenya-Wörter enden entweder auf einen Vokal oder auf *l*, *n*, *r*, *s*, *t*.

Quenya bevorzugt vielsilbige Wörter. Andere Sprachen haben auch lange Wörter, aber mit anderen Lauten als im Sindarin.

Grammatik

Jede Sprache hat ihre eigene Grammatik. So sind etwa im Sindarin typische Adjektiv-Endungen *-ui*, *-eb* oder *-en,* Plural *-in*, im Quenya *-ea,* Plural *-ië*. Die Befehlsform (Imperativ) endet im Sindarin auf *-o*, im Quenya auf *-a*.

Übungen

(1) Bestimme die Sprache des jeweiligen Satzes:

(a) *Annon edhellen, edro hi ammen!*
(b) *Uglúk u bagronk sha pushdug Saruman-glob búbhosh skai!*
(c) *Daur a Berhael, Conin en Annûn! Eglerio!*
(c) *A Túrin Turambar turun' ambartanen!*

(2) Suche die Sindarin-Wörter heraus:

Aragorn, Ninquelóte, Mithrandir, Ainur, Inzilbêth, Aglarond, yén, Azaghâl, Narya, Silmaril, Bruinen, Eldalië, Lebennin, edain, elanor, Telcontar, suilannad, Earendil, Ereinion, Endor, eques, Eriador, cirya, Eldarion, ithildin, Valaquenta, Amon Sûl, Fingolfin, nazg, Glamdring, Kibil-nâla, Gorgoroth, palantír, sharkû,

Haradrim, Arod, Gwaihir, Elentári, lam, Ulmo, angerthas, hísië, lhûg, istari, mallorn, Atalante, balrog, Elbereth, Cirith Uñgol, uzbad, Nîn-in-Eilph, meara, ancalima, Ar-Pharazôn, Haudh-en-Ndengin

Lösungen am Ende der Lektionen.

ᴧᴛᴧᴍᴧᴉᴅ Eledhrim ›Elbenvolk‹

Lektion 2: Aussprache

Die Aussprache des Sindarin ist für einen deutschen Sprecher etwas schwieriger als die des Quenya.

Hier die wesentlichen Punkte, die vom deutschen Sprachgebrauch abweichen. Eckige Klammern bezeichnen im Folgenden die Aussprache, vor betonten Silben steht ein senkrechter Hochstrich, lange Laute sind durch einen folgenden Doppelpunkt gekennzeichnet.

Weitere Hinweise zur verwendeten Lautschrift sind am Ende des Buches aufgeführt.

Vokale (Selbstlaute)

Vokale sind offene Klänge, bei denen der Luftstrom nicht unterbrochen wird. Sie tragen allein oder zusammen mit Konsonanten die Silben eines Wortes. Die Vokale im Sindarin entsprechen im Allgemeinen den deutschen: *a*, *e*, *i*, *o*, *u* sowie *ü*. Ein *ö* gab es im Sindarin des Ersten Zeitalters; im Dritten Zeitalter ist es mit dem *e* zusamengefallen. Ein *ä* gibt es im Sindarin nicht.

Im Folgenden noch einige Hinweise im Detail:

A, I, U wie im Deutschen. Am Wortanfang steht *i* für [j], wenn ein Vokal folgt (siehe unten).

E kurz wie in ›Bett‹ [bɛt], lang wie in ›Beet‹ [be:t]. Das lange *e* ist im Sindarin gespannter und geschlossener als das kurze. Das ist im Deutschen genauso, sodass man hier keine Besonderheiten zu beachten braucht.

O kurz wie in ›Gott‹ [gɔt], lang wie in ›Boot‹ [boːt]. Für die Klangfarbe gilt das Gleiche wie für *e*.

Y ist das deutsche *ü* [y]. (Achtung: *y* ist im Sindarin ein Vokal, im Quenya steht es für [j]).

Diphthonge (Gleitlaute) sind Doppel- oder Gleitlaute, die in einer Silbe gesprochen werden. Im Sindarin sind dies *ai*, *oi*, *ui*, *au*, *ae*, *oe*. Es handelt sich dabei um fallende Diphthonge, das heißt, sie werden auf dem ersten Element betont.

AI wie in ›Hain‹ [hain], ›Bein‹ [bain]. Kommt im Sindarin nur in der letzten Silbe von Wörtern vor, da das ursprüngliche *ei* dort zu *ai* wurde.

EI nicht wie im deutschen ›Ei‹ (gesprochen [ai]), sondern ein Vokal, der von *e* [e] nach *i* gleitet – also eher wie *éj*. Wurde in Endsilben zu *ai*.

UI wie in ›Pfui!‹ [pfui].

AU wie in ›Laut‹ [laut]. Wird am Ende eines Wortes *aw* geschrieben.

AE hat keine direkte deutsche Entsprechung. Es handelt sich um einen Vokal, der von *a* nach *e* gleitet – fast ausgesprochen wie *aj*, nur mit einem *e* als zweitem Element. (Nicht das deutsche *ä!*)

OE desgleichen, eine Verbindung von *o* [ɔ] und *e*, in einer Silbe gesprochen – fast ausgesprochen wie *oj*, nur mit einem *e* als zweitem Element. (Nicht das deutsche *ö!*)

Alle anderen Vokalkombinationen – *ea*, *eo*, *ie* etc. – sind zweisilbig.

Konsonanten (Mitlaute)

Bei *Konsonanten* wird der Luftstrom im Mund unterbrochen oder gehindert. Konsonanten können allein keine Silbe tragen, sondern nur zusammen mit Vokalen.

C wird immer hart, also wie *k*, ausgesprochen, auch vor *e* und *i*, einen Namen wie *Celeborn* spricht man ['kɛlɛborn].

CH steht für das *ch* [x] wie in dt. ›ach‹ [ax], auch nach *e*, *i* und *y*.

DH steht für das stimmhafte *th* [ð] wie in engl. 'then' [ðɛn]. Es wird auch am Wortende stimmhaft ausgesprochen, wie in *galadh* ['galað].

F steht für *f* [f], außer am Wortende, wo es verwendet wird, um den Laut *v* [v] wiederzugeben, entsprechend dem deutschen *w*: *Nindalf* ['nindalv], *nef aearon* [nɛv 'ae.a.ron].

G steht nur für den Laut *g* [g] wie in ›Geld‹ ['gɛld], nicht für den Anfangslaut in ›Genie‹ (der im Deutschen nur in Fremdwörtern vorkommt).

H wie im Deutschen, außer bei *hw* und *lh*.

HW ist das *hwesta Sindarinwa*, ein stimmloses, behauchtes *w* [hw], möglicherweise auch ein *chw* [xw]. Man kann es auch wie ein normales *w* [w] aussprechen, wie bei den Menschen üblich.

I am Wortanfang vor einem anderen Vokal entspricht dem deutschen *j*, zum Beispiel in *Ioreth* ['jɔrɛθ], *Iarwain* ['jar.wain].

LH war ursprünglich ein stimmloses oder gehauchtes *l* [hl]. Wird im Dritten Zeitalter in der Regel wie ein normales *l* [l] ausgesprochen.

N vor *g* oder *ng* wird wie der Laut in *eng* ['ɛŋ] ausgesprochen, dies gilt auch bei Wortkombinationen wie *en·gaur* [ɛŋ 'gaur].

NG ist am Wortanfang der Laut wie in *eng* ['ɛŋ] – was nur bei bestimmten Worten vorkommt, die sich unter besonderen Umständen am Wortanfang verändern: *i·ngaur* [i ŋaur].

In der Wortmitte wird das *g* deutlich mitgesprochen, als [ŋg] wie in dt. *Ringgeist* ['riŋgaist], nicht wie in dt. *Finger* ['fiŋər]. Am Wortende [ŋ] wie im Deutschen.

PH hat denselben Klang wie *f* [f]. Es wird verwendet

(a) wo der *f*-Laut am Wortende vorkommt, wie in *alph* [alf] (siehe oben zu *f*),

(b) wo der *f*-Laut mit einem *p* verwandt ist wie in *i·Pherian-nath* [i fɛri'anaθ], abgeleitet von *Perian* ›Halbling‹,

(c) in der Mitte einiger weniger Wörter, wo es für ein ursprünglich langes *ff* (aus *pp*) steht wie in *ephel* ['ɛfɛl]. Siehe dazu unten die Anmerkungen zu Doppelkonsonanten.

R ist das ›Vorderzungen‹-*r*, wie im Italienischen, aber nicht so stark gerollt, oder in manchen Dialekten des Englischen, etwa in der südenglischen Aussprache von 'very' ['vɛri]. Es wird mit der Zungenspitze am Gaumen direkt hinter den Zähnen gebildet, ungefähr wie das deutsche *d*, aber so, dass die Zungenspitze durch den Luftstrom ein bisschen in Schwingung gerät.

Das im Deutschen übliche ›Zäpfchen‹-*r* gibt es in Mittelerde nur bei den Ork-Sprachen – und es wurde von den Elben als ausgesprochen hässlich angesehen!

RH war ursprünglich ein stimmloses oder gehauchtes *r* [hr]. Wird im Dritten Zeitalter in der Regel wie ein normales *r* [r] ausgesprochen.

S ist immer scharf, das heißt stimmlos, wie im Deutschen am Wortende: ›das‹, ›Hass‹, ›bloß‹, auch vor Vokalen: *sîr* [si:.r] spicht man wie *ßir* (mit langem *i*).

TH ist das stimmlose *th* wie in engl. ›thin‹ [θin].

W ist der Halbvokal *w* [w] wie im Englischen, fast wie *u* ausgesprochen, nicht [v] wie im Deutschen.

Doppelkonsonanten – *tt, ss, ll, nn* – sind ursprünglich lang; das heißt, sie werden einen Moment in der Position angehalten. Der vorangehende Vokal wird dadurch nicht, wie im Deutschen, verkürzt, im Gegenteil gilt eine Silbe mit Doppelkonsonant immer als lange Silbe. Im Dritten Zeitalter werden sie wie normale einfache Laute ausgesprochen (aber die Silbe gilt trotzdem nach wie vor als lang).

Betonung

Die Betonung wird bestimmt von der Anzahl der Silben in einem Wort. Dabei bezieht sich ›Silbe‹ auf die Aussprache, nicht auf die Trennung der inhaltlichen Bestandteile eines Wortes.

(1) Zweisilbige Wörter werden in der Regel auf der ersten Silbe betont (*Anar* ['a.nar], *pinnath* ['pi.naθ]).

(2) Dreisilbige Wörter werden unterschiedlich betont, je nach Länge der vorletzten Silbe:

(a) Wenn die vorletzte Silbe lang ist, wird diese Silbe betont. Eine lange Silbe enthält einen langen Vokal (*á, é, í, ó, ú*) bzw. einen Diphthong (*ai, oi, ui, au, ae, oe*) oder mehr als einen Konsonanten nach dem Vokal. In letzterem Fall spricht man auch von einer geschlossenen Silbe, da sie gewissermaßen mit einem Konsonanten schließt.

Annúnaid [a'nu:naid] (langer Vokal: *ú*)
Fanuilos [fa'nuilos] (Diphthong: *ui*)
Glorfindel [glɔr'findɛl] (zwei Konsonanten nach dem Vokal: *nd*)

Lebennin [lɛˈbɛ.nin] (Doppel-*n* im Schriftbild macht die Silbe lang)

(b) Wenn die vorletzte Silbe kurz ist, wird bei drei- und mehrsilbigen Wörtern die Silbe davor betont. Eine kurze Silbe enthält einen kurzen Vokal und entweder nur einen oder gar keinen Konsonanten danach. Eine Silbe, die auf einen Vokal endet, nennt man auch eine offene Silbe.

Aragorn [ˈa.ra.gɔrn] (die vorletzte Silbe hat einen kurzen Vokal gefolgt von nur einem Konsonanten)
Fimbrethil [ˈfim.brɛ.θil] (die vorletzte Silbe hat einen kurzen Vokal, gefolgt von nur einem Konsonanten, da *th* als ein Laut zählt)
Galadriel [gaˈla.dri.ɛl] (die vorletzte Silbe hat einen kurzen Vokal ohne nachfolgenden Konsonanten)

Durch die Hinzufügung einer Endung oder die Bildung eines zusammengesetzten Wortes kann sich die Betonung verschieben.

Es gibt neben der Hauptbetonung noch eine schwächere Nebenbetonung, zum Beispiel auf der letzten Silbe, wenn die drittletzte Silbe betont wird. Meistens macht man so etwas automatisch beim Sprechen. Darum wird darauf hier nicht eingegangen, auch um die Sache nicht zu kompliziert zu machen.

Übungen

(1) Sprich die folgenden Sätze:

(a) *Mae govannen!*
(b) *Annon edhellen, edro hi ammen!*
(c) *Alae! Ered en Echoriath, ered e·mbar nîn!*

(2) Sprich die folgenden Sindarin-Wörter aus:

Bruinen, Galadhrim, Minas Tirith, Amon Rûdh, estathar, Barad-dûr, Morannon, Arthedain, mallorn, Ereinion, Eryn Galen, lhûg, Udalraph, Fornost Erain, peredhel, Region, gaurhoth, Mithrandir, Gilraen, Dúnedain, Celebrían, di'nguruthos, Gwaith-i-Mírdain, iarwain, Fladrif, Nargothrond, ithildin, nelchaenen, Orodruin, Angerthas, yrch, hwand

(3) Lies laut: Die Hymne der Elben von Imladris (»A Elbereth Gilthoniel«, *HdR* II/1).

Lösungen am Ende der Lektionen.

megil ›Schwert‹

Lektion 3: Substantive und einfache Verben

Das Substantiv (Hauptwort)

Substantive bezeichnen Gegenstände, Personen oder Sachverhalte: ›Haus‹, ›Land‹, ›König‹, ›Nacht‹, ›Freiheit‹. Sie werden im Deutschen stets groß geschrieben.

Im Sindarin gibt es keine grammatischen Fälle wie im Quenya. Substantive im Sindarin verändern sich ausschließlich vom *Singular* (Einzahl) zum *Plural* (Mehrzahl).

Die Pluralbildung erfolgt im Sindarin nicht durch Anhängen einer Endung, sondern durch *i*-Umlaut. Dazu muss man wissen, dass im Ur-Elbischen der Plural durch Anhängen eines langen *-i* gebildet wurde. Diese Endung ist im Sindarin weggefallen, doch zuvor wurden die Vokale in den vorangehenden Silben davon beeinflusst, das heißt, in Richtung *i* verschoben. Das kann man sich ungefähr so vorstellen:

$$i = i$$
$$y = y$$
$$u > y$$
$$o > (œ >) e$$
$$a > e$$

Der Unterschied zwischen *y* und *i* ist so gering, dass es zu keiner Verschiebung kommt. Das *œ* (ö) – nicht zu verwechseln mit dem Diphthong *oe* – fällt im späten Sindarin weg, und dadurch wird der *o*-Umlaut zu *e*. Ein *ä* gibt es im Sindarin nicht; somit wird *a* zu *e*.

Statt langer Erklärungen hier eine Übersicht, aus der die verschiedenen Pluralformen hervorgehen. Dabei macht es einen Unterschied, ob der Laut in der vorletzten Silbe eines Wortes oder in der Endsilbe bzw. einem einsilbigen Wort vorkommt. Auch verhalten sich kurze und lange Vokale unterschiedlich. Es gibt außerdem noch einige Sonderfälle, die getrennt aufgelistet sind.

Übersicht: Formen der Pluralbildung

Vokale

A wird zu E, in der Endsilbe zu AI
adan ›Mensch‹, Pl. *edain*
bar ›Heim‹, Pl. *bair*
bâd ›Pfad‹, Pl. *baid*

E bleibt E, wird in der Endsilbe zu I
edhel ›Elbe‹, Pl. *edhil*
certh ›Rune‹, Pl. *cirth*
nên ›See‹, Pl. *nîn*

I bleibt I
ithron ›Zauberer‹, Pl. *ithryn*
fin ›Haar‹, Pl. *fin*
sîr ›Fluss‹, Pl. *sîr*

O wird zu E, in der Endsilbe zu Y
orod ›Berg‹, Pl. *eryd*
orch ›Ork‹, Pl. *yrch*
dôr ›Land‹, Pl. *dŷr*

U wird zu Y, in überlangen Silben zu UI
tulus ›Pappel‹ Pl. *tylys*
tum ›Tal‹, Pl. *tym*
lûth ›Blüte‹, Pl. *luith*

Y bleibt Y
cýron ›Neumond‹, Pl. *cýryn*
ylf ›Fackel‹, Pl. *ylf*
mŷl ›Möwe‹, Pl. *mŷl*

Sonderfälle

AR wird zu ER
narn ›Geschichte‹, Pl. *nern*

ANG wird zu ENG
fang ›Bart‹, Pl. *feng*

IE wird zu I
Miniel ›Erst-Elbe (= Vanya)‹, Pl. *Mínil* (die vorletzte Silbe erhält
hier ihre ursprüngliche Länge zurück)

IO wird zu Y
thalion ›Held‹, Pl. *thelyn*

Diphthonge

AE bleibt AE
Laegel ›Grünelbe‹, Pl. *Laegil*
aew ›Vogel‹, Pl. *aew*

AU (am Wortende AW geschrieben) wird zu oe
naugol ›Zwerg‹, Pl. *noegyl*
gwaun ›Gans‹, Pl. *gwoen*
naw ›Idee‹, Pl. *noe*

EI bleibt EI, AI bleibt AI
eithel ›Quelle‹, Pl. *eithil*
lain ›Faden‹, Pl. *lain*

UI bleibt UI
uilos ›Immerweiß‹, Pl. *uilys*
duin ›Strom‹, Pl. *duin*

Es gibt eine Reihe von Pluralformen, die von diesem Schema abzuweichen scheinen, aber in der Regel wird in solchen Fällen der Plural von einer Nebenform oder einer älteren Form des Wortes gebildet:

thôr ›Adler‹, Pl. *theryn* (von der Nebenform *thoron*)
êl ›Stern‹, Pl. *elin* (von der alten Form *elen*, noch im poetischen Gebrauch)

Unregelmäßige Pluralformen sind im Wortverzeichnis aufgeführt.

Neben dem hier aufgeführten Plural gibt es noch die Nachsilbe *-ath*, die einen kollektiven Plural, das heißt, eine Vielzahl oder Gesamtheit von etwas, bezeichnet:

ennor ›Mittelland‹ (aus *en(ed)* ›Mitte‹ + *dôr* ›Land‹)
ennorath ›Mittelerde‹ (die Gesamtheit der Mittelländer von Arda)

Der Artikel (Begleiter)

Der bestimmte Artikel ›der (die, das)‹ lautet *i*, Plural *in*. Einen unbestimmten Artikel ›ein (eine, ein)‹ gibt es im Sindarin nicht.

aran ›ein König‹
i·aran ›der König‹
erain ›Könige‹
in·erain ›die Könige‹

Neben der freien Form gibt es noch eine gebundene Form des Artikels, die in einer späteren Lektion behandelt wird.

Wir schreiben den Artikel immer mit einem hochgesetzten Punkt, um zu zeigen, dass das folgende Wort davon beeinflusst wird. Was dies genau bedeutet, dazu mehr später.

Konjunktionen (Bindewörter)

Die Konjunktion ›und‹ lautet *ar*. Sie kann vor Konsonanten zu *a* verkürzt werden. Mitunter wird auch in gleicher Bedeutung die Präposition *a* ›mit‹ (vor Vokalen *ah*) verwendet.

i·aran Arnor ar Gondor ›der König von Arnor und Gondor‹
pedo mellon a minno ›sprich »Freund« und tritt ein‹
Athrabeth Finrod ah Andreth ›Debatte von Finrod und (= mit) Andreth‹

An weiteren Konjunktionen lassen sich verwenden:

dan ›aber‹
egor ›oder‹
ir ›wenn‹ (zeitlich), ›wann‹
sa ›dass‹
sui ›(so) wie‹
ae ›wenn‹ (konditional), ›falls‹

Die Form *ae* ist rekonstruiert aus Qu. *ai-quen* ›wenn irgendjemand‹.

Das Verb (Tätigkeitswort)

Verben sind sogenannte Tätigkeits- bzw. Zeitwörter: ›arbeiten‹, ›finden‹, ›glauben‹, ›lieben‹. Die unterschiedlichen Formen des Verbs werden im Sindarin durch Hinzufügung von Endungen an den Wortstamm gebildet. Wortstämme werden mit einem Bindestrich am Ende geschrieben, um zu zeigen, dass es sich um unvollständige Formen handelt, die eine Endung erfordern.

Wir unterscheiden *schwache* Verben, deren Stamm auf *-a*, und *starke* Verben (auch Stammverben genannt), deren Stamm auf einen Konsonanten endet.

Ein einfacher Satz setzt sich aus zwei Satzgliedern zusammen: *Subjekt* (Satzgegenstand) und *Prädikat* (Satzaussage). Das Subjekt gehört normalerweise zur Wortart der Substantive, das Prädikat zu den Verben. Das Prädikat stimmt im Sindarin mit dem Subjekt des Satzes im *Numerus* (Zahlform), das heißt im Singular oder Plural, überein.

In der Grundform – zu anderen Formen kommen wir später – haben Verben im Singular gar keine Endung. Bei starken Verben wird bei einsilbigem Stamm in der Singular-Form die Stammsilbe lang. Im Plural tritt die Endung *-r* hinzu. Bei starken Verben wird zwischen Stamm und Endung zur leichteren Aussprache ein Füllvokal *-i-* eingeschoben.

linna- ›singen‹
Singular: *linna aew* ›[es] singt ein Vogel‹
Plural: *linnar aew* ›[es) singen Vögel‹

ped- ›sprechen‹
Singular: *pêd Edhel* ›[es] spricht ein Elbe‹
Plural: *pedir Edhil* ›[es] sprechen Elben‹

Wortstellung: Normalerweise steht das Verb am Anfang des Satzes, anders als im Deutschen. Die Reihenfolge kann aber auch umgekehrt werden, um besondere Wirkungen zu erzielen.

Das Hilfsverb ›sein‹

Die 3. Person von ›sein‹ (›ist‹, Plural ›sind‹) heißt in der Grundform *na* ›ist‹, Pl. *nar* ›sind‹. ›Sein‹ wird als *Hilfsverb* oder *Kopulaverb* (von lat. *copula* ›Band‹) bezeichnet, weil es eine Prädikatsergänzung, meist ein Adjektiv oder Substantiv, benötigt, um ein vollwertiges Prädikat zu ergeben.

Wortstellung: Subjekt – Prädikat (Kopula + Prädikatsergän- zung).

I·orn iaur na tond. ›Der alte Baum ist hoch.‹
I·yrn ioer nar tynd. ›Die alten Bäume sind hoch.‹

Im Sindarin muss das Adjektiv immer mit dem Substantiv über- einstimmen, ganz gleich, ob es im Subjekt oder im Prädikat steht. Das ist anders als im Deutschen; das entspräche ungefähr dem, als würde man den letzten Satz – grammatisch falsch – überset- zen: **›Die alten Bäume sind hohe.‹

Das Hilfsverb ›sein‹ wird im Sindarin häufig auch weggelassen, wenn der Sinn eindeutig ist.

Übungen

(1) Übersetze ins Sindarin:

Über einem Berg leuchtet ein Stern. Ein Elbe hält Ausschau. Ein Freund kommt. In dem Berg ist eine Höhle. Ein Tor öffnet sich. Ein Mensch geht durch das Tor hindurch. Ein Licht er- strahlt.

(2) Wandle alle Sätze vom Singular in den Plural um.

(3) Übersetze ins Deutsche:

Thiliar mîr nu eryd. Linnar Ellith. Gannar telegain. Anglennar in·Edain. Suilar in·Edhil in·Edain: »A Elvellyn!«

Wortschatz

Adan ›Mensch‹
Edhel ›Elbe‹
Elvellon ›Elbenfreund‹

annon ›Tor‹
calad ›Licht‹
elleth ›Elbenmaid‹
groth ›Höhle, unterirdische Wohnstatt‹
mîr ›Juwel‹
orod ›Berg‹
talagan ›Harfner, Harfenspieler‹
tinu ›Stern‹ (klein)

anglenna- ›sich nähern‹
edra- ›sich öffnen‹
ganna- ›spielen‹ (Harfe)
linna- ›singen‹
padra- ›gehen, einen Schritt machen‹
síla- ›scheinen (mit weißem oder silbernem Licht)‹
suila- ›grüßen‹
thilia- ›funkeln, gleißen‹
tir- ›wachen, schauen, Ausschau halten‹
tol- ›kommen‹

mi ›in‹ (räumlich und allgemein)
nu ›unter, unterhalb von‹
trî ›durch … hindurch‹

a! ›o!‹

Lösungen am Ende der Lektionen.

Alle Vokabeln sind im Anhang zusammengefasst.

íᴛ ❋ **êl** ›Stern‹

Lektion 4: Vokalische Mutation, Adjektiv

Vokalische Mutation (Lenierung)

Wir sind es im Deutschen eher gewohnt, dass sich Wörter am
Ende verändern statt am Anfang. Im Sindarin kommt Letzteres
jedoch häufig vor. Dieses Phänomen bezeichnet man allgemein
als *Mutation* (Veränderung). Nur Konsonanten sind von Mutation betroffen, Vokale nicht.

Die häufigste Mutation wird als *Vokalische Mutation* oder
Lenierung (Abschwächung) bezeichnet. Zwischen dem Ur-Elbischen und dem Sindarin hatten sich harte Laute zwischen Vokalen zu weichen abgeschwächt. Dasselbe kann unter bestimmten
Umständen am Wortanfang passieren, wenn Wörter in enger
Verbindung stehen. Stimmlose Laute werden in solchen Fällen
zu stimmhaften, stimmhafte zu Hauchlauten.

Vokalische Mutation (am Beispiel von *i* ›der/die/das‹)

p, t, c > b, d, g

i + *paur* = *i·baur* ›die Faust‹
i + *prestanneth* = *i·brestanneth* ›die Beeinflussung‹

i + *torech* = *i·dorech* ›die Lauer‹
i + *trann* = *i·drann* ›der Gau‹ (engl. 'Shire')

i + *cair* = *i·gair* ›das Schiff‹
i + *claur* = *i·glaur* ›der Glanz‹
i + *criss* = *i·griss* ›die Kluft‹

b, d, g > *v, dh,* ' (Auslassung)

i + *benn* = *i·venn* ›der Mann‹
i + *blabed* = *i·vlabed* ›das Flattern‹
i + *brethil* = *i·vrethil* ›die Buche‹

i + *doron* = *i·dhoron* ›die Eiche‹
i + *draug* = *i·dhraug* ›der Wolf‹

i + *garth* = *i·'arth* ›die Festung‹
i + *glamor* = *i·'lamor* ›das Echo‹
i + *groth* = *i·'roth* ›die Höhle‹
i + *gwaith* = *i·'waith* ›das Volk‹

h, lh, rh > *ch, thl, thr.* Das *ch* vor *w-* fällt im späten Sindarin weg.

i + *hathol* = *i·chathol* ›die Axt‹
i + *hwest* = *i·(ch)west* ›der Hauch‹

i + *lhûg* = *i·thlûg* ›die Schlange‹

i + *rhach* = *i·thrach* ›der Fluch‹

m > *v*

i + *mellon* = *i·vellon* ›der Freund‹

n, l, r, f, th bleiben unverändert

i + *ninglor* = *i·ninglor* ›die Iris‹ (Blume)
i + *lembas* = *i·lembas* ›das Lembas‹ (›Reisebrot‹)

i + *roch* = *i·roch* ›das Pferd‹
i + *falas* = *i·falas* ›das Ufer‹
i + *thoron* = *i·thoron* ›der Adler‹

s > *h*

i + *sarn* = *i·harn* ›der Stein‹

Sonderfälle

^{m}*b*, ^{n}*d*, $^{\tilde n}$*g* > *m*, *n*, *ñ* (am Wortanfang *ng* geschrieben)

i + ^{m}*bund* = *i·mund* ›die Schnauze‹ ($\sqrt{}$MBUD-)
i + ^{n}*dagor* = *i·nagor* ›die Schlacht‹ ($\sqrt{}$NDAK-)
i + $^{\tilde n}$*gaur* = *i·ngaur* [i ŋaur] ›der Werwolf‹ ($\sqrt{}$ÑGAW-)

Das Zeichen $\sqrt{}$ markiert eine sprachliche Wurzel, eines der
Grundelemente, auf die sich alle Elbensprachen zurückführen
lassen. Für Wörter, denen eine Wurzel mit MB, ND und ÑG
zugrunde liegt, gelten Sonderregeln. Darum sind sie in der Tabelle gesondert aufgeführt. Dies betrifft insbesondere folgende
Wortfamilien:

Wörter auf *b*-:
^{m}*bach* ›Ding‹ ($\sqrt{}$MBAKH-)
^{m}*bar* ›Heim‹ ($\sqrt{}$MBAR-)
^{m}*barad* ›verdammt‹ ($\sqrt{}$MBĀRAD- ›Schicksal‹)
^{m}*bass* ›Brot‹ ($\sqrt{}$MBAS-)
^{m}*baul* ›Qual‹ ($\sqrt{}$ÑGWAL-)
^{m}*bund* ›Schnauze‹ ($\sqrt{}$MBUD-)

Wörter auf *d*-:
^{n}*dag-* ›töten‹ ($\sqrt{}$NDAK-)
^{n}*dam* ›Hammer‹ ($\sqrt{}$NDAM- ›Schlag‹)
^{n}*dan* ›gegen, zurück‹ ($\sqrt{}$NDAN-)

ⁿdîs ›(junge) Frau‹ (√NDIS-)
ⁿdir ›Mann‹ (√NDIR-)
ⁿdor ›Land‹ (√NDOR-)
ⁿdûn ›Westen‹ (√NDŪ)

Wörter auf *g-*:
ⁿgannel ›Harfe‹ (√ÑGAN-/ÑGĀNAD-)
ⁿgarav ›Wolf‹ (√ÑGĀR[A]M-)
ⁿgaur ›Werwolf‹ (√ÑGAW- ›heulen‹)
ⁿgoll ›klug‹, *ⁿgûl* ›Magie‹ (√ÑGOL-)
ⁿgûr ›Tod‹ (√ÑGUR-)

Im Zweifelsfall hilft ein Blick in das Wortverzeichnis, wo diese Wörter immer mit dem weggefallenen Wurzellaut aufgeführt sind.

Eine Lenierung tritt bei Wörtern in folgenden Fällen auf:

(1) Ein Substantiv, das auf den Artikel *i* folgt.

Baranduin ›Brauner Fluss‹
i·Varanduiniant ›die Baranduinbrücke‹

Bei Wörtern, die mit einem Vokal beginnen, ändert sich nichts, darum konnten wir uns auch in Lektion 3 auf diese Weise um das Problem herummogeln.

(2) Ein direktes Objekt (Satzergänzung).

peth ›Wort‹
lasto beth ›höre [das] Wort‹

Anders als bei einer klassischen ›gebeugten‹ Sprache wie Quenya (oder Latein) wird die unterschiedliche Funktion von Substantiven im Satz im Sindarin (wie im Englischen) nicht durch Wortendungen gekennzeichnet, sondern durch die Wortstellung.

Dennoch spricht man auch hier von *Kasus* (Fall; Plural *Kasūs* mit langem *u*). In dem Satz: 'The boy meets the girl' steht 'the boy' als Subjekt des Satzes im *Nominativ* (*Wer*-Fall) 'the girl' als direktes Objekt im *Akkusativ* (*Wen*-Fall).

Der Akkusativ unterscheidet sich im Sindarin vom Nominativ indem das Wort grundsätzlich leniert wird – das heißt, eine eigentlich lautbedingte Regel wird hier für eine grammatische Kennzeichnung genutzt.

Dies ist die Regel, die Gandalf am Tor von Moria in die Irre führte, denn eigentlich hätte *mellon* in dem Satz *pedo mellon a minno* (›Sprich »Freund« und tritt ein‹) als Objekt des Satzes zu *vellon* leniert werden müssen. Doch der Schöpfer der Inschrift hatte das Wort so geschrieben, wie man es aussprechen musste, um den Zauber zu bewirken, und dabei die Mutation ignoriert.

(3) Ein Adjektiv, das direkt hinter dem Substantiv steht, bzw. das zweite Wort in einem zusammengesetzten Ausdruck, wenn es das erste näher bestimmt.

calen ›grün‹
Parth Galen ›Grüne Gegend‹
aber: *Calenardhon* ›Grüne Provinz‹

sarn ›(kleiner) Stein‹
Edhelharn ›Elbenstein‹
aber: *Sarn Athrad* ›Steinfurt‹

glân ›weiß‹
Curunír 'lân ›Saruman der Weiße‹
aber: *Glanduin* ›Weißfluss‹

Dies heißt auch, dass ein Adjektiv, das als Prädikatergänzug dient, in der Regel nicht leniert wird:

I·orn galen na tond. ›Der grüne Baum ist hoch.‹

Hierzu muss man fairerweise sagen, dass es eine ganze Reihe von Ausnahmen gibt – und keine klaren Regeln für die Ausnahmen. Anscheinend gilt für ältere Zusammensetzungen wie *Nan-tathren* ›Weidental‹ [statt *Nan Dathren] oder auch *Barad-dûr* ›Dunkler Turm‹ [statt *Barad Dhûr] die Mutationsregel nicht. Möglicherweise ist dies auf einen Einfluss des Sindarin-Dialekts von Doriath, dem Reich König Thingols im Ersten Zeitalter, zurückzuführen, wo in solchen Fällen keine Lenierung eintrat. Aber dies erklärt nicht alle Beispiele. Möglicherweise ist die Lenierung von nachfolgenden Adjektiven im Sindarin keine feste Regel, sondern steht bis zu einem gewissen Grade im Ermessen des Sprechers.

Bei neu gebildeten Namen aus zwei Wörtern sollte das zweite Wort besser leniert werden, insbesondere, wenn es sich um ein Adjektiv handelt.

(4) Ein Wort nach folgenden *Präpositionen* (Verhältniswörtern), *Adverbien* (Beiwörtern) und *Präfixen* (Vorsilben):

a (vor Vokalen: *ah*) ›mit‹

ab ›nach‹ (zeitlich)

adel ›hinter, am Ende von‹

am ›auf, aufwärts‹

ath ›beidseitig‹

athra ›quer über, durch … hindurch‹

be ›gemäß, entsprechend‹

bo* ›auf‹

di ›unter, unterhalb von‹

go ›mit, zusammen mit‹

im ›innerhalb, zwischen‹

mi, *vi** ›in‹ (räumlich u. allg.)

na ›mit(tels), durch‹, ›von‹

nef ›diesseits von‹

nu ›unter, unterhalb von‹

no ›vor‹ (zeitlich)

o (vor Vokalen: *oh*) ›betreffend, über‹

palan ›fernhin, weithin‹
trî ›durch . . . hindurch‹

* In dem einzigen uns bekannten Beispiel (*VT* 44:21) ohne Lenierung, was aber möglicherweise einen Sonderfall darstellt. Die Form *vi* ist vermutlich abgeleitet aus *imi, Nebenform zu *mi*.

Um dies an einigen Beispielen aufzuzeigen:

tir- ›schauen‹
palan-diriel ›fernhin blickend‹

peth ›Wort‹
athrabeth ›Debatte‹ (wörtlich: ›beidseitiges Wort‹)

guruth ›Tod‹ (√ÑGUR-)
di'nguruthos ›unter Todesschatten‹

(5) Ein Verb in direkter abhängiger Stellung. Diese Regel ist etwas schwer zu fassen; es soll darum genügen zu sagen, dass ein unmittelbar nach bestimmten Formen im Satz stehendes Verb leniert wird. Darauf wird in späteren Lektionen noch eingegangen.

Das Adjektiv (Eigenschaftswort)

Ein *Adjektiv* bezeichnet meist eine Eigenschaft einer Sache bzw. eines Sachverhalts: ›schnell‹, ›hoch‹, ›grün‹, ›wild‹. Adjektive können attributiv (›das schnelle Schiff‹) oder adverbial (›das Schiff fährt schnell‹) verwendet werden. Viele Adjektive sind steigerbar: ›schnell, schneller, am schnellsten‹. In vielen Sprachen stimmt das Adjektiv mit dem dazugehörigen Substantiv überein; das heißt, es passt seine Form dem Hauptwort an.

Adjektive im Sindarin zeigen Übereinstimmung mit den dazugehörigen Substantiven im Singular oder Plural.

Formen des Adjektivs

Für die Pluralbildung von Adjektiven gelten dieselben Regeln wie für Substantive:

angren, Pl. *engrin* ›eisern‹
Athrad Angren, Pl. *Ethraid Engrin* ›die eisernen Furten‹ (= die Furten des Isen)

Ein Wort kann im Übrigen von seiner Form her sowohl Substantiv als auch Adjektiv sein.

loss, Pl. *lyss* ›Schnee‹ (Subst.), ›schneeweiß‹ (Adj.)

Wortstellung: Das Adjektiv folgt gewöhnlich dem Substantiv.

annon edhellen ›elbisches Tor‹

Diese Reihenfolge kann aus poetischen oder sonstigen Gründen verändert werden:

o galadhremmin ennorath ›von der walddurchwirkten Mittelerde‹

Wenn das Adjektiv dem Substantiv unmittelbar folgt, wird es leniert. Was dies bedeutet, wird weiter unten erklärt.

Steigerung

Der Komparativ (1. Steigerungsstufe) wird gebildet durch die Vorsilbe *an-*. Bei bestimmten folgenden Konsonanten kommt es zu Lautangleichungen zur Vereinfachung der Aussprache:

n + p > -mm-
n + t > -nn-
n + c > -ñg-

n + b > -mb-
n + d > -nd-
n + g > -ñg

n + m > -mm-
n + n > -nn-
n + ñg > -ñg-

n + l > -ll-
n + r > -dhr-
n + s > -ss-

Die mit *an-* gesteigerten Formen können auch für den *Elativ* stehen, der einen sehr hohen Grad einer Eigenschaft anzeigt: ›sehr eng‹, ›uralt‹.

agor ›eng‹, *anagor* ›enger, sehr eng‹
tîr ›richtig‹, *annír* ›richtiger, sehr richtig‹
iaur ›alt‹, *einior* ›älter, sehr alt, uralt‹

Ein überlanger Vokal ist nur in einsilbigen Wörtern erlaubt, daher erscheint bei *annír* eine einfache Länge. Bei *einior* ist offenbar eine Art Umlaut im Spiel, bedingt durch das *i* in der nächsten Silbe. Möglicherweise ist die Form jedoch unregelmäßig. In anderen Fällen finden wir die Vorsilbe (in anderer Bedeutung) mit Umlaut (als *en-*) wie auch ohne (*an-*). Es ist jedenfalls nicht unbedingt falsch, sie mit *a* zu belassen.

Der Superlativ (2. Steigerungsstufe) kann möglicherweise mit der Vorsilbe *rau-* (vor Vokalen *raw-*, umgelautet *roe-*) gebildet werden. Es gibt aber keine belegten Formen dazu. Ersatzweise kann man die Formen mit *an-* auch als Superlativ deuten: ›am engsten‹, ›am rechtesten‹, ›am ältesten‹.

Anmerkung: In einigen älteren Sindarin-Regelwerken liest man noch, dass der Superlativ durch die Nachsilbe *-wain* gebildet wird, von *Iarwain*, einem Beinamen Tom Bombadils, übersetzt als ›Ältester‹. Tatsächlich bedeutet der Name wörtlich der ›Alt-Junge‹ (*iaur* + (*g*)*wain*), und die Übersetzung ist halt recht frei.

Übungen

(1) Füge zu folgenden Substantiven Artikel und Adjektiv in der richtigen Form hinzu:

Beispiel:
galadh (calen) – ›Baum (grün)‹
Lösung:
i·'aladh galen ›der grüne Baum‹

mellon (boron) – ›Freund (treu)‹
groth (nûr) – ›Höhle (tief)‹
calad (claur) – ›Licht (golden)‹
mîr (ruin) – ›Juwel (feuerrot)‹
annon (daer) – ›Tor (groß)‹
orod (lossen) – ›Berg (schneebedeckt)‹
tinu (silivren) – ›Stern (silbern)‹
taur (dûr) – ›Wald (dunkel)‹
bâd (tîr) – ›Weg (richtig)‹

(2) Bilde zu folgenden Adjektiven die Steigerungsform. Achte dabei auf Lautangleichungen und Längen!

Beispiel:
dûr ›dunkel‹
Lösung:
dûr ›dunkel‹, *andúr* ›dunkler‹, ›sehr dunkel‹.

tond ›hoch‹
calen ›grün‹
glân ›weiß‹
nûr ›tief‹

ruin ›feuerrot‹
boron ›treu, standhaft‹
claur ›golden‹
loss ›schneeweiß‹
silivren ›silbern‹

(3) Übersetze ins Sindarin:

Es dunkelt im Wald Ein silberner Mond scheint. Unter den hohen Bäumen [sind] dunkle Schatten. Hier tanzt die schönste Elbenmaid. Wie weißes Licht auf grünem Gras, wie Sterne zwischen dem Laub schimmert Lúthiën. Und Beren ruft ein Wort: ›Tinúviel!‹

Wortschatz

galadh ›(breiter) Baum‹
gîl ›Stern‹, Pl. *gail*
golas ›Laub‹
morchant ›(von Licht geworfener) Schatten‹, Pl. *morchaint*
oron ›Wald‹
sâdh ›Gras, Grasnarbe, Wiese‹

bain ›schön‹
dûr ›dunkel, schwarz‹
glân ›weiß‹
loss ›schneeweiß‹
tond ›hochgewachsen, hoch‹

*lilta- ›tanzen‹ (aus dem Quenya)
nalla- ›rufen‹
thinna- ›dunkeln, Abend werden‹
tinna- ›schimmern, funkeln‹

sí ›hier‹

Lösungen am Ende der Lektionen.

ɣɑɗ roch ›pferd‹

Lektion 5: Einfache Zeitformen und Pronomen, Verneinung

Präsens (Gegenwart)

Wir unterscheiden beim Verb im Sindarin verschiedene Zeitformen (mit dem Fachwort *Tempus*, Pl. *Tempora*, genannt). Es gibt keinen Hinweis darauf, dass es im Sindarin wie im Quenya eine allgemeine Zeitform *(Aorist)* für Aussagen von allgemeiner Gültigkeit gibt. Man kann davon ausgehen, dass die Grundform im Sindarin (ebenso wie im Deutschen) das *Präsens* ist.

linna- ›singen‹
linna i·aew ›der Vogel singt‹
linnar aew ›Vögel singen‹

ped- ›sprechen‹
pêd i·Edhel ›der Elbe spricht‹
pedir Edhil ›Elben sprechen‹

Was die Bildung der Formen im Sindarin erschwert, ist die Tatsache, dass man manchmal ältere Stufen der Sprache kennen muss, um die neuen erklären zu können. So war der Stammauslaut *-a* bei schwachen Verben im alten Sindarin lang. Langes *a* wurde später unter bestimmten Umständen zu *au* und dieses in unbetonten Silben zu *o*. In anderen Fällen hatte sich der Laut jedoch bereits früh verkürzt, sodass das *a* erhalten blieb. Darum heißt es *linnon* ›ich singe‹, aber *linnar* ›singen‹.

Personalpronomen (Persönliches Fürwort)

Präsens (Gegenwart)

Ein *Pronomen* steht – vom Wortsinn her – für ein Nomen, d. h. ein Substantiv. Es kann aber auch zur näheren Bestimmung eines Substantivs dienen, dann gilt es als Begleiter. Manche Pronomen ersetzen tatsächlich ein Substantiv, z. B. ›der Mann‹ = ›er‹. Andere lassen sich statt eines Artikels und als Satzglied verwenden, z. B. ›dieser‹.

Was die Pronomen in den Elbensprachen betrifft, so gibt es gewisse Grundformen. Allerdings hat Tolkien gerade hier viel herumexperimentiert, und seine Vorstellungen haben sich laufend geändert. Außerdem sind die bekannten Formen sehr lückenhaft, und häufig muss man aus einzelnen Beispielen ein ganzes System erschließen, sodass Fehleinschätzungen weitreichende Folgen haben können. Darum ist alles, was man zu den Pronomen im Sindarin liest, mit Vorsicht zu genießen – einschließlich der Ausführungen hier!

Grundsätzlich gibt es in jeder Sprechsituation einen Sprecher (= 1. Person), einen Angesprochenen (= 2. Person) und jemanden oder etwas, über den oder das man spricht (= 3. Person):

1. Person Singular: ich liebe
2. Person Singular: du liebst
3. Person Singular: er/sie/es liebt
1. Person Plural: wir lieben
2. Person Plural: ihr liebt
3. Person Plural: sie lieben

In der 1. Person gibt es eine *exklusive* Form, bei der die jeweils Angesprochenen nicht eingeschlossen sind: Singular ›ich‹ bzw. Plural ›wir‹ (= ›ich und andere‹). Außerdem gibt es noch eine *inklusive* Form, die hier dem Singular zugerechnet wird: ›wir‹ (= ›ich und du/ihr‹), welche das exklusive Ich und den oder die Angesprochenen umfasst. Eine entsprechende Plural-Form für ›wir und du/ihr‹ gibt es nur im Quenya.

In der 2. Person (Singular ›du‹, Plural ›ihr‹) gibt es eine *vertraute* und eine *höfliche* Form, vergleichbar dem Unterschied zwischen ›du‹ und ›Sie‹ im Deutschen. Im Dritten Zeitalter ist jedoch die höfliche Form allgemeine Anrede geworden, und die persönliche Form wird nur noch *familiär*, d. h. im Familienkreis, etwa zwischen Eltern und Kindern oder zwischen Liebespaaren, benutzt. Im Plural fallen familiäre und allgemeine Form beim Pronomen (nicht aber bei den im Folgenden aufgeführten Endungen) zusammen.

In der 3. Person gibt es eine *personale* Form, die nur für natürliche Personen verwendet wird, und eine *unpersönliche* Form. Bei der personalen Form wird nicht zwischen männlich und weiblich unterschieden.

Mit einiger Sicherheit lässt sich sagen, dass es für jede Person einen charakteristischen Laut gibt. Diese dienen beim Verb als Endungen. Außerdem gibt es noch freie Formen, bei denen ein Bildungsvokal *e* oder *i* und ggf. noch weitere Konsonanten hinzugefügt werden, um selbstständige Wörter daraus zu machen.

Ansonsten gibt es wohl kein einziges komplettes System, das mit allen Beispielen Tolkiens zurechtkommt. Gerade für die inklusiven und exklusiven Formen führt er immer wieder andere Endungen auf. Zum Schreiben und Sprechen wollen wir uns auf folgende Formen beschränken:

Pronomen (freie Form)

Singular
1. *im* ›ich‹
1. *gen* ›wir‹ (inklusiv = ich und du/ihr)
2. *edh* ›du‹

2. *eg* ›du‹ (familiär)
3. *est* ›er/sie‹ (personal)
3. *ta* ›es‹ (unpersönlich)

Plural
1. *men* ›wir‹
2. *le(n)* ›ihr‹
3. *ti* ›sie‹ (personal)
3. *tai* ›sie‹ (unpersönlich)

Die Form *le* statt *len* für die 2. Person Plural in dem Sindarin-Lied »A Elbereth Gilthoniel« (*HdR* II/1) ist beeinflusst vom Quenya; sie ist vermutlich typisch für das Sindarin von Bruchtal. Sie wird auch als ehrerbietige Form mit Singular-Bedeutung verwendet, ähnlich wie das deutsche ›Ihr‹.

Wenn die freien Formen der Personalpronomen verwendet werden, steht das Verb selbst in der Grundform (GF) – im Singular ohne Endung, im Plural mit *-r*.

Die Pronomen werden auch als Endungen für die verschiedenen Personen des Verbs verwendet.

Präsens

linna- ›singen‹

Singular
1. *linnon* ›ich singe‹
1. *linna-nc* ›wir singen‹ (inkl.)
2. *linna-dh* ›du singst‹
2. *linna-g* ›du singst‹ (fam.)
3. *linna-s* ›er/sie singt‹ (pers.)
3. *linna* ›singt‹ (GF)

Plural
1. *linna-m* ›wir singen‹
2. *linna-dhir* ›ihr singt‹
2. *linna-gir* ›ihr singt‹ (fam.)
3. *linna-t* ›sie singen‹ (pers.)
3. *linna-r* ›singen‹ (GF)

ped- ›sprechen‹

Singular
1. *ped-i-n* ›ich spreche‹
1. *ped-i-nc* ›wir sprechen‹ (inkl.)
2. *ped-i-dh* ›du sprichst‹
2. *ped-i-g* ›du sprichst‹ (fam.)
3. *ped-i-s* ›er/sie spricht‹ (pers.)
3. *pêd* ›spricht‹ (GF)

Plural
1. *ped-i-m* ›wir sprechen‹
2. *ped-i-dhir* ›ihr sprecht‹
2. *ped-i-gir* ›ihr sprecht‹ (fam.)
3. *ped-i-t* ›sie sprechen‹ (pers.)
3. *ped-i-r* ›sprechen‹ (GF)

In der 3. Person wird die persönliche Form nur verwendet, wenn es sich ausdrücklich um Personen handelt und der Satz kein anderes Subjekt hat. Ansonsten steht die Grundform.

linnas ›er (oder sie) singt‹
est linna ›selbst er (oder sie) singt‹
aew linna ›ein Vogel singt‹

Verneinung

Die Verneinung (›nicht‹) wird durch die Vorsilbe *ú-* ausgedrückt (hier immer mit Bindestrich geschrieben). Das daran angehängte Wort wird leniert.

i·Edhel túla ›der Elbe kommt‹
i·Edhel ú-dúla ›der Elbe kommt nicht‹

Vor einem Substantiv bedeutet *ú-* so etwas wie ›nicht‹ oder ›kein‹. Das verneinte Wort steht dabei immmer im Singular. Vor Adjektiven entspricht es der Vorsilbe ›un-‹. Auch in diesen Fällen wird das verneinte Wort leniert.

Übungen

(1) Übersetze ins Sindarin (mit Personalendungen). Beachte dabei, dass es in einigen Fällen mehr als eine mögliche Übersetzung gibt und erkläre die Unterschiede.

Beispiel:
du tanzt *(lilta-)*
Lösung:
lilta-dh ›du tanzt‹ (allgemein), *lilta-g* ›du tanzt‹ (familiär)

›ich rufe‹ *(nalla-)*
›es schimmert‹ *(tinna-)*
›du kämpfst‹ *(dagra-)*
›ihr kommt‹, *(tul-)*
›wir grüßen‹ *(suila-)*
›sie hält Ausschau‹ *(tir-)*
›wir kämpfen‹ *(dagra-)*
›sie fliehen‹ *(drega-)*

(2) Übersetze ins Deutsche:

Naur vi·eryn, lainc i·'elaidh. Mathon vi·geven. Nostach vi·'wilith?
Anglenna i·amlug, gorgor ambeleg. Ú-dorthan vi·bar. Dagram
egor dregam?

Wortschatz

^m*bar* ›Heim, Haus‹
ceven ›Erde (unter dem Himmel)‹
gorgor ›(großer) Schrecken‹
gwilith ›Luft‹
naur ›Feuer‹

beleg ›groß, mächtig‹
lanc ›nackt, kahl‹

dagra- ›kämpfen‹
dortha- ›bleiben‹
drega- ›fliehen‹
matha- ›fühlen, befühlen‹
nosta- ›riechen‹

vi ›in‹ (mit Lenierung)

Lösungen am Ende der Lektionen.

galadh
›Baum‹

Lektion 6: Nasalmutation, Genitiv

Während die Lenierung bei bestimmten *grammatischen* (d. h. der Satzlehre folgenden) Voraussetzungen eintritt, sind die folgenden Mutationen *phonologisch* (lautlich) bedingt. Sie werden ausgelöst, wenn bestimmte Laute aufeinandertreffen, und zwar nur nach Präpositionen und bestimmten Formen des Artikels.

Ein Wort kann immer nur einmal mutiert werden. Im Zweifelsfall hat die phonologische Mutation Vorrang vor der grammatischen!

Nasalmutation (*n*-Angleichung)

Nach einem Nasal wird ein stimmloser Laut zum Reibelaut, ein stimmhafter wird nasaliert. Der Nasal selbst verschwindet dabei oft, stattdessen wird der verbleibende Vokal möglicherweise nasaliert ausgesprochen, wie das *o* in französisch ‹bon›. Die Nasalmutation wird ausgelöst durch Präpositionen, die auf *-n* enden. Dies sind *an* ›für, an, auf . . . zu‹, *athan* ›jenseits von‹, *dan* ›gegen, zurück‹, *min* ›zwischen‹ und *pen* ›ohne‹.

Nasalmutation (am Beispiel von an ›für‹)

p, t, c > ph, th, ch

an + paur = a phaur ›für die Faust‹
an + prestanneth = a phrestanneth ›für die Beeinflussung‹

an + *torech* = *a thorech* ›für die Lauer‹
an + *trann* = *a thrann* ›für den Gau‹

an + *cair* = *a chair* ›für das Schiff‹
an + *claur* = *a chlaur* ›für den Glanz‹
an + *crist* = *a christ* ›für die Kluft‹

b, d, g > *m, n, ng* [ŋ]. Vor *l, r, w* werden die Lautverbindungen zu *am m-, an d-, añ g-*. Da lange Konsonanten im späten Sindarin verkürzt werden, ist neben *am mlabed* (etc.) dann auch eine Schreibweise wie *a mlabed* (etc.) zulässig.

an + *benn* = *a menn* ›für den Mann‹
an + *blabed* = *a(m) mlabed* ›für das Flattern‹
an + *brethil* = *a(m) mrethil* ›für die Buche‹

an + *doron* = *a noron* ›für die Eiche‹
aber:
an + *draug* = *an draug* ›für den Wolf‹

an + *garth* = *a ngarth* [a ŋarθ] ›für die Festung‹
aber:
an + *glamor* = *añ glamor* [aŋ 'glamɔr] ›für das Echo‹
an + *groth* = *añ groth* [aŋ grɔθ] ›für die Höhle‹
an + *gwaith* = *añ gwaith* [aŋ gwaiθ] ›für das Volk‹

h, lh, rh > *ch, thl, thr*. Das *ch* vor *w-* fällt im späten Sindarin weg.

an + *hathol* = *a chathol* ›für die Axt‹

aber:
an + *hwest* = *a (ch)west* ›für den Hauch‹

an + *lhûg* = *a thlûg* ›für die Schlange‹

an + *rhach* = *a thrach* ›für den Fluch‹

m, n, l, f, r, th, s bleiben unverändert. Der Nasal wird dem folgenden Laut angeglichen. Da lange Konsonanten im späten Sindarin verkürzt werden, ist neben *am mellon* (etc.) dann auch eine Schreibweise wie *a mellon* (etc.) zulässig.

an + mellon = a(m) mellon ›für den Freund‹
an + ninglor = a(n) ninglor ›für die Iris‹
an + lembas = a(l) lembas ›für das Lembas‹
an + roch = adh roch ›für das Pferd‹
an + falas = a(f) falas ›für das Ufer‹
an + thoron = a(th) thoron ›für den Adler‹
an + sarn = a(s) sarn ›für den Stein‹

Sonderfälle

$^m b$, $^n d$, $^{\tilde{n}} g$ > *mb, nd, ñg*

an + ^{m}bund = a mbund ›für die Schnauze‹
an + ^{n}dagor = a ndagor ›für die Schlacht‹
an + $^{\tilde{n}}$gaur = añ gaur [aŋ gaur] ›für den Werwolf‹

Die Sonderfälle betreffen Wörter, die sich auf eine Wurzel mit MB, ND und ÑG zurückführen lassen. Diese Wörter sind im Wortverzeichnis entsprechend gekennzeichnet.

Auch der Plural-Artikel *in* löst eine Nasalmutation aus. Auch wenn er dadurch häufig zu *i* verkürzt wird, lässt er sich in der Regel von dem Singular-Artikel *i* durch die nachfolgende Lautveränderung unterscheiden.

Es gibt darüber hinaus noch zwei weitere Formen des Artikels, die auf *-n* auslauten und darum eine Art von Mutation nach sich ziehen. Dies sind der Genitiv-Artikel Singular *en* ›des (der, des)‹ und die sogenannte gebundene Form des Artikels. Diese lautet *-in*, Singular wie Plural (und ist nicht zu verwechseln mit dem

gleich lautenden Plural-Artikel *in*). Sie tritt nur im Zusammen-
hang mit bestimmten Präpositionen auf, und zwar zusammengeschrieben. Dadurch kann die dazugehörige Präposition zugleich
eine Lautverschiebung erfahren. Statt einer längen Erklärung
hier einfach die Formen:

ben (< *be* + *in*) ›gemäß dem (der)‹, Pl. ›gemäß den‹

erin (< *or* + *in*) ›auf dem (der)‹, Pl. ›auf den‹, auch: ›am‹ (bei
Datumsangaben)

guin (< *go* + *in*) ›zusammen mit dem (der)‹, Pl. ›zusammen mit den‹

nan (< *na* + *in*) ›durch den (der)‹, Pl. ›durch die‹

'nin (< *an* + *in*) ›zu dem (der)‹, Pl. ›zu den‹

nuin (< *no* + *in*) ›vor dem (der)‹, Pl. ›vor den‹ (zeitlich)

nuin (< *nu* + *in*) ›unter dem (der)‹, Pl. ›unter den‹

uin (< *o* + *in*) ›von dem (der)‹, Pl. ›von den‹

Ebenso wie diese Formen ein paar Unregelmäßigkeiten haben,
ist auch die Mutation unregelmäßig. Teilweise trägt sie Züge der
Naslamutation, teilweise solche der Lenierung. Wir sprechen
daher auch von einer gemischten Mutation.

Gemischte Mutation (am Beispiel von *en* ›des/der/des‹)

p, *t*, *c* > *b*, *d*, *g*. Vor *l*, *r*, *w* werden die Lautverbindungen zu -*m·m*-,
-*n·d*-, -*ñ·g*-. Da lange Konsonanten im späten Sindarin verkürzt
werden, ist neben *em·mrestanneth* dann auch eine Schreibweise
e·mrestanneth zulässig.

en + *paur* = *e·baur* ›der Faust‹
aber:
en + *prestanneth* = *e(m)·mrestanneth* ›der Beeinflussung‹

en + *torech* = *e·dorech* ›der Lauer‹
aber:
en + *trann* = *en·drann* ›des Gaus‹

en + *cair* = *e·gair* ›des Schiffs‹
aber:
en + *claur* = *eñ·glaur* [ɛŋ glaur] ›des Glanzes‹
en + *crist* = *eñ·grist* [ɛŋ grist] ›der Kluft‹

b, *d*, *g* > *b*, *d*, *g*. Hier gilt dasselbe wie bei *p*, *t*, *c*.

en + *benn* = *e·benn* ›des Mannes‹
aber:
en + *blabed* = *e(m)·mlabed* ›des Flatterns‹
en + *brass* = *e(m)·mrass* ›der Buche‹

en + *doron* = *e·doron* ›der Eiche‹
aber:
en + *draug* = *en·draug* ›des Wolfs‹

en + *garth* = *e·garth* ›der Festung‹
aber:
en + *glamor* = *eñ·glamor* [ɛŋ glamɔr] ›des Echos‹
en + *groth* = *eñ·groth* [ɛŋ grɔ θ] ›der Höhle‹
en + *gwaith* = *eñ·gwaith* [ɛŋ gwaiθ] ›des Volkes‹

h, *lh*, *rh* > *h*, *'l*, *'r*. Das Auslassungszeichen markiert hier den Wegfall der Stimmlosigkeit, Ein *h* vor *w* wird zu *ch*. Das *ch* vor *w-* fällt
im späten Sindarin weg.

en + *hathol* = *e·hathol* ›der Axt‹
aber:
en + *hwest* = *e·(ch)west* ›des Hauchs‹

en + *lhûg* = *e·'lûg* ›der Schlange‹

en + *rhach* = *e·'rach* ›des Fluchs‹

m, n, l, f, r, th bleiben unverändert. Der Nasal wird dem folgenden Laut angeglichen. Da lange Konsonanten im späten Sindarin verkürzt werden, ist neben *em·mellon* (etc.) dann auch eine Schreibweise wie *e·mellon* (etc.) zulässig.

en + mellon = e(m)·mellon ›des Freundes‹
en + ninglor = e(n)·ninglor ›der Iris‹
en + lembas = e(l)·lembas ›des Lembas‹
en + roch = edh·roch ›des Pferdes‹
en + falas = e(f)·falas ›des Ufers‹
en + thoron = e(th)·thoron ›des Adlers‹

s > h

en + sarn = e·harn ›des Steins‹

Sonderfälle

$^m b, {}^n d, {}^{\tilde{n}} g > mb, nd, \tilde{n}g$

en + ^{m}bund = e·mbund ›der Schnauze‹
en + ^{n}dagor = e·ndagor ›der Schlacht‹
en + $^{\tilde{n}}$gaur = e$\tilde{n}$·gaur [eŋ gaur] ›des Werwolfs‹

Die Sonderfälle betreffen Wörter, die sich auf eine Wurzel mit MB, ND und ÑG zurückführen lassen. Diese Wörter sind im Wortverzeichnis entsprechend gekennzeichnet.

Genitiv (*Wes*-Fall)

Den *Genitiv* kann man im Sindarin auf verschiedene Arten ausdrücken:

(1) Genitiv mit bestimmtem Artikel *en* (mit gemischter Muta-

tion), vor allem bei Personen (im weitesten Sinne), im Plural *in* (mit Nasalmutation):

Cabed-en-Aras ›Sprung des Hirschen‹
Haudh-i-Ndengin ›Hügel der Erschlagenen‹

(2) Genitiv mithilfe der Präposition *na* (mit Lenierung), insbesondere, wenn das Wort keinen Artikel hat:

Taur-na-Neldor ›Wald-von-Buche‹, ›Buchenwald‹ (= Wald Neldoreth in Beleriand)

Die Präposition *na* steht außerdem für den *Instrumentalis*, das heißt zur Bezeichnung eines Mittels und Werkzeugs.

(3) Genitiv durch Wortstellung. In diesem Fall folgt das Wort im Genitiv dem Hauptwortt:

Ennyn Durin Aran Moria
›Die Türen von Durin, Herr von Moria‹

Ursprünglich sollte die Bestimmung durch bloße Wortstellung nur für Namen im Genitiv gelten, Lenierung in allen anderen Fällen. Diese Einschränkung ist jedoch für das Sindarin in *Der Herr der Ringe* nicht mehr gültig.

Übungen

(1) Setze folgende Begriffe mittels Präpositionen ins Sindarin um:

Beispiel:
›Elbenwald›
Lösung:
Taur-in-Edhil (›Wald der Elben‹)

›Winterkönig‹
›Erdmutter‹
›Windreiter‹
›Schattenfürst‹
›Zwergenstadt‹
›Frühlingswind‹
›Pferdeherr‹
›Schreckenshelm‹

(2) Übersetze ins Deutsche:

Ned în caer enchui en andrann canthui anglenna Aragorn i·aran i·Varanduin. E túla gui·híril Arwen ar go rych a raich. Herth en·ehtair aphada. Tinnar i·thili, thiliar i·thyl ar blóbar teny edhellin na·chwest. Cína roquen: »Aragorn Edhelharn i·aran Gondor ar hîr i·mbair annui dannól an Arnor.«

Wortschatz

Aragorn ›Aragorn‹
Arwen ›Arwen‹ (›Hohe Frau‹)
Baranduin ›Baranduin‹ (›Brauner Fluss‹, im Auenland ›Brandywein‹ genannt)
Edhelharn ›Elessar‹ (›Elbenstein‹, Königsname Aragorns)

andrann ›Zeitalter‹
^{n}dae ›Schatten‹
ethuil ›Frühling‹
herth ›Garde, Truppe eines Herrn‹
hîr ›Herr‹
híril ›Herrin‹
hwest ›Brise, Wind‹
în ›Jahr‹
ohtar ›Krieger, Knappe‹
othronn ›(unterirdische) Stadt‹

rach ›Wagen‹
rhîw ›Winter‹
rochben ›Reiter, Ritter‹ (entsprechend Qu. *roquen*)
sûl ›Wind‹
*tanu ›Zeichen, Banner‹ (Qu. *tanna*)
taur ›(großer) Wald
thela ›Spitze (eines Speers)‹, Pl. *thili*
thôl ›Helm‹

annui ›westlich‹
caer ›zehn‹
canthui ›viert(er, e, es)‹
enchui ›sechst(er, e, es)‹

aphada- ›folgen (als Letzter in einer Reihe)‹
blab- ›flattern‹
can- ›rufen‹ (unreg. Präs. *cína*)
dandol- ›wiederkehren, zurückkommen‹ (* von *dan* + *tol-* ›kommen‹)

Das Wort *dandol* ›Wiederkehr‹ ist als Substantiv bei Tolkien belegt (*PE* 17:166). Eigentlich hätte man nach der Nasalmutation ***danthol* erwarten müssen. Doch bei Zusammensetzungen wird das zweite Element mitunter einfach leniert.

Lösungen am Ende der Lektionen.

ᴣóʗʗᴊ lhûg ›Schlange‹

Lektion 7: Plosiv- und Liquidmutation, Präpositionen, Dativ

Plosivmutation (*d*-Angleichung)

Es gibt noch zwei weitere Typen von Mutationen. Die *Plosivmutation* wird von Präpositionen ausgelöst, welche auf -*d* enden. Dies sind *dad* ›hinunter‹, *ed* ›aus ... heraus‹, *ned* ›in‹ sowie *o (od)* ›von ... her‹. Bei der Angleichung fällt der auslautende Konsonant der Präposition in der Regel weg (Ausnahmen siehe unten).

Plosivmutation (am Beispiel von *ed* ›aus‹)

p, t, c > ph, th, ch

ed + paur = e phaur ›aus der Faust‹
ed + prestanneth = e phrestanneth ›aus der Beeinflussung‹
ed + torech = e thorech ›aus der Lauer‹
ed + trann = e thrann ›aus dem Gau‹

ed + cair = e chair ›aus dem Schiff‹
ed + claur = e chlaur ›aus dem Glanz‹
ed + crist = e christ ›aus der Kluft‹

b, d, g bleibt unverändert

ed + benn = e benn ›aus dem Mann‹

ed + blabed = e blabed ›aus dem Flattern‹
ed + brethil = e brethil ›aus der Buche‹

ed + doron = e doron ›aus der Eiche‹
ed + draug = e draug ›aus dem Wolf‹

ed + garth = e garth ›aus der Festung‹
ed + glamor = e glamor ›aus dem Echo‹
ed + groth = e groth ›aus der Höhle‹
ed + gwaith = e gwaith ›aus dem Volk‹

h > ch. Das *ch* vor *w-* fällt im späten Sindarin weg.

ed + hathol = e chathol ›aus der Axt‹
ed + hwest = e (ch)west ›aus dem Hauch‹

lh, rh > 'l, 'r, wobei der vorangehende Konsonant erhalten bleibt. Das Auslassungszeichen markiert hier den Wegfall der Stimmlosigkeit.

ed + lhûg = ed 'lûg ›aus der Schlange‹
ed + rhach = ed 'rach ›aus dem Fluch‹

l, r bleiben unverändert, wobei der vorangehende Konsonant erhalten bleibt

ed + lembas = ed lembas ›aus dem Lembas‹
ed + roch = ed roch ›aus dem Pferd‹

m, n, ſ, th, s bleiben unverändert. Der Plosiv wird dem folgenden Laut angeglichen. Da lange Konsonanten im späten Sindarin verkürzt werden, ist neben *em mellon* (etc.) dann auch eine Schreibweise wie *e mellon* (etc.) zulässig.

ed + mellon = e(m) mellon ›aus dem Freund‹
ed + ninglor = e(n) ninglor ›aus der Iris‹

ed + *falas* = *e(f) falas* ›aus dem Ufer‹
ed + *thoron* = *e(th) thoron* ›aus dem Adler‹
ed + *sarn* = *e(s) sarn* ›aus dem Stein‹

Sonderfälle

$^m b$, $^n d$, $^{\tilde{n}} g$ > *mb, nd, ñg*

ed + $^m bund$ = *e mbund* ›aus der Schnauze‹
ed + $^n dagor$ = *e ndagor* ›aus der Schlacht‹
ed + $^{\tilde{n}} gaur$ = *eñ gaur* [ɛŋ gaur] ›aus dem Werwolf‹

Die Sonderfälle betreffen Wörter, die sich auf eine Wurzel mit MB, ND und ÑG zurückführen lassen. Diese Wörter sind im Wortverzeichnis entsprechend gekennzeichnet.

Liquidmutation (*r*-Angleichung)

Die Liquidmutation wird von Präpositionen ausgelöst, welche auf Laute wie wie -*r* oder -*l* enden. Dies sind *or* ›über‹, *ter* ›durch‹ sowie *thar* ›quer über‹; Präpositionen auf -*l* gibt es im Sindarin keine. Unter anderem werden dadurch Verschlusslaute wie *p* oder *b* zu Reibelauten. Anders als bei der Plosivmutation bleibt aber der auslautende Liquid in allen Fällen erhalten.

Liquidmutation (am Beispiel von *or* ›über‹)

p, t, c > *ph, th, ch*
or + *paur* = *or phaur* ›über der Faust‹
or + *prestanneth* = *or phrestanneth* ›über der Beeinflussung‹

or + *toreg* = *or thoreg* ›über der Lauer‹
or + *thrann* = *or thrann* ›über dem Gau‹

or + *cair* = *or chair* ›über dem Schiff‹
or + *claur* = *or chlaur* ›über dem Glanz‹
or + *crist* = *or christ* ›über der Kluft‹

b, d, g > v, dh, ' (Auslassung)

or + *benn* = *or venn* ›über dem Mann‹
or + *blabed* = *or vlabed* ›über dem Flattern‹
or + *brethil* = *or vrethil* ›über der Buche‹

or + *doron* = *or dhoron* ›über der Eiche‹
or + *draug* = *or dhraug* ›über dem Wolf‹

or + *garth* = *or 'arth* ›über der Festung‹
or + *glamor* = *or 'lamor* ›über dem Echo‹
or + *groth* = *or 'roth* ›über der Höhle‹
or + *gwaith* = *or 'waith* ›über dem Volk‹

h, lh, rh > ch, 'l, 'r. Das *ch* vor *w-* fällt im späten Sindarin weg. Das Auslassungszeichen bezeichnet in diesem Fall den Wegfall der Stimmlosigkeit. Da lange Konsonanten im späten Sindarin verkürzt werden, würde man *or 'rach* [ɔ rax] aussprechen, aber in diesem Fall der Auslassung wegen vermutlich in der alten Form schreiben.

or + *hathol* = *or chathol* ›über der Axt‹
or + *hwest* = *or (ch)west* ›über dem Hauch‹

or + *lhûg* = *or 'lûg* ›über der Schlange‹

or + *rhach* = *or 'rach* ›über dem Fluch‹

m > v

or + *mellon* = *or vellon* ›über dem Freund‹

n, l, r, f, th, s, bleiben unverändert. Da lange Konsonanten im späten Sindarin verkürzt werden, ist neben *or roch* dann auch eine Schreibweise wie *o roch* zulässig.

or + ninglor = or ninglor ›über der Iris‹
or + lembas = or lembas ›über dem Lembas‹
or + roch = o(r) roch ›über dem Pferd‹
or + falas = or falas ›über dem Ufer‹
or + thoron = or thoron ›über dem Adler‹
or + sarn = or sarn ›über dem Stein‹

Sonderfälle

or + ᵐbund = or bund ›über der Schnauze‹
or + ⁿdagor = or dagor ›über der Schlacht‹
or + ñgaur = or gaur ›über dem Werwolf‹

Die Sonderfälle betreffen Wörter, die sich auf eine Wurzel mit MB, ND und ÑG zurückführen lassen. Diese Wörter sind im Wortverzeichnis entsprechend gekennzeichnet.

Präpositionen (Verhältniswörter)

Im Folgenden sind noch einmal alle Präpositionen im Sindarin mit den entsprechenden Mutationen zusammengefasst. Einige von ihnen erscheinen vor allem als *Präfix* (Vorsilbe); in diesem Fall ist das Folgewort in der Regel leniert, auch wenn normalerweise eine andere Form der Mutation angesagt wäre.

Präpositionen

VM = Vokalische Mutation (Lenierung)
NM = Nasalmutation
GM = Gemischte Mutation

PM = Plosivmutation
LM = Liquidmutation

a ›mit‹ (VM)
  ah vor Vokalen
ab ›nach‹ (zeitl.) (VM)
adel ›hinter, am Ende von‹ (VM)
am ›auf, aufwärts‹ (VM)
an ›für‹ (= Dat.), ›auf ... zu‹ (NM)
  an + *in* ›'nin‹ (GM)
ath ›beidseits von‹ (VM)
athan ›jenseits von‹ (NM)
athra ›quer über, durch‹ (VM)
be ›gemäß, nach (im übertragenen Sinne)‹ (VM)
  be + *in* = *ben* (GM)
bo ›auf‹ (VM)
dad ›hinunter‹ (PM)
dan ›gegen, zurück zu‹ (NM)
di ›unter, unterhalb von‹ (VM)
ed ›aus ... heraus‹ (PM)
go ›mit, zusammen mit‹ (VM)
  go + *in* = *guin* (GM)
im ›innerhalb, zwischen‹ (VM)
mi, vi ›in (räumlich und allg.)‹ (VM)
min ›zwischen, innerhalb‹ (NM)
na ›von‹ (= Gen.), ›mit(tels), durch‹ (VM)
  na + *in* = *nan* (GM)
ned ›an, in (zeitlich und allg.)‹ (PM)
nef ›diesseits von‹ (VM)
nu ›unter, unterhalb von‹ (VM)
  nu + *in* = *nuin* (GM)
no ›vor (zeitlich)‹ (VM)
  no + *in* = *nuin* (GM)
o ›betreffend, über‹ (VM)
  o + *in* = *uin* (GM)
oh vor Vokalen

od ›von . . . weg‹ (PM)
or ›über, oberhalb von‹ (LM)
   or + in = erin (GM)
pen ›ohne‹ (NM)
ter ›durch (bis zum Ende)‹ (LM)
thar ›querüber, durch‹, ›jenseits von‹ (LM)
trî ›durch . . . hindurch‹ (VM)

Dativ (*Wem*-Fall)

Den *Dativ* kann man im Sindarin auf verschiedene Arten ausdrücken:

(1) Dativ mithilfe der Präposition *an* (mit Nasalmutation):

a·Pherhael ar am·Meril suilad uin aran
›an Samweis und an Rose Grüße vom König‹

Die Präposition *an* steht gleichzeitig für den Allativ, das heißt eine Bewegung auf etwas hin (als Vorsilbe in der Form *na-* wie in *na-chaered* ›in die Ferne‹).

(2) Dativ durch Wortstellung:

ónen i·Estel Edain
›ich gab (den) Estel (›Hoffnung‹) [den] Menschen‹

Folgen zwei Objekte aufeinander, so ist das erste immer das direkte Objekt (Akkusativ), das zweite das indirekte Objekt (Dativ). Das Akkusativ-Objekt wird, wie in Lektion 4 ausgeführt, in der Regel leniert (was bei dem Beispiel hier nicht zum Tragen kammt, da der Artikel die Form eines Vokals hat, welcher grundsätzlich nicht leniert werden kann). Das Dativ-Objekt ändert seine Form nicht.

Übungen

(1) Setze die richtigen Formen ein:

Beispiel:
nef (taur) ›diesseits des Waldes‹
Lösung:
nef daur ›diesseits des Waldes‹ (WM)

dad (barad) ›den Turm hinunter‹
dan (sûl) ›gegen den Wind‹
ned (golas) ›im Laub‹
or (talath) ›über der Ebene‹
ter (naur) ›durch das Feuer‹
ab (^{n}dagor) ›nach der Schlacht‹
od (harad) ›von Süden her‹
nuin (giliath) ›unter den Sternen‹
go (mellon) ›mit dem Freund‹
thar (sîr) ›quer über den Fluss‹

(2) Übersetze ins Sindarin:

Rauch steigt auf vom Orodruin. Ein Schatten regt sich im Osten. Die Macht des schwarzen Landes wächst. Reiter ziehen umher wie dunkle Schatten unter dem Mond. Und die Menschen sagen, der Dunkle Herr kehrt zurück zu der alten Festung, dem dunklen Turm in Mordor jenseits des Schattengebirges.

Wortschatz

Ephel Dúath ›Schattengebirge‹ (›Schattenzaun‹)
Mordor ›Mordor‹ (›Dunkelland‹)
Orodruin ›Orodruin‹ (›Feuerberg‹)

barad ›Turm‹

harad ›Süden‹
osp ›Rauch‹
rhûn ›Osten‹
rochben ›Reiter‹
tûr ›Macht‹

eria- ›aufsteigen‹
ritha- ›rucken, sich regen‹
tuia- ›wachsen, schwellen, zunehmen‹
renia- ›umherschweifen‹

Lösungen am Ende der Lektionen.

hayan thoron ›Adler‹

Lektion 8: Weitere Formen der Pronomen

Die Pronomen des Sindarin sind aufgrund der lückenhaften Überlieferung ein Problem für sich, und eine Entscheidung gleich für welche Variante zieht unweigerlich andere nach sich, sodass Fehlentscheidungen weitreichende Folgen haben. Darum sind alle Erklärungen hier mit Vorsicht zu genießen.

Die Formen im Nominativ wurden bereits in Lektion 5 vorgestellt, die anderen Formen leiten sich entsprechend ab.

Personalpronomen im Dativ und Akkusativ

Eigentlich sollte man hier eher von einem ›Objektiv‹ sprechen, denn diese Formen kommen immer vor, wenn das Objekt des Satzes ein Pronomen ist. Sie sind im Prinzip gleich, nur dass die Form im Akkusativ, als direktes Objekt, wie bei den Substantiven leniert wird.

Singular
1. *ni(n)* ›mir‹, *ni(n)* ›mich‹
1. *gen* ›uns‹, *'en* ›uns‹ (inklusiv)
2. *den* ›dir‹, *dhen* ›dich‹
2. *cen* ›dir‹, *chen* ›dich‹ (familiär)
3. *sen* ›ihm/ihr‹, *hen* ›ihn/sie‹ (personal)
3. *san* ›ihm‹ *han* ›es‹ (unpersönlich)

Plural
1. *men* ›uns‹, *ven* ›uns‹
2. *le(n)* ›euch‹, *le(n)* ›euch‹

3. *ten* ›ihnen‹, *den* ›sie‹ (personal)
3. *sain* ›ihnen‹, *hain* ›sie‹ (unpersönlich)

Die 2. Person Singular familiär ist umstritten, die Form im Primitiven Quendisch (PQ) lautete vermutlich **(e)kké*. Die Akkusativform wird als *chen* gebildet, in direkter Ableitung von PQ. **(k)ken*.

Die Form *sen (hen)* dient auch als *Demonstrativpronomen* (hinweisendes Fürwort), insbesondere mit Rückbezug auf vorher Erwähntes (›jener/jene‹).

Neben dem einfachen Dativ gibt es auch noch einen ›langen‹ Dativ, der mit der Präposition *an* (mit Nasalmutation) gebildet wird. Wie in den keltischen Sprachen werden hierbei Präposition und Pronomen zu einem Wort zusammengezogen:

guren pêd enni
›Herz-mein sagt mir‹ (im Text *bêd* [*VT* 41:11]; *an* wird durch den Enfluss des folgenden *ni(n)* zu *en-* umgelautet)
»Mein Herz sagt mir ...«

Singular
1. *enni(n)* ›für mich‹
1. *añgen* ›für uns‹ (inkl.)
2. *annen* ›für dich‹
2. *achen* ›für dich‹ (fam.)
3. *assen* ›für ihn/sie‹ (pers.)
3. *assan* ›für es‹ (unpers.)

Plural
1. *ammen* ›für uns‹
2. *alle(n)* ›für euch‹
3. *athen* ›für sie‹ (pers.)
3. *assain* ›für sie‹ (unpers.)

Possessivpronomen (Besitzanzeigendes Fürwort)

Das Genitivpronomen dient zugleich als *Possessivpronomen*. Darüber hinaus gibt es noch eine Form als Endung, die an das Substantiv angehängt wird:

lasto beth lammen
›höre Wort Stimme-meiner‹ (*lam* ›Stimme‹ aus der Wurzel √LAMB-, vgl. Qu. *lambe*, also *lam(m)-en*)
»Höre [auf] das Wort meiner Stimme.«

Singular
1. *nîn* ›mein(er)‹, Endung -*(e)n*
1. *gîn* ›uns(er)‹, Endung -*(e)nc* (inkl.)
2. *dhîn* ›dein(er)‹, Endung -*(e)dh*
2. *gîn* ›dein(er)‹, Endung -*(e)ch* (fam.)
3. *hîn* ›sein(er)/ihr(er)‹, Endung -*(e)s* (pers.)
3. *hên* ›sein(er)‹ (unpers.)

Plural
1. *vîn* ›unser‹, Endung -*(e)m*
2. *lîn* ›euer‹, Endung -*(e)l*
3. *dîn* ›ihr(er)‹, Endung -*(e)t* (pers.)
3. *hain* ›ihr(er)‹ (unpers.)

Die freie Form des Genitivs wird dem Substantiv nachgestellt, und dies insbesondere auch zusammen mit dem Artikel, was im Deutschen ungebräuchlich ist:

i·eneth lîn
›der Name Euer‹
»Euer Name«

Es ist möglich, dass es wie beim Dativ auch hier eine ›lange‹ Form gibt, gebildet mit der Präposition *na* (mit Lenierung). Allerdings gibt es bei Tolkien keine Beispiele dafür.

Reflexivpronomen (Rückbezügliches Fürwort)

Außerdem gibt es noch ein possessives *Reflexivpronomen* mit der Form *în* ›seine (eigenen)‹, das nur für die 3. Person belegt ist, möglicherweise aber für alle Personen gilt. Es bezieht sich auf das Subjekt des Satzes.

i aran aníra suilannad vellyn în phain
›der König wünscht zu grüßen Freunde seine alle‹

Damit kann man Unterschiede wiedergeben, die im Deutschen doppeldeutig ausdrückt sind:

Sunc i·háva hîn.
›Er trank seinen Saft (d. h. Saft, der jemand anderem gehörte).‹
Sunc i·háva în.
›Er trank seinen Saft (d. h. Saft, der ihm selbst gehörte).‹

In Verbindung mit einer Präposition ist eine reflexive Form für die 1. Person Singular belegt.

ú-chebin estel anim ›nicht behalten-habe-ich Hoffnung für-mich (selbst)‹

In diesem Fall wird also anscheinend die Präposition mit der Subjekt-Form *an+im*, nicht mit der Objekt-Form *an+ni(n)* (> *enni(n)*) verwendet, und zwar ohne Umlautung. Man könnte daraus die weiteren Formen ableiten.

Relativpronomen (Bezügliches Fürwort)

Das *Relativpronomen* ›der (die, das)‹ entspricht dem direkten Artikel *i*, für Singular und Plural. Ein Verb, das unmittelbar auf das Relativpronomen folgt, wird wie beim Artikel leniert (siehe Lektion 4):

Dor Firn-i-guinar ›Land der Toten, die leben‹

Da das Relativpronomen nicht gebeugt werden kann, muss man die nähere Bestimmung des Kasus gegebenenfalls als zusätzliches Pronomen anfügen:

i ardh dîn ›dessen Reich‹ (eig. ›das Reich dessen‹)

Übungen

(1) Übersetze ins Sindarin:

Deine Freunde sind meine Freunde. Es ist gut für uns, es ist gut für euch. Unser Vater liebt dich und mich. Er liebt seine Kinder. Er liebt sie, und sie lieben ihn.

Der König grüßt seine Freunde. Der König gibt seinen Becher Samweis. Samweis trinkt aus seinem Becher. Die Halblinge trinken aus ihren Bechern.

(2) Übersetze ins Deutsche:

Le linnad vi ôl nîn. Edh êl i aglar hên síla ne·thinnu. I aglar lîn luitha 'ûr nîn. Le vi ely nîn ar im vi lîn. Yúyo pedim i·ven i methed în ú-ben ista, bo râd athan Ithil. Le annon veleth nîn. Man annadh enni no minuial?

Wortschatz

Perian ›Halbling, Hobbit‹

aglar ›Glanz‹
gûr ›Herz‹
*linnad ›Singen, Gesang, Lied‹ (von *linna-* ›singen‹)

luitha- ›verzaubern‹
meleth ›Liebe‹
men ›Weg, Richtung‹
methed ›Ende‹
minuial ›Morgendämmerung‹
ôl ›Traum‹, Pl. *ely*
râd ›Pfad, Weg‹
sûl ›Kelch‹
tinnu ›Nacht (frühe, ohne Mond), Sternzwielicht, Abenddämmerung‹

anna- ›geben, schenken‹
ista- ›wissen, kennen‹
*mel- ›lieben‹ (von *meleth* ›Liebe‹)
pad- ›gehen‹
panna- ›füllen‹
soga- ›trinken‹

pen ›irgendwer, jemand‹

Lösungen am Ende der Lektionen.

CDCY Anor ›Sonne‹

Lektion 9: Futur und Präteritum

Futur (Zukunft)

Die Zeitstufe *Futur* bezeichnet zukünftige Handlungen und Ereignisse. Das Futur wird bei schwachen Verben durch die Bildungssilbe *-tha-* gekennzeichnet, die zwischen Stamm und Endung eingeschoben wird.

linna- ›singen‹
i·aew linnatha ›der Vogel wird singen‹
aew linnathar ›Vögel werden singen‹

ped- ›sprechen‹
i·Edhel peditha ›der Elbe wird sprechen‹
Edhil pedithar ›Elben werden sprechen‹

Bei starken Verben nehmen wir an, dass zwischen Stamm und Endung ein Fugenvokal *-i-* eingeschoben wird. Das *-i-* in der Folgesilbe bewirkt, dass die Stammsilbe umgelautet wird, nach demselben Schema wie bei der Pluralbildung von Substantiven (wobei es Stammsilben mit *u* oder *y* nicht gibt):

i = i
o > (œ >) e
a > e

Daraus ergeben sich folgende Grundformen:

√TIR-
Stamm *tir-* ›schauen‹
Futur *tir-i-tha* ›wird schauen‹

√CEN-
Stamm *cen-* ›sehen‹
Futur *cen-i-tha* ›wird sehen‹

√HAB-
Stamm *hab-* ›kleiden‹
Futur *heb-i-tha* ›wird kleiden‹

√TOG-
Stamm *tog-* ›führen‹
Futur *teg-i-tha* ›wird führen‹

√TUL-
Stamm *tol-* ›kommen‹
Futur *tel-i-tha* ›wird kommen‹

Die Zeitformen des Verbs lauten somit im Futur wie folgt:

linna- ›singen‹

Singular
1. *linna-thon* ›ich werde singen‹
1. *linna-tha-nc* ›wir werden singen‹ (inkl.)
2. *linna-tha-dh* ›du wirst singen‹
2. *linna-tha-g* ›du wirst singen‹ (fam.)
3. *linna-tha-s* ›er/sie wird singen‹ (pers.)
3. *linna-tha* ›wird singen‹ (GF)

Plural
1. *linna-tha-m* ›wir werden singen‹

2. *linna-tha-dhir* ›ihr werdet singen‹
2. *linna-tha-gir* ›ihr werdet singen‹ (fam.)
3. *linna-tha-t* ›sie werden singen‹ (pers.)
3. *linna-tha-r* ›werden singen‹ (GF)

ped- ›sprechen‹

Singular
1. *ped-i-tha-n* ›ich werde sprechen‹
1. *ped-i-tha-nc* ›wir werden sprechen‹ (inkl.)
2. *ped-i-tha-dh* ›du wirst sprechen‹
2. *ped-i-tha-g* ›du wirst sprechen‹ (fam.)
3. *ped-i-tha-s* ›er/sie wird sprechen‹ (pers.)
3. *pêd* ›wird sprechen‹ (GF)

Plural
1. *ped-i-tha-m* ›wir werden sprechen‹
2. *ped-i-tha-dhir* ›ihr werdet sprechen‹
2. *ped-i-tha-gir* ›ihr werdet sprechen‹ (fam.)
3. *ped-i-tha-t* ›sie werden sprechen‹ (pers.)
3. *ped-i-tha-r* ›werden sprechen‹ (GF)

Präteritum (Vergangenheit)

Das *Präteritum* steht für Handlungen in der Vergangenheit. Es ist schon im Deutschen schwer zu begreifen, woher die vielen unterschiedlichen Formen kommen: Warum heißt es ›winken‹ und ›ich winkte‹, aber ›trinken‹ und ›ich trank‹? Die Gründe dafür liegen irgendwo in der Sprachgeschichte. Ein Muttersprachler beherrscht diese Regeln, ohne groß darüber nachzudenken, auch wenn Kinder sie erst lernen müssen.

Im Elbischen gibt es hier zahlreiche Formen, die unregelmäßig erscheinen, solange man die komplizierten Gesetze nicht kennt, welche in der Entwicklung der Sprache vom Ur-Elbischen her darauf eingewirkt haben. Dabei ist zu berücksichtigen, ob

Laute lang oder kurz und ob Silben betont oder unbetont waren. Für den Anfänger ist daher dieses Gebiet voller Fallstricke, und Fehler sind nicht immer zu vermeiden.

Das Präteritum wird im Sindarin durch einen eingefügten Nasallaut gebildet. Bei schwachen Verben nimmt dieser die Form eines *-nt* an, das an den Stamm angehängt wird. Wenn an diese Endung weitere Endungen angefügt werden, wird *-nt* zu *-nne-* (*e* als Fugenvokal).

Stamm *linna-* ›singen‹
Präteritum *linnant* ›sang‹
1. Sg. *linnannen* ›ich sang‹

Vermutlich würden die Elben die Form *linnannen* zu *linnen* verkürzen, weil solche Aufeinanderfolgen ähnlicher Silben für ihre Ohren unschön klangen.

Bei starken Verben ist es unterschiedlich:

Bei Stämmen auf *-r* oder *-n* wird *-n* angehängt.
Bei Stämmen auf *-b*, *-d*, *-g* wird die Endung zu *-mp*, *-nt*, *-ñc*.
Bei Stämmen auf *-l* wird die Endung zu *-ll* angeglichen.
Bei Stämmen auf *-dh* und *-v* (*mh*) wird die Endung zu *-nd* bzw. *-m*.

Wenn an diese Endung weitere Endungen angefügt werden, wird *-mp* zu *-mm-*, *-nt* zu *-nn-* und *-ñc* zu *-ñg-*. Außerdem wird *-m* zu *-mm-* (was auf die Aussprache keinen Einfluss hat).

Es handelt sich dabei um eine Folge von Vereinfachungen der Aussprache in mehreren Stufen. Hier das Ergebnis dieser Lautveränderungen noch einmal als Auflistung:

b + *n* > *-mp*, im Wortinnern *-mm-*
d + *n* > *-nt*, im Wortinnern *-nn-*
dh + *n* > *nd*
g + *n* > *-ñc*, im Wortinnern *-ñg-*

l + *n* > *ll*
n + *n* > *nn*
r + *n* > *rn*
v + *n* > -*m*, im Wortinnern -*mm*-

Zusätzlich wird durch den nachfolgenden Fugenvokal, der bei starken Verben -*i*- lautet, der Vokal im Wortstamm umgelautet, nach dem bereits bekannten Schema:

i = *i*
o > (*œ* >) *e*
a > *e*

Um dies für jeden Fall an einem Beispiel darzustellen:

√TIR-
Stamm *tir*- ›schauen‹
Präteritum *tirn* ›schaute‹
1. Sg. *tirnin* ›ich schaute‹

√CEN-
Stamm *cen*- ›sehen‹
Präteritum *cent* ›sah‹
1. Sg. *cennin* ›ich sah‹

√HAB-
Stamm *hab*- ›kleiden‹
Präteritum *hamp* ›kleidete‹
1. Sg. *hemmin* ›ich kleidete‹

√NOD-
Stamm *nod*- ›binden‹
Präteritum *nent* ›band‹
1. Sg. *nennin* ›ich band‹

√TOG-
Stamm *tog-* ›führen‹
Präteritum *tunc* ›führte‹
1. Sg. *tyngin* ›ich führte‹

√TUL-
Stamm *tol-* ›kommen‹
Präteritum *toll* ›kam‹
1. Sg. *tellin* ›ich kam‹

√RED-
Stamm *redh-* ›säen‹
Präteritum *rend* ›säte‹
1. Sg. *rendin* ›ich säte‹

√LAB-
Stamm *lav-* ›lecken‹
Präteritum *lam* ›leckte‹
1. Sg. *lemmin* ›ich leckte‹

Da die Formen – wie hier bei *nent* und *tunc* – zum Teil nicht sofort ersichtlich sind, ist im Wortverzeichnis bei den starken Verben die Grundform des Präteritums immer mit aufgelistet.

Ein *Perfekt* (›er hat gesungen‹ im Gegensatz zu ›er sang‹) als eigene Zeitform ist im Sindarin nicht bekannt.

Es gibt darüber hinaus eine Reihe von starken Verben, bei denen wir eine erweiterte Vergangenheitsform mit *Reduplikation* (Verdopplung) finden. Darunter ist zu verstehen, dass der Vokal der ersten Silbe am Anfang wiederholt wird. Dieser vorangesetzte Vokal ist immer kurz; bei Diphthongen wird nur der erste Bestandteil wiederholt. Gleichzeitig wurde die Stammsilbe gelängt.

Der ursprüngliche Anlaut des Wortes wurde dann unter dem Einfluss des vorangesetzten Vokals leniert. Darüber hinaus ver-

änderten Vokale in unbetonten geschlossenen Silben ihre Klangfarbe und wurden kurz.

Bei der Zeit scheint es sich aber nicht wie im Quenya um Perfekt, sondern um Präteritum zu handeln.

car- ›machen‹
Prät. *agor* ›machte‹ (aus *a-gaur < *a-gár)

nor- ›laufen‹
Prät. *onur* ›lief‹ (aus *o-nór)

sav- ›haben‹
Prät. *aw* ›hatte‹ (aus *a-hauv)

Im letztgenannten Fall wird als 1. Person *sevin* ›ich hatte‹ angege-
ben (PE17:173); die übrigen Personen scheinen demnach ohne
dieses Element gebildet zu sein. Die Zahl der erhaltenen Beispiele
ist freilich zu klein, um daraus eine endgültige Regel abzuleiten.

Die Zeitformen des Verbs lauten somit im Präteritum wie folgt:

linna- ›singen‹

Singular
1. *linna-nne-n* ›ich sang‹
1. *linna-nne-nc* ›wir sangen‹ (inkl.)
2. *linna-nne-dh* ›du sangst‹
2. *linna-nne-g* ›du sangst‹ (fam.)
3. *linna-nne-s* ›er/sie sang‹ (pers.)
3. *linnant* ›sang‹ (GF)

Plural
1. *linna-nne-m* ›wir sangen‹
2. *linna-nne-dhir* ›ihr sangt‹
2. *linna-nne-gir* ›ihr sangt‹ (fam.)
3. *linna-nne-t* ›sie sangen‹ (pers.)

3. *linna-nne-r* ›sangen‹ (GF)

ped- ›sprechen‹

Singular
1. *penn-i-n* ›ich sprach‹
1. *penn-i-nc* ›wir sprachen‹ (inkl.)
2. *penn-i-dh* ›du sprachst‹
2. *penn-i-g* ›du sprachst‹ (fam.)
3. *penn-i-s* ›er/sie sprach‹ (pers.)
3. *pent* ›sprach‹ (GF)

Plural
1. *penn-i-m* ›wir sprachen‹
2. *penn-i-dhir* ›ihr spracht‹
2. *penn-i-gir* ›ihr spracht‹ (fam.)
3. *penn-i-t* ›sie sprachen‹ (pers.)
3. *penn-i-r* ›sprachen‹ (GF)

Übungen

(1) Übersetze ins Sindarin (mit Personalendungen). Beachte dabei, dass es in einigen Fällen mehr als eine mögliche Übersetzung gibt und benenne die Unterschiede.

Beispiel:
du wirst tanzen (*lilta-*)
Lösung:
liltathadh ›du wirst tanzen‹ (allg.), *liltathag* ›du wirst tanzen‹ (fam.)

›ich werde geben‹ (*anna-*)
›ihr werdet lieben‹ (*mel-*)
›er wird gehen‹ (*pad-*)
›wir werden kämpfen‹ (*dagra-*)
›sie wird binden‹ (*nod-*)

›sie werden grüßen‹ *(suila-)*
›ihr werdet haben‹ *(sav-)*
›wir werden wissen‹ *(ista-)*

(2) Übersetze ins Sindarin (mit Personalendungen). Beachte dabei, dass es in einigen Fällen mehr als eine mögliche Übersetzung gibt und benenne die Unterschiede.

Beispiel:
du tanztest *(lilta-)*
Lösung:
liltannedh ›du tanztest‹ (allgemein), *liltanneg* ›du tanztest‹ (familiär)

›ich ging‹ *(pad-)*
›ihr kamt‹ *(tul-)*
›er trank‹ *(soga-)*
›wir kämpften‹ *(dagra-)*
›sie liebte‹ *(mel-)*
›wir grüßten‹ *(suila-)*
›sie hielten Ausschau‹ *(tir-)*
›ihr regtet euch‹ *(ritha-)*

(2) Übersetze ins Deutsche:

I·Dhant Gil-galad

Be 'il-galad Eledharan
    linnar i·naergon telegain:
medui i ardh în vain a lain
    im Velegaer a Chithaeglir

Megil dîn ann ar eth dîn vaeg,
    palan i·thôl hîn hilivren
tinnant; hand hîn en-thiliant
    i·elenath arnediad.

Dan anann io o-norant,
*   ar ú-ben ista i·mar hîn;*
an elen hîn 'ni·fuin dant
*   vi Mordor, ennas guruthos.*

Wortschatz

Belegaer ›Großes Meer‹
Eledharan ›Elbenkönig‹
Gil-galad ›Gil-galad‹ (›Strahlenstern‹)
Hithaeglir ›Nebelgebirge‹

arth ›Reich‹
*dant ›Fall‹ (von der Wurzel √DANT-)
elenath ›Sternenschar‹
eth ›Speer‹
fuin ›Dunkel, Schatten‹
guruthos ›Todesschatten‹
megil ›Schwert‹
naergon ›Klage‹
hand ›Schild‹

lain ›frei, befreit‹
maeg ›scharf‹
medui ›letzt(er, e, es)‹
nediad ›gezählt, zählbar‹

danna- ›fallen‹
ista- ›wissen, kennen‹

anann ›lange, lange Zeit‹
ennas ›dort‹
io ›her‹ (nachgestellt)

ar- ›ohne, un-‹

en- ›wieder-, zurück-, re-‹
o- ›fort-, weg-‹

Lösungen am Ende der Lektionen.

ıḥıꞇ Ithil)Mond‹

Lektion 10: Demonstrativ- und Interrogativ- pronomen

Demonstrativpronomen (Hinweisendes Fürwort)

Das *Demonstrativpronomen* ›dieser, diese, dieses‹ lautet *sen*, Pl. *sin*. Es wird wie ein Adjektiv verwendet, das heißt nachgestellt, und steht insbesondere auch zusammen mit dem Artikel. Als Adjektiv wird es leniert.

têw ›Schriftzeichen‹, Pl. *tîw.*
i·thîw ›die Schriftzeichen‹
i·thîw hin ›diese Schriftzeichen‹ (eigentlich: ›die Schriftzeichen diese‹)

In der Umschrift des Tors von Moria ist der Vokal von *thîw* nicht lang markiert. Es gibt eine mögliche Erklärung dafür, die hier freilich zu weit führen würde. Allerdings hat die Tengwar-Schrift dort überhaupt keine Längenzeichen, und das Fehlen in der Umschrift könnte auch einfach ein Versehen sein.

Vermutlich gibt es wie im Quenya eine dreifache Abstufung, die anderen Wörter sind freilich nicht belegt. Die Demostrativpronomen gelten sowohl räumlich als auch zeitlich:

sen ›dieser hier‹, Pl. *sin*
tan ›der da‹, Pl. *tain*
ent ›jener dort‹, Pl. *ent*

sí ›hier, jetzt‹
tanas ›da, früher‹ (rückverweisend)
ennas ›dort, später‹ (vorausverweisend)

Für das Demonstrativpronomen gibt es möglicherweise noch geschlechtsspezifische Formen. Solche Formen werden von Tolkien erwähnt, aber es ist nicht klar, ob sie für die Grammatik, die für *Der Herr der Ringe* gilt, noch zutreffen.

Die Form *hin* in der Inschrift auf dem Tor von Moria wäre demnach als Akkusativ Plural zu erklären:

Celebrimbor o Eregion teithant i·thîw hin
›Celebrimbor von Eregion schrieb diese Zeichen‹

Interrogativpronomen (Fragendes Fürwort)

Als Fragewort ist nur die Form *man* ›was‹ bekannt. Vermutlich handelt es sich, wie im Quenya, um ein allgemeines Fragewort, das auch ›wer‹ bedeutet. Man kann es mit Präpositionen verbinden und dabei davon ausgehen, dass die Wörter wie bei anderen Pronomen zusammengeschrieben werden. Dabei treten die üblichen Lautangleichungen ein.

man? ›was?‹ oder ›wer?‹
amman? ›wohin?‹ (aus *an* + *man*)
omman? ›woher?‹ (aus *od* + *man*)
naman? ›wie?‹ (aus *na* + *man*)

Andere Formen kann man sich entsprechend erschließen und ableiten.

mas? ›wo?‹ (abgeleitet von Qu. *masse?*)
manann ›wie lange? (aus *man* + [*an*]*ann*)

Wie offene Fragen, auf die man mit Ja oder Nein antworten kann, im Sindarin gebildet werden, ist nicht bekannt.

Übungen

(1) Übersetze ins Sindarin:

Wie ist Euer Name? Woher kommt Ihr? Wohin geht Ihr? Was wünscht Ihr hier? Versteht Ihr mich?

Ich bin der Wind, der weht. Ich komme von einem Ort, den keiner kennt. Ich gehe den westlichen Weg. Ich wünsche, was du für dich träumst. Ich verstehe, was du nicht verstehst.

(2) Übersetze ins Deutsche:

»A thôr, man le tíra?« – »Palan-diron athra dalath ar aear. Man anírach?« – »Thôr, hin tíral? I·Edhil, i·chîn vain Ilúvatar? – »Ú-díron hin. Mas pédir? – »Pédir sí nui·ngelaidh ne·thinnu.« – »Oman túlir?« – »Túlir o thanas, o mbar vedui nef rain.« – »Amman gwannar?« – »Gwannar 'ni·lonnath. Anírar i·gîr i hílar sui eilph 'lain.« – »Sí hin tíron. Rédir na annún, thar aear, thar aearon! Ar ú-entelithar an sí.«

Wortschatz

alph ›Schwan‹
hên ›Kind‹
lonnath ›Häfen‹
talath ›Land, Ebene‹
rain ›Grenze‹

gwanna- ›fortgehen, hinscheiden‹
henia- ›verstehen‹

hwinia- ›wirbeln, wehen‹
oltha- ›träumen‹
rada- ›Weg finden, Weg suchen‹

Lösungen am Ende der Lektionen.

corf ›Ring‹

Lektion 11: Imperativ, Infinitiv und Gerundium

Unter *infiniten* Verbformen versteht man solche, die keiner Person zugeordnet werden. Dazu gehören *Imperativ*, *Infinitiv* und *Gerundium* sowie die Partizipien, die in der folgenden Lektion behandelt werden.

Imperativ (Befehlsform)

Der *Imperativ*, der einen Befehl oder eine Aufforderung ausdrückt, hat nur eine Form für Singular und Plural. Er wird gebildet mit dem Stamm und der Endung *-o* (die bei schwachen Verben mit dem Stammauslaut zusammenfällt). Außerdem kann zur Verdeutlichung vor das Verb ein freier Partikel *a* gesetzt werden.

a tiro! ›schau!‹ bzw. ›schaut!‹

Ein negativer Befehl wird mit dem Adverb *avo* (auch als Vorsilbe *av-*) gebildet, das bei dem folgenden Verb eine Lenierung auslöst (siehe Lektion 4):

caro! ›tu (es)‹
avo garo!, *avgaro!* ›tu (es) nicht‹

Der Imperativ kann auch ein Subjekt haben:

lacho calad! drego morn!
›flamme Licht! fliehe Dunkel!‹
»Licht, entflamme! Dunkel, fliehe!«

Der Imperativ von *na-* ›sein‹ lautet *no*.

no aer i·eneth lîn
›sei heilig der Name Euer‹
»Geheiligt werde Dein Name« (aus dem Vaterunser)

Anders als im Quenya gibt es im Sindarin nicht die Möglichkeit, mit dieser Befehlsform und einem Verb eine abgeschwächte Form des Imperativs zu bilden. Eine solche Form, auch als *Subjunktiv* (Möglichkeitsform) bezeichnet, die zum Ausdruck von etwas, das sein sollte – Wünsche, Hoffnungen etc. – dient, wird ausgedrückt durch ein nachgestelltes *aen*. In dem einzigen uns bekannten Beispiel steht das Verb dabei im Futur:

i Panthael estathar aen
›den Ganzweis nennen-werden-sie wenn-ist‹
»der Ganzweis genannt werden sollte«

Im Prolog des ersten »Herr-der-Ringe«-Films wird *I·amar prestar aen* übersetzt als »Die Welt ist gewandelt« ('The world is changed'), im Sinne eines Passivs. Das widerspricht aber Tolkiens eigener Übersetzung oben und deren Sachverhalt; außerdem bezeichnet das *-r* üblicherweise den Plural. Darum ist die Deutung als Subjunktiv, vergleichbar der Konstruktion mit *nai* im Quenya, vorzuziehen. Zu *ae* siehe auch die Konjunktionen in Lektion 3.

Zum Ausdruck der Notwendigkeit gibt es schließlich das sehr nützliche Wort *boe* ›es ist notwendig, es tut not‹. Es kann verwendet werden, um auszudrücken, dass etwas getan werden muss.

boe naid bain gwannathar
›es-tut-not Dinge (Pl.) alle (Pl., leniert) vergehen-werden-sie‹
»es ist notwendig, [dass] alle Dinge vergehen werden«, im Sinne
von: »alle Dinge müssen vergehen«

Infinitiv (Nennform)

Der *Infinitiv* wird auch als Nennform bezeichnet, weil in vielen
Lexika diese Form als Eintrag dient: ›laufen‹, ›trinken‹, ›lieben‹.
Es handelt sich dabei um eine Art Standardform des Verbs ohne
Personenbezug.

Schwache Verben bilden den Infinitiv durch Anhängen von -*o*,
das mit dem *a*- im Stammauslaut zu -*o* (< ō) zusammengezogen
wird. Bei schwachen Verben ist somit der Infinitiv vom Imperativ
der Form nach nicht zu unterscheiden.

Starke Verben bilden den Infinitiv, indem an den Wortstamm
ein -*i* angehängt wird.

linna- ›singen‹, *linno* ›(zu) singen‹
ped- ›sprechen‹, *pedi* ›(zu) singen‹

Trägt ein starkes Verb ein -*a*- oder -*o*- in seinem Wortstamm, so
wird dies nach dem bekannten Schema zu -*e*- umgelautet

Dies bedeutet, dass unterschiedliche Verben im Infinitiv
gleich lauten können: *can*- ›rufen‹ und *cen*- ›sehen‹ haben denselben Infinitiv *ceni*. Im Sindarin wird aber oft statt des Infinitivs
das Gerundium verwendet, dann ist der Unterschied klar.

Es gibt eine Reihe von unregelmäßigen Formen, die im Wortverzeichnis aufgelistet sind.

Gerundium (Verbal-Substantiv)

Das *Gerundium* ist als Form auch aus dem Lateinischen bekannt
(und auch dort nicht leicht zu kapieren). Es ist ein Substantiv,

das aus einem Infinitiv gebildet wird, aber gewisse Eigenschaften eines Verbs beibehält.

Aus einem Verb wie ›singen‹ lässt sich ein Substantiv ›das Singen‹ ableiten. Dieses zum Substantiv gemachte Verb kann wie alle andere Substantive ein Attribut haben, zum Beispiel ein Adjektiv (›das laute Singen‹) oder einen angefügten Genitiv (›das Singen eines Liedes‹). Darüber hinaus kann es auch ein Objekt oder ein Adverb haben, wie dies normalerweise nur bei Verben vorkommt. Im Deutschen klingen diese Formen ziemlich seltsam, auch wenn sie theoretisch möglich sind: ›das Ein-Lied-Singen‹, ›das Laut-Singen‹. Im Sindarin dagegen sind solche Konstruktionen ziemlich gebräuchlich.

Das Gerundium wird gebildet durch Anhängen von *-d* an den Wortstamm, bei starken Verben in der Form *-ed*.

linna- ›singen‹, *linnad* ›(das) Singen‹
ped- ›sprechen‹, *peded* ›(das) Sprechen‹

Beispiel:

aníra i aran suilannad vellyn în phain
›wünscht der König [das] Grüßen-Freunde-seine-alle‹
»es wünscht der König alle seine Freunde zu grüßen«

Das Gerundium *suilannad* ist hier Objekt von *aníra*, *vellyn* (lenierte Form von *mellyn*, Sg. *mellon* ›Freund‹) ist wiederum Objekt von *suilannad*. Ein Gerundium als Objekt wird anscheinend nicht leniert, vermutlich deshalb, weil es irgendwie doch noch ein Verb ist. (Vielleicht hat Tolkien auch in dem Fall einfach nicht daran gedacht . . .)

Übungen

(1) Übersetze ins Sindarin:

Meinen Gruß! Ein Stern scheint auf die Stunde unserer Begegnung. Ich danke Euch für Euer Kommen. Wie lange wollt Ihr
bleiben? Kommt, esst und trinkt! Füllt unsere Kelche! Das Fest
möge beginnen!

(2) Übersetze ins Deutsche:

(a) »*Avo presto i·naid ithryn 'ni·cheriad i·rûth hîn.*«
(b) »*Le nallon Elvellon ar elin sílathar aen bo·vethed men lîn.*«
(c) »*I·lû nauthad nîn na·dhorthad nîn.*«
(d) »*I·gaim en·aran caim en·nestar ar sui i·aran dîr istathar aen.*«

Wortschatz

cam ›Hand‹
elin ›Sterne‹ (Pl. von *êl*)
ithron ›Zauberer‹
*nestar ›Heiler (von *nesta-* ›heilen‹)

lim ›schnell, rasch‹
tîr ›recht, gerade‹

govad- ›begegnen, sich treffen‹
heria- ›(plötzlich und kraftvoll) beginnen‹
mad- ›essen‹
*nautha- ›denken (von *nauth* ›Gedanke‹)
presta- ›stören, beeinflussen‹
thel- ›wollen, meinen, beabsichtigen‹
toltha- ›kommen lassen, holen‹

Lösungen am Ende der Lektionen.

‹Wolf›
draug

Lektion 12: Partizipien

Partizipien (Mittelwörter)

Das *Partizip* ist eine Art Adjektiv, das von einem Verb abgeleitet ist. Partizipien spielen im Sindarin ein wesentlich größere Rolle als im Quenya. Dadurch dass man das Hilfsverb ›sein‹ normalerweise weglässt, kann man mit Partizipien vollständige Sätze bilden und damit auch Sachverhalte erfassen, für die es keine Zeitformen im eigentlichen Sinne gibt.

Partizip Präsens Aktiv

Das *Partizip Präsens Aktiv* beschreibt den Zustand, in dem man sich befindet, wenn man die Tätigkeit ausübt, die das Verb beschreibt: ›laufend‹, trinkend‹, liebend‹. Das Partizip Präsens wird bei schwachen Verben gebildet, indem man an den Stamm die Endung *-l* anfügt, wodurch das *a* des Stammes zu *o* wird:.

linna- ›singen‹ *linnol* ›singend‹

Starke Verben bilden die Form mit dem Fugenvokal *-e-* und der Endung *-el*:

ped- ›sprechen‹ *pedel* ›sprechend‹

Bei Wortstämmen mit -i- tritt ein zusätzliches i in der Endung hinzu:

tir- ›beobachten‹ *tiriël* ›beobachtend‹

Partizip Perfekt Aktiv

Neben den Partizip Präsens gibt es im Sindarin noch ein weiteres aktives Partizip, das einen vergangenen Zustand beschreibt: ›gelaufen seiend‹, ›getrunken habend‹, ›geliebt habend‹. Wir sprechen daher vom *Partizip Perfekt Aktiv*. Es wird bei schwachen Verben gebildet, indem man das auslautende -a durch die Endung -iël ersetzt.

Bei starken Verben wird die Endung -iël an den Stamm angehängt und der Stammvokal gelängt. Dabei erfährt er eine Lautveränderung. Es handelt sich dabei nicht um einen Umlaut; vielmehr geschah diese Veränderung von langen Lauten in geschlossenen Silben schon in einer früheren Sprachstufe des Sindarin:

$^*\bar{a} > \acute{o}$
$^*\bar{e} > \acute{i}$
$^*\bar{o} > \acute{u}$

Langes $^*\bar{i}$ wurde nicht verändert. Verbstämme mit u gibt es im Elbischen nicht.

linna- ›singen‹ *linniel* ›gesungen habend‹
ped- ›sprechen‹ *pídiel* ›gesprochen habend‹

Bei Wortstämmen mit -i- unterscheiden sich die beiden aktiven Partizipien somit nur durch die Längung des Stammvokals:

tir- ›beobachten‹
tiriël ›beobachtend‹
tíriël ›beobachtet habend‹

palan-díriel ›in die Ferne geblickt habend‹ (mit Nasal-Mutation)

Das Partizip Perfekt Aktiv steht der Form nach dem Präsens nahe. Wie im Quenya (und im Englischen) ist auch hier die Handlung auf die Gegenwart bezogen. Das sollte einen aber nicht daran hindern, dies mit dem deutschen Perfekt zu übersetzen.

Partizip Passiv

Das *Partizip Passiv* beschreibt den Zustand, der durch die Handlung eines Verbs herbeigeführt wird: ›gelaufen‹, ›getrunken‹, ›geliebt‹. Es wird gebildet, indem an die Grundform des Präteritums die Bildungssilbe *-en* angehängt wird. Bei schwachen Verben ergibt sich damit die Endung *-nnen*:

linna- ›singen‹, *linnant* ›sang‹, *linnannen* ›gesungen‹

Auch hier würde die Form wahrscheinlich zu *linnen* verkürzt werden.

Bei starken Verben wirkt sich diese Endung je nach der Form des Präteritums unterschiedlich aus:

√TIR-
Stamm *tir-* ›schauen‹
Präteritum *tirn* ›schaute‹
Part. Passiv *tirnen* ›geschaut‹

√CEN-
Stamm *cen-* ›sehen‹
Präteritum *cent* ›sah‹
Part. Passiv *cennen* ›gesehen‹

√HAB-
Stamm *hab-* ›kleiden‹

Präteritum *hamp* ›kleidete‹
Part. Passiv *hammen* ›gekleidet‹

√NOD-
Stamm *nod-* ›binden‹
Präteritum *nent* ›band‹
Part. Passiv *nonnen* ›gebunden‹

√TOG-
Stamm *tog-* ›führen‹
Präteritum *tunc* ›führte‹
Part. Passiv *tungen* ›geführt‹

√TUL-
Stamm *tol-* ›kommen‹
Präteritum *toll* ›kam‹
Part. Passiv *tollen* ›gekommen‹

√RED-
Stamm *redh-* ›säen‹
Präteritum *rend* ›säte‹
Part. Passiv *renden* ›gesät‹

√LAB-
Stamm *lav-* ›lecken‹
Präteritum *lam* ›leckte‹
Part. Passiv *lammen* ›geleckt‹

Die Partizipien können wie Adjektive verwendet werden; als solche werden sie auch leniert, wenn sie dem Beziehungswort unmittelbar folgen. Zumindest das Partizip Perfekt Passiv kann eine Plural-Form mit Umlautung bilden.

Haudh-en-Ndengin ›Hügel der Erschlagenen‹ (*[n]dag-*, ›töten‹ [√NDAK-], Prät. *[n]danc* ›tötete‹, Part. Passiv *[n]dangen* ›getötet‹, Pl. *[n]dengin*)

Bei den anderen Partizipien scheint das nicht der Fall zu sein –
vermutlich, weil die Form dann nicht mehr erkennbar wäre.

Man kann, wie aus dem obigen Beispiel ersichtlich, aus Partizipien auch Substantive bilden:

Es gibt eine Reihe von unregelmäßigen Formen, die im Wortverzeichnis jeweils mit aufgeführt werden.

Das Hilfsverb ›sein‹

Das Hilfsverb ›sein‹ (als Satzergänzung verwendet) wird, wie
schon gesagt, im Sindarin häufig einfach weggelassen. Es ist eine
Streitfrage, ob es dieses Wort überhaupt gibt. Wenn ja, dann wäre
es vermutlich das gleiche wie im Quenya, nämlich *na-*, mit den
entsprechenden Personalendungen und sonstigen Formen (wie
in Lektion 9 aufgelistet).

Als Form belegt ist nur der Imperativ *no* ›sei‹, aus Tolkiens
Version des Vaterunsers auf Sindarin:

no aer i eneth lîn
›sei heilig der Name Euer‹
»Geheiligt werde Dein Name« (engl. »Hallowed be Thy name«)

Da das Hilfsverb ›sein‹ ansonsten immer ergänzt werden kann,
lässt sich so mithilfe von Partizipien auch eine finite Verbform
ausdrücken. Auf diese Weise haben wir mit dem Partizip Perfekt
Passiv somit auch eine Möglichkeit, eine echte Passiv-Konstruk-
tion zu bilden:

i·amar [*na*] *prestannen* ›die Welt [ist] gewandelt‹

Übungen

(1) Übersetze ins Sindarin:

Am Feuer sitze ich und denke, wie wird die Welt sein, wenn der Winter wiederkommen wird ohne einen Frühling, den ich sehen werde? Und hier sitzend und an entschwundene Tage denkend lausche ich auf wiederkehrende Schritte und Stimmen an der Tür.

(2) Übersetze ins Deutsche:

I·geven ristannen, lachannen i·venel. I·gorf na dannen vi·girith amarth. Sí dortham erib, geweiniannen na·naur. Naman hebich estel, sí na i·veth naid bain?

Or·fuin ban rada Anor ar elin uidorthar. Ú-pedithon i·aur terpannen a novaer 'nin·elin. Thar·fuin tíron calad, thar·guruth cuil.

»I·theryn! I·theryn anglennol...«

Zusatzaufgabe für Fortgeschrittene: Übersetze das Gedicht »Der Herr der Ringe« ins Sindarin.

Wortschatz

Nogothrim – Zwergenvolk

amarth ›Schicksal‹
cirith ›Spalte, Kluft‹
cuil ›Leben‹
fíreb ›sterblich‹
mahalf – ›Thron‹ (* von Qu. *mahalma*, aus dem Valarin)
menel ›Himmel‹
novaer ›Lebwohl‹ (* von Qu. *namárië*)
pâd ›Schritt, Weg‹
lamath ›Stimmen‹ (widerhallend)

gwinia- ›umgeben, umgrenzen‹
heb- ›behalten, festhalten an‹, Prät. *hemp*
orthor- ›meistern, beherrschen‹
rista- ›reißen, bersten‹

erib ›allein, einsam, isoliert‹
neder ›neun‹
nêl ›drei‹
odog ‹sieben‹
gwanwen ›entschwunden‹

ter- ›durch-, bis ans Ende‹
ui- ›immer-‹

Lösungen am Ende der Lektionen.

ɒiɣiɑɒ Mirion
›Silmaril‹

Anhang: *Gwainechaded* (Neuschöpfung)

Zusammensetzungen

Im Allgemeinen steht, ähnlich wie im Deutschen, bei zusammengesetzten Hauptwörtern das erste Wort immer im Singular, auch wenn es Plural-Bedeutung hat. Wird das ganze Wort in den Plural gesetzt, wird der erste Wortbestandteil meist mit umgelautet, muss er aber nicht.

adanadar ›Menschenvater‹ (aus *adan* ›Mensch‹ + *adar* ›Vater‹)
edenedair Pl. ›Menschenväter‹ (*adanedair* ist ebenso möglich)

Vokal + Konsonant

Wenn das erste Wort auf einen Vokal endet (was im Sindarin nicht so häufig vorkommt wie im Quenya) und das zweite mit einem Konsonanten beginnt, können sie problemlos aneinandergefügt werden.

Vokal + Vokal

Wenn Vokal auf Vokal trifft, wird der letzte Vokal des ersten Wortes meist weggelassen.

Konsonant + Vokal

Wenn Konsonant auf Vokal trifft, werden beide Wörter in der Regel ebenfalls einfach aneinandergefügt. Bei bestimmten Konsonantengruppen kommt es jedoch im Wortinnern zu einer Lautangleichung. Wir haben diese Fälle schon beim Präteritum des Verbs in Lektion 9 kennengelernt:

-mp (+Vokal) > *-mm-*
-nt (+Vokal) > *-nn-*
-ñc (+Vokal) > *-ñg-*

Konsonant + Konsonant

Trifft Konsonant auf Konsonant, so kommt es wesentlich seltener als im Quenya zu Lautangleichungen, da zum einen im Sindarin mehr Lautkombinationen erlaubt sind, zum anderen der zweite Bestandteil häufig durch Lenierung schon abgeschwächt ist. Vor allem nach *-n* gibt es die Lautangleichungen, die wir schon aus Lektion 4 kennen:

n+b > *-mb-*
n+c, n+g, n+ñg > *-ñg-*
n+l > *-ll-*
n+m, n+p > *-mm-*
n+t > *-nn-*
n+r > *-dhr-*
n+s > *-ss-*

Ein markantes Beispiel dafür ist:

Caradhras ›Rothorn‹ (aus *caran* ›rot‹ + *rass* ›Horn‹)

Diese ist aber erst im späten Sindarin gültig, vgl. Namen wie *Aranruth* ›Königsgrimm‹ für Elu Thingols Schwert im Ersten Zeitalter.

Vor allem unbetonte Silben werden bei Zusammensetzungen häufig verkürzt, lange Vokale zu kurzen, Diphthonge mitunter abgeschwächt. Dies gilt insbesondere für *au*, das zu *o* verdumpft.

Gildor ›Stern-Herr‹ (aus *gil* ›Stern‹ + *daur*, lenierte Form von *taur* ›Herr‹)

Balrog ›Macht-Dämon‹ (aus *bal* ›Macht‹ + *raug* ›Dämon‹; Qu. *Valarauka*)

Präfixe (Vorsilben)

Eine besonders produktive Gruppe bei der Wortbildung im Sindarin sind die Adverbien. Es ist dabei manchmal nicht sauber zu trennen zwischen Adverb und Präposition. Beide Wortarten können auch als Vorsilben herhalten. Neben den in Lektion 7 genannten Präpositionen sind dies:

Adverbien

lim schnell
mae gut
sí jetzt, hier
ui immer, ewig

Präpositionen

Einige Präpositionen haben als Vorsilben eine andere Form:

et- – aus, heraus, hinaus (Präp. *ed*)
min- – zwischen (möglicherweise die gebundene Form der Präp. *im*, als solche mit Lenierung wie in *Minhiriath* ›[Land] zwischen den Flüssen‹)
na- – auf ... zu (Präp. *an*)

nedh- – in, innerhalb, mitt- (Präp. *ned*)
tre- – durch, vollständig (Präp. *trî*)

Vorsilben

An reinen Vorsilben kommen hinzu:

ad- – wieder, zurück, re-: *aderthad* ›Wiedervereinigung‹, von der
  Wurzel √AD- ›doppelt‹
al- – nicht, un- (als Gegenteil oder Umkehrung, d. h. mehr als
  bloße Verneinung): *alfirin* ›unsterblich‹
war- – ohne, -los: *arnediad* ›ohne Zahl, unzählbar, zahllos, end-
  los‹
go- – zusammen: *goloth* ›Blütenstand, Dolde‹ (zu *loth* ›Blüte‹
ú- – nicht, un- (oft mit abwertender Färbung): *úmarth* ›Unglück‹
  (zu *amarth* ›Schicksal‹),

Vorsilben werden in der Regel bei einer Pluralbildung nicht
umgelautet.

Suffixe (Nachsilben)

Nachsilben haben oft einen vergrößernden oder verkleinernden
Charakter. Des Weiteren gibt es reine Bildungssilben, die eine
Wortklasse in eine andere umwandeln.

-ad, *-ed* – Substantivierung von Verben oder Adjektiven, oft
  Abstraktes oder zumindest Ungreifbares bezeichnend: *bregol*
  ›gewaltsam, plötzlich‹, *breged* ›Gewalt, Plötzlichkeit‹
-eb – Adjektivierung, entsprechend dem deutschen ›-voll‹,
  ›-reich‹: *aglar* ›Ruhm‹, *aglareb* ›ruhmvoll, glorreich‹
-ren – Adjektivierung mit der Bedeutung ›bestehend aus‹, auch
  im übertragenen Sinne: *ang* ›Eisen‹, *angren* ›aus Eisen,
  eisern‹; *nesta-* ›heilen‹, *nestad* ›Heilung‹, *nestadren* ›heilsam‹

-ui – Adjektivierung, eine Fähigkeit oder Eigenschaft bezeichnend: *crum* ›linke Hand‹, *crumui* ›linkshändig‹

-ath – eine Menge oder Gesamtheit bezeichnend: *êl*, alte Form *elen* ›Stern‹, *elenath* ›Sternenschar‹; *perin* ›halb‹, *Perian* ›Halbling‹, *Periannath* ›Halblinge‹ (als Rasse oder Art); bei einem Wort mit *-i-* im Stamm lautet die Endung *-iath: gîl* ›Stern‹, *giliath* ›Sternenschar‹

-hoth – ein Volk oder eine Rasse, mit negativer Bewertung, wie in *glamhoth* ›Lärmhorde‹ (Orks)

-rim – ein Volk oder eine Rasse bezeichnend wie in *Haradrim* ›Südvolk‹ (von *Harad* ›Süden‹)

-eg – verkleinernd: *Nogoth* ›Zwerg‹, *Nogotheg* ›Kleinzwerg‹, auch einzelne Form: *loth* ›Blume‹, *lotheg* ›(einzelne) Blüte‹

-on – vergrößernd: *sîr* ›Fluss‹, *sirion* ›Strom, großer Fluss‹

-on – männliche Endung: *firiël* ›sterblich‹, *firion* ›Sterblicher‹

-eth – weibliche Endung: *firiël* ›sterblich‹, *firiëth* ›Sterbliche‹

-ron, -ril – den Ausführenden einer Handlung bezeichnend, entsprechend dem deutschen ›-er(in)‹. Die Formen auf *-ron* sind männlich, die auf *-ril* weiblich: *meleth* ›Liebe‹, *melethron* ›Liebender‹, *melethril* ›Liebende‹

Zu diesem Schlussteil gibt es keine Übungen, da er allenfalls als Anregung dienen soll, selbst sprachschöpferisch tätig zu werden.

tecil
›Schreibfeder‹

Die Elbenschrift

Das Schreiben mit Tolkiens Elbenschrift ist nicht so ganz einfach. Zunächst muss man sich vor Augen halten, dass es sich dabei um eine *Lautschrift* handelt, das heißt, es wird (in etwa) so geschrieben, wie man spricht. Für jede Sprache haben die Zeichen der Schrift eine unterschiedliche Belegung mit Lauten. Daraus folgt, dass man in einer Quenya-Schreibweise nur Quenya schreiben kann; in einer Sindarin-Schreibweise nur Sindarin, etc. Unter anderem aus diesem Grund legten sich auch die Noldor, als sie aus den Unsterblichenlanden nach Mittelerde zurückkehrten, Namen zu, die wie Sindarin klangen; sonst hätte man sie auf Sindarin nicht schreiben können.

Es ist darum auch nicht ohne Weiteres möglich, einen deutschen Namen in einer Sindarin-Schreibweise zu schreiben. Dafür bräuchte man eine Schreibweise für Deutsch, die Tolkien so aber nicht hinterlassen hat. Eine mögliche Schreibweise nach diesem Prinzip ist in *Das große Elbisch-Buch* enthalten.

Die Tengwar-Schrift ist dazu gedacht, mit einer Breitfeder geschrieben zu werden. Wer es ganz authentisch haben will, schreibt mit einem Federkiel oder zumindest mit einer Kalligrafie-Feder im Federhalter. Die Schrift lässt sich aber auch mit einem Kalligrafie-Filzstift mit einer abgeflachten Spitze oder einem Füllhalter mit Italic-Feder schreiben.

Die Feder wird beim Schreiben in einem Winkel von etwa 45 Grad angesetzt. Für die normale Schrift sollte die Federbreite etwa 1,5 mm betragen.

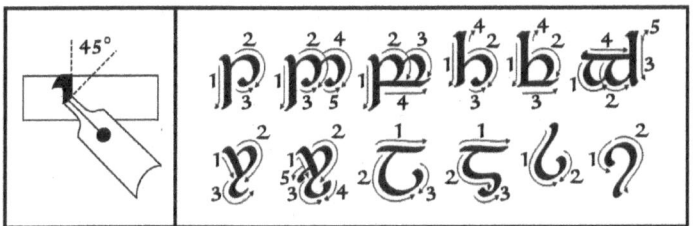

Grundsatz für das Schreiben mit der Breitfeder ist, dass nie gegen die Federspitze geschrieben wird. Darum muss man bei den offenen Bögen der Tengwar-Buchstaben immer zweimal ansetzen, mit einem Ab- und einem Aufstrich.

Die Schreibung der anderen Buchstaben lässt sich aus diesen Musterbeispielen leicht ableiten. Bei der Inschrift auf dem Tor von Moria (*HdR* II/4) wird eine Schrift mit gleichbleibender Strichstärke verwendet, wie bei einer Gravur, wobei die Köpfe der Aufstriche in Bögen auslaufen. In einer Handschrift können die Buchstaben auch vereinfacht werden.

Man kann die Buchstaben auch verzieren. Tolkien selbst verwendet bei Schmuckinitialen – etwa im »Brief des Königs« (in *Sauron Defeated,* London: HarperCollins, 1992, S. 128–31), einem Schreiben von König Aragorn Elessar an Samweis Gamdschie aus dem später gestrichenen Anhang von *Der Herr der Ringe* – doppelte Striche bei den Stämmen oder, wenn der Buchstabe keinen Stamm hat, eine zusätzliche senkrechte Linie in den Bögen.

Darüber hinaus besteht auch die Möglichkeit, das Tengwa einfach etwas größer darzustellen. Beides wird in erster Linie für Namen verwendet, ist aber nicht zwingend notwendig.

Es sieht auch schön aus, wenn die Zusatzzeichen für Vokale und Satzzeichen in einer anderen Farbe, etwa in Rot oder Grün, geschrieben werden. Bei den Zierbuchstaben werden dann die Farben umgekehrt. Doch sollte man sich bei der Kalligrafie im Allgemeinen vor zu viel Schnickschnack hüten. Es ist eine handwerkliche Kunst, und sie lebt vor allem von der Gleichmäßigkeit und Form der Schrift.

Es gibt auch diverse Tengwar-Schriften als TrueType-Fonts im Internet. Sie zu verwenden ist nicht ganz einfach, da die Elbenschrift eine Handschrift und keine Type ist. Näheres dazu ist auf der Webseite *www.elbisch.info* zu finden.

Schreibweise von Beleriand

Die Tengwar-Schrift, die in *Der Herr der Ringe* auf dem Tor von Moria (*HdR* II/4) zu lesen ist, wird als Schreibweise von Beleriand bezeichnet. Beleriand war das nach dem Ersten Zeitalter untergegangene Reich der Elben im Westen von Mittelerde. Die Inschrift auf dem Tor von Moria, angefertigt von dem Elbenschmied Celebrimbor, ist in dieser Schrift gehalten. Sie ist somit mehr als 1500 Jahre nach dem Untergang jenes Elbenreiches entstanden und zur Zeit der Handlung von *Der Herr der Ringe* selbst wiederum etwa 5000 Jahre alt – und immer noch lesbar.

Die Elben von Beleriand hatten ursprünglich eine eigene Schrift, die Cirth (die später von den Zwergen übernommen wurden). In dieser Schrift gab es für jeden Laut, Konsonanten wie Vokale, einen eigenen Buchstaben. Als dann die Noldor-Fürsten aus den Unsterblichenlanden nach Mittelerde zurückkehren, brachten diese die Tengwar-Schrift mit, die von dem Noldor-Fürsten Feanor entwickelt worden war. Die Sindar-Elben lernten die neue Schrift rasch, ebenso wie das Schreiben mit der Feder, das sie zuvor nicht gekannt hatten. Darum ist auch das Wort für Schreibfeder, *tegil*, ein Lehnwort aus dem Quenya (Qu. **tecil**). Doch anders als die Feanorische Schreibweise verwendet die Schreibweise von Beleriand genau wie bei den Cirth für Vokale Buchstaben und keine Zusatzzeichen.

Das Wort für Tengwa lautet auf Sindarin *têw*, Plural *tîw*; wir werden trotzdem hier die Quenya-Fassung des Wortes verwenden, weil sie sie sich eingeprägt hat.

Neben der Inschrift auf dem Tor von Moria gibt es noch in Tolkiens eigener Handschrift eine Tengwar-Fassung des Sindarin-Liedes »A Elbereth Gilthoniel« (*HdR* II/1) in einer Schreibweise, die dieser weitgehend entspricht (*RGEO* 62).

Die Tengwar-Schrift ist, wie gesagt, eigentlich eine Laut- und keine Buchstabenschrift. Dennoch lassen sich viele Buchstaben aus der lateinischen Schrift Zeichen in der Elbenschrift zuordnen, wie die folgende Tabelle zeigt.

a	b	c	d	e	f	g
h	i	j	k	l	m	n
o	p	q	r	s	t	u
v	w	x	y	z	,	.	'

Wie man an der Tabelle sieht, kommen einige Buchstaben im Sindarin gar nicht oder zumindest nicht in reiner Form vor. Es gibt kein *j*, *k* (dafür wird *c* immer [k] ausgesprochen), *q(u)*, *x* oder *z*.

An Satzzeichen kennen wir nur einen einfachen Punkt für
Pausen im Satz – z. B. bei Komma – und einen doppelten für das
Satzende. Das Auslassungszeichen, *gasdil*, ›Lückenfüller‹, ge-
nannt, erscheint dann, wenn ein Laut am Wortanfang durch
Mutation verschwunden ist. Zeichen zur Abstandhaltung zwi-
schen Wörtern wie Bindestrich oder hochgestellter Punkt beim
Artikel fallen in der Tengwar-Schrift weg.

Darüber hinaus gibt es einige Zeichen für Buchstabenkombinationen, die für einen bestimmten Laut stehen. Das heißt,
immer wenn ein Buchstabe in einer dieser Verbindungen vorkommt, werden die Tengwar in der Regel nicht einzeln geschrieben, sondern es wird das Zeichen für die Buchstabenkombination gewählt.

| ch | dh | hw | lh | mm | nn | ñ | rh | ss | th |

Ein Wort wie *edhel* ›Elbe‹ würde man daher *e-dh-e-l* schreiben,
weil *dh* im Sindarin für einen eigenen Laut [ð] steht. Bei manchen Wörtern muss man freilich aufpassen, wie sie sich zusammensetzen. So würde ein Wort wie *Edhelharn* ›Elbenstein‹ als *E-
dh-e-l-h-a-r-n* geschrieben, weil *l* und *h* (in *-harn* als lenierte
Form von *sarn* ›Stein‹) hier getrennt gesprochen werden.

Es gibt eigene Zeichen für *mm* und *nn*, bei denen der Bogen
aus den Zeichen für *m* und *n* jeweils verdoppelt wird. Dies ist
insofern zu beachten, weil die Zeichen mit den doppelten Bögen
in der Quenya-Schreibweise für einfaches *m* und *n* stehen. Das
Zeichen für *ss* ist in einem erst jüngst veröffentlichten Text belegt
(*PE* 22:30). Alle anderen verdoppelten Konsonanten wie zum
Beispiel *ll* werden doppelt geschrieben.

Das *ñ* steht für den Laut [ŋ] in *lang*, der im Sindarin als *n* vor *g*
oder *c* vorkommt. Am Wortanfang (auch bei mutierten Wörtern)
wird dieser Laut *ng* geschrieben.

Vokale

Vokale werden mit den jeweiligen Tengwa-Buchstaben geschrieben. Bei den Zeichen für *i* und *a* kann ein Punkt darüber gesetzt werden, um sie besser erkennbar zu machen; dies ist aber nicht unbedingt notwendig.

In der Inschrift auf dem Tor von Moria werden lange Vokale nicht besonders gekennzeichnet. Tolkien schreibt jedoch, dass in dieser Schreibweise lange Vokale gewöhnlich durch einen Akzent bezeichnet wurden, der in dieser Schreibweise *andaith* ›Langstrich‹ hieß.

á/â	é/ê	í/î	ó/ô	ú/û	y/ȳ

Wir wollen hier annehmen, dass in der Schreibung kein Unterschied gemacht zwischen den »normal« langen Vokalen und den extralangen bei einsilbigen Wörtern. Es könnte auch sein, dass letztere z. B. mit einem doppelten Langzeichen geschrieben wurden; es gibt dazu leider kein Beispiel. In der Inschrift auf dem Tor von Moria werden überhaupt keine langen Vokale markiert.

Das folgende Beispiel soll diese Schreibung verdeutlichen:

N-a-r-n   i·ch-î-n   H-ú-r-i-n

N-a-r-n: Groß- und Kleinschreibung gibt es in diesem Sinne nicht, es sei denn, dass die Anfangsbuchstaben von Texten und von Namen etwas größer geschrieben werden als die anderen Zeichen. Das ist aber nicht unbedingt erforderlich. Das *r* und *n* sind einfache Buchstaben. (Anders als die Feanori-

sche Schreibweise des Quenya unterscheidet die Schreibweise
von Beleriand übrigens nicht zwischen verschiedenen Formen
des *r*.)

i·ch-î-n: Das Zeichen für *i* trägt zur Verdeutlichung einen Punkt;
dieser kann auch fehlen. Der hochgestellte Punkt wird nicht
mitgeschrieben; zwischem dem *i* des Artikels und dem Hauptwort steht ein einfacher (oder auch gar kein) Wortabstand.
Das *ch* ist ein eigener Laut, der mit der entsprechenden Buchstabenkombination geschrieben wird. Das *î* hat Überlänge und
wird als langer Laut gleich welcher Art mit einem Langstrich
versehen. Das *n* ist wieder ein einfacher Buchstabe.

H-ú-r-i-n: Das *H* kann als als Anfangsbuchstabe eines Namens
etwas größer geschrieben werden; dies ist aber nicht unbedingt erforderlich. Das *ú* ist ein langer Laut und wird daher mit
einem Langstrich versehen. Das *r* ist ein einfacher Buchstabe.
Das *i* trägt zur Verdeutlichung einen Punkt; dieser kann auch
fehlen. Das *n* ist wieder ein einfacher Buchstabe.

Schreibübung 1

(1) Schreibe in Umschrift:

(2) Schreibe in Tengwar:

Lúthien Tinúviel – Beren – Lothlórien – Gil-galad

Pedo mellon a minno

Silivren penna míriel
o menel aglar elenath.

Lösungen im Anschluss an die Lösungen zu den Lektionen.

Diphthonge

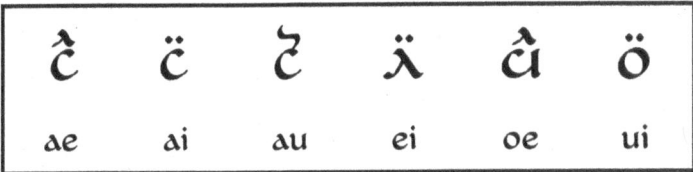

ae	ai	au	ei	oe	ui

Diphthonge sind Kombinationen von Vokalen, die in einer Silbe gesprochen werden. Das Sindarin kennt davon sechs: *ae*, *ai*, *au*; *ei*; *oe*; *ui*. Entweder werden sie voll ausgeschrieben, mit den jeweiligen Tengwar-Zeichen, oder der zweite Laut wird als Zusatzzeichen darübergesetzt. Das Zeichen für *e* ist ein kleines *e*-Tengwa, das für *i* zwei Punkte und das für *u* eine umgekehrte Tilde, wie ein liegendes *s*.

In der Inschrift auf dem Tor von Moria sind nur *ai* und *ei* belegt, in Tolkiens Tengwar-Fassung des Gedichts »A Elbereth Gilthoniel« (*RGEO* 62) der Diphthong *ui*. Dort ist wiederum der Diphthong *ae* mehrmals als *a-e* ausgeschrieben. Die anderen Beispiele stammen aus einem späteren Text. Man kann die Diphthonge vermutlich auch alle ausschreiben.

Weitere Sonderzeichen

mb	mp	nd	nt	ñg	ñc

Ein waagerechter oder geschwungener Strich über einem Tengwa steht für einen vorangehenden Nasallaut, der an der gleichen Stelle im Mund gebildet wird. Also:

m vor *p* oder *b*,
n vor *t* oder *d*,
ñ vor *c* oder *g*.

Wie oben schon ausgeführt, gibt es eigene Zeichen für *nn* und *mm* sowie für anlautendes *ng-* (gesprochen [ŋ]); *ñg* bezeichnet hier die Lautfolge im Wortinneren, die [ŋg] gesprochen (und in dem Umschrift gleichfalls *ng* geschrieben) wird. Für *ñc* [ŋk] gilt Entsprechendes.

Nicht verwendete Zeichen

Das Zeichen für *hw* ist nirgendwo belegt. Obwohl es als ›hwesta Sindarinwa‹, als Grauelben-*hw*, bezeichnet wird, ist nicht klar, ob es in der Schreibweise von Beleriand überhaupt Verwendung fand. Die Sindarin-Wörter, die im Dritten Zeitalter mit *hw* beginnen, lauteten ursprünglich mit *chw-* an. Darum ist es sinnvoller, bei ihnen die traditionelle Schreibweise mit *ch+w* beizubehalten.

Schreibübung 2

(1) Schreibe in Umschrift:

ë nc baapö þónċþċn:

(2) Schreibe in Tengwar, mit diakritischen Zeichen:

Elu Thingol – Arassuil

Ered en·Echoriath, ered e·mbar nîn!

Celebrimbor o Eregion teithant i·thîw hin.

(3) Schreibe in Tengwar und setze dabei die Markierungspunkte
bei *a* und *i* nur da, wo es nötig erscheint:

A Elbereth Gilthoniel
o menel palan-díriel,
le nallon sí di'nguruthos!

Fanuilos! A brennil lim!
A rîs thar aear annui!
A thîl ammen i reniam
im 'aladhremmin ennorath.

Lösungen im Anschluss an die Lösungen zu den Lektionen.

Zahlen

Für Auflistungen – erstens, zweitens, drittens etc. – und dergleichen werden die Tengwar von 1 bis 24 benutzt, so wie wir (a),
(b), (c) etc. verwenden, und zwar in der Reihenfolge, wie sie in
Der Herr der Ringe, Anhang E/II, aufgelistet sind. Eine Markierung wie ein Punkt oder ein waagerechter Strich darüber kann
diese Verwendung verdeutlichen.

Eigene Zahlzeichen sind für die Schreibweise von Beleriand
nicht belegt. Da die spätere Schreibweise von Gondor ähnliche
Zahlzeichen benutzt wie die Feanorische Schreibweise für Quenya,
ist es möglich, dass diese auch für das Sindarin gelten. In diesem
Fall gelten die gleichen Regeln wie im Quenya, dass nämlich die Ziffern, anders als bei uns, mit der kleinsten beginnend geschrieben
werden. Es gibt aber, wie gesagt, keinen Beleg dafür, weshalb sie
hier auch nur der Vollständigkeit halber mit aufgeführt sind:

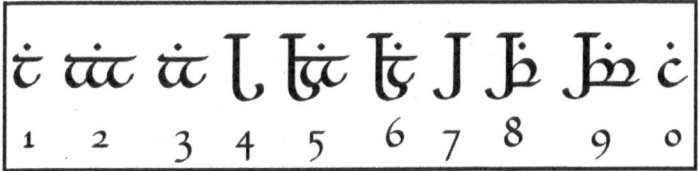

Schreibweise von Gondor

Es gibt viele. die auch Sindarin gerne wie in der Feanorischen Schreibweise für Quenya mit Zusatzzeichen über den Buchstaben schreiben wollen, weil sie diese Schrift einfach schöner finden. Dazu muss man freilich sagen, dass eine solche Schreibweise nur von den Menschen von Gondor verwendet wurde.

Unsere wichtigste Quelle für diese Schreibweise ist der bereits erwähnte »Brief des Königs«, ein Schreiben von König Aragorn an Samweis Gamdschie. Dieser Text ist in Tengwar-Schrift in zwei Spalten wiedergegeben, die linke davon in der Gemeinsamen Sprache (Westron bzw. Englisch), die rechte in Sindarin. Es gibt davon drei Fassungen; die folgenden Angaben stützen sich auf die letzte Fassung (*Sauron Defeated*, S. 131).

Die Entsprechungen der lateinischen Buchstaben zu den Tengwar der Schreibweise von Gondor sind wie folgt:

a	b	c	d	e	f	g
h	i	j	k	l	m	n
o	p	q	r	s	t	u
v	w	x	y	z	kurz	lang

Wie man an der Tabelle sieht, kommen einige Buchstaben im Sindarin gar nicht oder zumindest nicht in reiner Form vor. Es gibt kein *k* (dafür wird *c* immer [k] ausgesprochen), *q* bzw. *qu*, *j*, *x* oder *z*. Anders als im Quenya ist *y* kein Konsonant, sondern ein Vokal, gesprochen [ü].

Darüber hinaus gibt es einige Zeichen für Buchstabenkombinationen, die für einen bestimmten Laut stehen. Das heißt, immer wenn ein Buchstabe in einer dieser Verbindungen vorkommt, werden die Tengwar in der Regel nicht einzeln geschrieben, sondern es wird das Zeichen für die Buchstabenkombination gewählt.

ch	dh	lh	ll	mh	ñ	th	-r

Ein Wort wie *edhel* ›Elbe‹ würde man daher *e-dh-e-l* schreiben, weil *dh* im Sindarin für einen eigenen Laut [ð] steht. Bei manchen Wörtern muss man freilich aufpassen, wie sie sich zusammensetzen. So würde ein Wort wie *Edhelharn* ›Elbenstein‹ als *E-dh-e-l-h-a-r-n* geschrieben, weil *l* und *h* (in *harn* als lenierte Form von *sarn* ›Stein‹) hier getrennt gesprochen werden.

Wie im Quenya werden in dieser Schreibweise – anders als in der Schreibweise von Beleriand – zwei verschiedene Zeichen für *r* verwendet. Das eine, in der Tabelle als *r* geschrieben, steht am Wortanfang und vor Vokalen. Das andere, in der zweiten Tabelle als *-r*, steht am Wortende, wo der Laut abgeschwächt ist. Wenn das folgende Wort mit einem Vokal (einschließlich Artikel) beginnt, kann auch das starke *r* stehen.

Vokale werden wie in der Feanorischen Schreibweise durch Tehtar, Zusatzzeichen über den Tengwar, dargestellt.

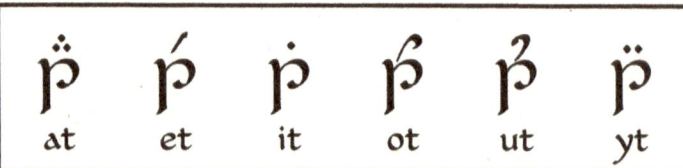

Da im Sindarin die meisten Wörter auf Konsonanten enden, werden die Vokalzeichen anders als im Quenya nicht über den vorangehenden, sondern über den jeweils *folgenden* Buchstaben gesetzt; oben am Beispiel von *t* aufgezeigt. Es gibt jedoch eine Reihe von Ausnahmen:

(1) Es gibt keinen nachfolgenden Buchstaben, weil der Vokal am Wortende steht. In diesem Fall benutzt man einen sogenannten ›kurzen Träger‹, der aussieht wie ein einfacher Tengwa-Stamm ohne Ober- oder Unterlänge – ein kurzer senkrechter Strich, meist mit einem kleinen Querstrich am Anfang, damit das Tehta besser Platz hat (siehe die erste Tabelle).

(2) Der nachfolgende Buchstabe ist bereits besetzt, weil zwei Vokale aufeinanderfolgen. In diesem Fall wird das Zeichen für den ersten Vokal auf einen kurzen Träger gesetzt.

(3) Der Vokal ist lang. In diesem Fall hat man zwei Möglichkeiten:

(a) Das Vokalzeichen wird auf einen ›langen Träger‹, das heißt, einen Stamm mit Unterlänge, gesetzt (siehe die erste Tabelle).

(b) Das Vokalzeichen wird verdoppelt (nur möglich bei den Tehtar für *e*, *u* und *o*).

Welche dieser beiden Möglichkeiten man wählt, bleibt dem Schreiber überlassen. Es können sogar im selben Text unterschiedliche Schreibungen verwendet werden.

Das folgende Beispiel soll die Schreibweise verdeutlichen (wobei Groß- und Kleinschreibung nicht beachtet werden):

ꝑ ꞇᵽýꞗ ꞇꞯꞇꞧꝏꝭꞇ

A El-b-er-eth G-il-th-on-i-el

A: Es gibt kein nachfolgendes Tengwa; der Laut steht am Wortende. Darum wird das Zeichen für *a*, da der Laut kurz ist, auf
einen kurzen Träger gesetzt.

El-b-er-eth: Das erste *e* wird über das nachfolgende Zeichen für *l*
gesetzt. Das *b* ist ein einzelnes Zeichen, dem kein Vokal
vorausgeht. Das nächste *e* wird über das nachfolgende Zeichen für *r* gesetzt. Das dritte *e* wird über das nachfolgende Zeichen für *th* gesetzt; *th* [θ] bezeichnet einen eigenen Laut im
Sindarin und wird darum durch ein eigenes Tengwa wiedergegeben.

G-il-th-on-i-el: Das *g* ist ein einzelnes Zeichen, dem kein Vokal
vorausgeht. Das folgende *i* wird über das nachfolgende Zeichen für *l* gesetzt. Das *th* ist ein einzelnes Zeichen, dem kein
Vokal vorausgeht; *th* [θ] bezeichnet einen eigenen Laut im
Sindarin und wird darum durch ein eigenes Tengwa wiedergegeben. Das *o* wird über das nachfolgende Zeichen für *n*
gesetzt. Das *i* hat keinen nachfolgenden Konsonanten und
wird darum, da der Laut kurz ist, auf einen kurzen Träger
gesetzt. Das folgende *e* wird über das nachfolgende Zeichen
für *l* gesetzt.

Beim Artikel *i* ist es durchaus üblich, das Vokalzeichen über das
erste Tengwa des folgendes Wortes und nicht auf einen Träger zu
setzen. Wenn das Hauptwort mit einem Vokal beginnt, ist das
natürlich nicht möglich.

Schreibübung 1

(1) Setze die richtigen Tehtar zu den Tengwar-Zeichen hinzu:

Ar-ag-or-n   Ar-ath-or-n-i-on   Edh-el-h-ar-n

(2) Schreibe in Tengwar-Schrift:

D-en-eth-or – M-or-g-ul – Ith-il-i-en

Lösungen im Anschluss an die Lösungen zu den Lektionen.

Sonderzeichen

mb	mm	mp	nd	nn	nt	ñg	ñc

Ein waagerechter oder geschwungener Strich über einem Tengwa steht für einen vorangehenden Nasallaut, der an der gleichen Stelle im Mund gebildet wird. Also:

m vor p oder b,
n vor t oder d,
ñ vor c oder g.

Wie oben schon ausgeführt, gibt es ein eigenes Zeichen für anlautendes *ng-* (gesprochen [ŋ]). Das *ñg* bezeichnet hier die Lautfolge im Wortinneren, die [ŋg] gesprochen (und in der

Umschrift gleichfalls *ng* geschrieben) wird. Für *ñc* [ŋk] gilt Entsprechendes.

Auch werden *nn* und *mm* auf diese Weise dargestellt. Die Verdoppelung bei *ll* wird durch einen geschwungenen Strich innerhalb des Zeichens, entsprechend der Feanorischen Schreibweise für Quenya, wiedergegeben. Für *rr* gilt vermutlich Entsprechendes; es gibt dazu leider kein Beispiel.

Schreibübung 2

(1) Setze die richtigen Tehtar und Zusatzzeichen zu den Tengwar-Zeichen hinzu:

ı ɣɔɔ ʈʊ̩ʃɔɔ ʈʊ̩ɔɔʌʃ ɔɔʋɔɔ

i · ar-an   G–ond-or   ang–l–enn–ath–a   i·D–r–ann

(2) Schreibe in Tengwar-Schrift:

F-ind-eg-il – C-el-eb-r-ant – N-ing-l-or

Lösungen im Anschluss an die Lösungen zu den Lektionen.

Schreibvarianten

Bei der Schreibung von *s* und *ss* sind in Verbindung mit Tehtar verschiedene Varianten möglich. Alle hier gezeigten kommen vor, weitere sind denkbar.

ǧ	ʔ	ǧ	˙ʔ	ʃ	ʒ	ǰ	ʒ
as	as	es	is	os	us	ess	ess

Dabei ist zu beachten, dass hier das Tehta dem Tengwa vorausgeht. Zumindest für *a* und *e* ist eine solche Schreibung belegt. Für *i*, *u* und *o* sollte man daher lieber die umgekehrte Form des Tengwa verwenden.

Diphthonge und Halbvokale

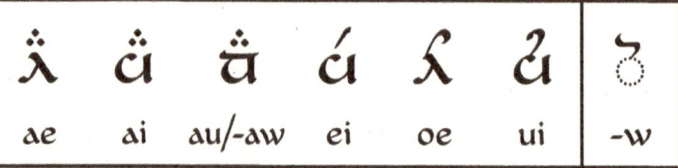

| ae | ai | au/-aw | ei | oe | ui | -w |

Diphthonge sind Kombinationen von Vokalen, die in einer Silbe gesprochen werden. Das Sindarin kennt davon sechs: *ae*, *ai*, *au* (am Wortende *-aw* geschrieben), *ei*, *oe*, *ui*. In diesem Fall wird der erste Bestandteil des Lauts als Zusatzzeichen darüber gesetzt.

Ein weiteres Zusatzzeichen, das aussieht wie eine umgekehrte Tilde oder liegende *S*-Kurve, wird nur bei Konsonanten verwendet, und zwar für folgendes *w*. Es handelt sich hierbei nicht um das deutsche *w* [v], sondern um den Halbvokal *u* [w], der mit dem vorangehenden Laut eine Einheit bildet: *gwirith* ['gwi.riθ].

Schreibübung 3

Schreibe in Tengwar-Schrift und setze dabei die richtigen Tehtar und Zusatzzeichen zu den Tengwar-Zeichen hinzu:

m-ae g-ov-ann-en, m-ell-yn n–î-n

suilad uin aran o Minas Tirith

Panthael – Baranduin – Gwirith

Lösungen im Anschluss an die Lösungen zu den Lektionen.

Satzzeichen

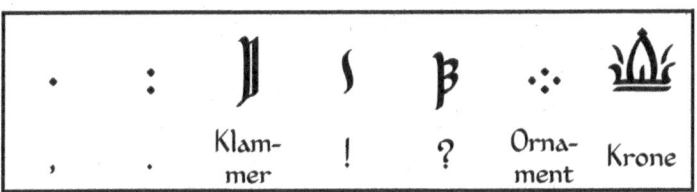

Wie in der Schreibweise von Beleriand sind die wesentlichen Satzzeichen ein einfacher, auf Mitte gesetzter Punkt oder ein Doppelpunkt. Sie stehen für Pausen unterschiedlicher Länge. Sie stehen auch in unterschiedlichen Kombinationen am Textende, zum Beispiel als Ornament in Kreuzform. Dasselbe Ornament erscheint auch gereiht als Band unter oder über dem Text.

Die öffnende und die schließende Klammer (...) sind gleich.

Ausrufe- und Fragezeichen sind zwar nicht belegt, aber vermutlich wie in der Feanorischen Schreibweise zu verwenden.

Die geflügelte Krone ist hier nur aufgeführt, weil sie so schön aussieht. Sie schmückt den erwähnten Brief von König Aragorn und ist in derselben Weise wie die Schriftzeichen gehalten.

Schreibübung 4

Schreibe in Tengwar mit Satzzeichen:

Ai na vedui Dúnadan!

Onen i·Estel Edain, ú-chebin estel anim.

*Celebrin siriar i·nîn im Gelos ar Erui
mi delaith gelin e·Lebennin!*

Lösungen im Anschluss an die Lösungen zu den Lektionen.

Zahlen

Für Auflistungen – erstens, zweitens, drittens etc. – werden die Tengwar von 1 bis 24 benutzt, so wie wir (a), (b), (c) etc. verwenden, und zwar in der Reihenfolge, wie sie in *Der Herr der Ringe*, Anhang E/II, aufgelistet sind. Ein Punkt oder ein waagerechter Strich darüber kann diese Verwendung verdeutlichen.

Für Zahlen – eins, zwei, drei etc. – verwendeten Menschen des Westens im Dritten Zeitalter hauptsächlich ein Dezimalsystem.

In allen Systemen werden die Zahlen von links nach rechts geschrieben, und zwar mit der kleinsten Ziffer beginnend – also umgekehrt wie in unserem Zahlsystem.

Im Dezimalsystem werden die Ziffern mit einem Punkt über jeder Ziffer oder, bei längeren Zahlen, mit einer durchgehenden Linie über der ganzen Zahl versehen. Die einzelnen Zeichen sind wie folgt:

Diese Zeichen sind nur an einem einzigen Beispiel, aus dem bereits mehrfach erwähnten Brief des Königs, belegt. Gesichert sind die Zeichen für 1, 3, 4, 6 und 7; die für 2 und 5 sind relativ wahrscheinlich, die übrigen spekulativ.

Schreibübung 5

Schreibe in Tengwar-Zahlen. Beachte dabei die umgekehrte Reihenfolge der Ziffern (Beispiel: *1952 = 2–9–1–5*):

100 – G.D.1427 – 1436 – nelchaenen ned Echuir: 61

Lösungen im Anschluss an die Lösungen zu den Lektionen.

Lösungen

Zu Lektion 1

(1) Bestimme die Sprache des jeweiligen Satzes:

(a) *Annon edhellen, edro hi ammen!* (Sindarin)
(b) *Uglúk u bagronk sha pushdug Saruman-glob búbhosh skai!*
(Schwarze Sprache)
(c) *Daur a Berhael, Conin en Annûn! Eglerio!* (Sindarin)
(c) *A Túrin Turambar turun' ambartanen!* (Quenya)

(2) Suche die Sindarin-Wörter heraus:

Sindarin: *Aragorn, Mithrandir, Aglarond, Bruinen, Lebennin, edain, elanor, suilannad, Ereinion, Eriador, ithildin, Amon Sûl, Fingolfin, Glamdring, Gorgoroth, Haradrim, Arod, Gwaihir, lam, angerthas, lhûg, mallorn, balrog, Elbereth, Cirith Ungol, Nîn-in-Eilph, Haudh-en-Ndengin.*

Quenya: *Ninquelóte, Ainur, yén, Narya, Silmaril, Eldalië, Telcontar, Earendil, Endor, eques, cirya, Eldarion, Valaquenta, palantír, Elentári, Ulmo, hísië, istari, Atalante, ancalima.*

Adûnaïsch: *Inzilbêth, Ar-Pharazŏn.*

Khuzdul (Zwergensprache): *Azaghâl, Kibil-nâla, uzbad.*

Rohirrisch: *meara.*

Schwarze Sprache (Orkisch): *nazg, sharkû.*

Zu Lektion 2

Zur Umschrift: Ein Doppelpunkt [:] *steht nach einem langen Laut, ein dreifacher Punkt* [:.] *nach einem besonders langen, alle anderen Laute sind kurz. Ein Punkt allein* [.] *steht gelegentlich zur Verdeutlichung der Silbentrennung; er hat keinen Einfluss auf die Länge. Betonte Silben durch einen vorangestellten Hochstrich* ['] *bezeichnet. Schrägstriche stehen für Pausen unterschiedlicher Länge.*

Weitere Einzelheiten zur verwendeten Lautschrift sind am Ende des Buches aufgeführt.

(1) Sprich die folgenden Sätze:

(a) *Mae govannen!*
[mae gɔ'vanɛn]
(b) *Annon edhellen, edro hi ammen!*
['anɔn ɛð'ɛlɛn/'ɛdrɔ hi 'amɛn]
(c) *Alae! Ered en Echoriath, ered e·mbar nīn!*
['alae // 'ɛrɛd ɛn ɛ'xɔriaθ/'ɛrɛd ɛ'mbar 'ni:.n]

(2) Sprich die folgenden Sindarin-Wörter aus:

Bruinen ['brui.nɛn], *Galadhrim* [ga'lað.rim], *Minas Tirith* ['minas 'tiriθ], *Amon Rûdh* ['amɔn ru:.ð], *estathar* ['ɛstaθar], *Barad-dûr* ['barad du:.r], *Morannon* [mɔ'ranɔn], *Arthedain* ['arθ.ɛdain], *mallorn* ['malɔrn], *Ereinion* [ɛ'reini.ɔn], *Eryn Galen* ['ɛryn 'galɛn], *lhûg* ['lu:.g], *Udalraph* [u'dalraf], *Fornost Erain* ['fɔrn.ɔst 'ɛrain], *peredhel* ['pɛrɛðɛl], *Region* ['rɛgi.ɔn], *gaurhoth* ['gaur.hɔθ], *Mithrandir* [miθ'randir], *Gilraen* ['gilraen], *Dúnedain* ['du:nɛdain], *Celebrian* [kɛlɛ'bri:an], *di'nguruthos* [di'ŋuruθɔs], *Gwaith-i-Mírdain* [gwaiθ i'mi:rdain], *iarwain* ['jarwain], *Fladrif* ['flad.riv], *Nargothrond* [nar'gɔθ.rɔnd], *ithildin* [i'θildin], *nelchaenen* [nɛl'xae.nɛn], *Orodruin* [ɔ'rɔd.ruin], *Angerthas* [aŋ'gɛrθas], *yrch* [yrx], *hwand* [wand].

(3) Lies laut: Die Hymne der Elben von Imladris (»A Elbereth Gilthoniel«, *HdR* II/1).

[a 'ɛlbɛrɛθ gil'θɔni.ɛl //
si'livrɛn 'pɛna 'mi:ri.ɛl
ɔ 'mɛnɛl 'aglar 'ɛlɛnaθ ///
na'xae.rɛd 'palan'di:ri.ɛl
ɔ galaðˈrɛmin 'ɛnɔraθ /
fa'nui.lɔs/le 'linaθɔn /
nɛv 'ae.ar/si: nɛv 'ae.arɔn]

Es gibt eine alte Tonaufname von Tolkien, auf der er selber dieses Gedicht liest. Man findet sie auch im Internet, zum Beispiel bei You-tube.

Zu Lektion 3

(1) Übersetze ins Sindarin:

Or oron tinu síla. Edhel tîr. Mellon tôl. Mi i·oron groth. Annon edra. Adan padra trî i·annon. Calad síla.

(2) Wandle alle Sätze vom Singular in den Plural um:

Or eryn tiny sílar. Edhil tirar. Mellyn tular. Mi i·eryn gryth. Ennyn edrar. Edain padrar tri in·ennyn. Celaid sílar.

(3) Übersetze ins Deutsche:

Juwelen funkeln unter den Bergen. Elbenmaiden singen. Harfner spielen. Die Menschen nähern sich. Die Elben grüßen die Menschen: »O Elbenfreunde!«

Zu Lektion 4

(1) Füge zu folgenden Substantiven Artikel und Adjektiv in der richtigen Form hinzu:

i·vellon voron ›der treue Freund‹
i·'roth nûr ›die tiefe Höhle‹
i·galad 'laur ›das goldene Licht‹
i·vîr ruin ›das feuerrote Juwel
i·annon dhaer ›das große Tor‹
i·vrethil 'wain ›die junge Buche‹
i·orod lossen ›der schneebedeckte Berg‹
i·dinu silivren ›der silberne Stern‹
i·daur dhûr ›der dunkle Wald‹
i·vâd dîr ›der richtige Weg‹

(2) Bilde zu folgenden Adjektiven die Steigerungsformen. Achte dabei auf Lautangleichungen und Längen!

tond ›hoch‹, *annond* ›höher‹
calen ›grün‹, *angalen* ›grüner‹
glân ›weiß‹, *anglán* ›weißer‹
nûr ›tief‹, *annúr* ›tiefer‹
ruin ›feuerrot‹, *adhruin* ›feuerröter‹
boron ›treu, standhaft‹, *amboron* ›treuer, standhafter‹
claur ›golden‹, *añglaur* ›goldener‹
lossen ›schneebedeckt‹, *allossen* ›schneebedeckter‹
silivren ›silbern‹, *assilivren* ›silberner‹

(3) Übersetze ins Sindarin:

Thinna vi oron. Isil hilivren síla. Di 'elaidh tynd morchaint duir. Si lilta elleth anbain. Sui calad 'lan bo hâdh galen, sui gail im 'olas Lúthiën tinna. Ar Beren nalla beth: ›*Tinúviël!*‹

Zu Lektion 5

(1) Übersetze ins Sindarin (mit Personalendungen). Beachte dabei, dass es in einigen Fällen mehr als eine mögliche Übersetzung gibt und erkläre die Unterschiede:

nallon ›ich rufe‹
tinna › [es] schimmert‹ (Grundform)
dagradh ›du kämpfst‹ (allgemein)
dagrag ›du kämpfst‹ (familiär)
tulidhir ›ihr kommt‹ (allgemein)
tuligir ›ihr kommt‹ (familiär)
suilanc ›wir grüßen‹ (inklusiv)
suilam ›wir grüßen‹ (allgemein)
tiris ›sie hält Ausschau‹ (personal)
tîr ›hält Ausschau‹ (Grundform)
dagranc ›wir kämpfen‹ (inklusiv)
dagram ›wir kämpfen‹ (allgemein)
dregat ›sie fliehen‹ (personal)
dregar › [sie] fliehen‹ (Grundform)

(2) Übersetze ins Deutsche:

Feuer in [den] Wäldern, kahl [sind] die Bäume. Ich fühle es in [der] Erde. Riechst du es in [der] Luft? Es kommt der Drache, [der] gewaltige Schrecken. Ich bleibe nicht daheim (im Haus). Kämpfen wir oder fliehen wir?

Zu Lektion 6

(1) Setze folgende Begriffe mittels Präpositionen ins Sindarin um:

aran-na-rhîw ›Winterkönig‹
naneth-na-geven ›Erdmutter‹
rochben-na-sûl ›Windreiter‹

caun-en-dae ›Schattenfürst‹
othronn-in-Noeg ›Zwergenstadt‹
sûl-na-ethuil ›Frühlingswind‹
hîr-en-rych ›Pferdeherr‹
thôl-en-gorgor ›Schreckenshelm‹

Es gibt noch andere mögliche Lösungen.

(2) Übersetze ins Deutsche:

Am achten (Tag) des Frühlings nähert sich Aragorn der König
dem Baranduin. Er kommt mit Herrin Arwen und mit Pferden
und Wagen. Ein Trupp von Gefolgsleuten bildet den Schluss. Die
Speerspitzen blitzen, die Helme gleißen, und elbische Banner
flattern in der Brise. Ein Ritter ruft: »Aragorn Elessar, der König
von Gondor und Herr der westlichen Länder, kehrt nach Arnor
zurück.«

Zu Lektion 7

(1) Setze die richtigen Formen ein:

da barad (PM) ›den Turm hinunter‹
da(s) sûl (NM) ›gegen den Wind‹
ne golas (PM) ›im Laub‹
or thalath (LM) ›über der Ebene‹
ter naur (LM) ›durch das Feuer‹
ab nagor (VM) ›nach der Schlacht‹
o charad (PM) ›von Süden her‹
nui giliath (GM) ›unter den Sternen‹
go vellon (VM) ›mit dem Freund‹
thar sîr (LM) ›quer über den Fluss‹

(2) Übersetze ins Deutsche:

Osp eria od Orodruin. Dae ritha vi thrûn. I·tûr e(n)·nôr dhur tuia. Rechbin reniar ve gwaith dhuir nu Ithil. Ar i·edain pedir i·Hîr Vôr athúl 'ni·ngarth iaur, i·varad dhûr vi Mordor athan Ephel Dúath.

Zu Lektion 8

(1) Übersetze ins Sindarin:

I·vellyn dhîn (oder *gîn*) *nar i·mellyn nîn. Maer ammen, maer allen. I·adar vîn mêl gen ar nin. Melis i·chîn în. Melis hen ar melir den* (oder *hin*).

I·aran suilad vellyn în. I·aran anna i·sûl în an Berhael. Perhael sóga e(s)·sûl hîn. I·Pheriain sógar e(s)·suil în.

(2) Übersetze ins Deutsche:

Du bist ein Lied in meinem Traum. Du bist ein Stern, dessen Glanz in der Abenddämmerung scheint. Dein Glanz verzaubert mein Herz. Du bist in meinen Träumen und ich in deinen. Beide gehen wir den Weg, dessen Ende keiner kennt, auf einem Pfad jenseits des Mondes. Ich gebe dir meine Liebe. Was gibst du mir vor der Morgendämmerung?

Ich habe hier die ehrerbietige Form des Pronomens le *(siehe Lektion 5) verwendet. Die Verwendung des einfachen oder des familiären ›du‹ wäre gleichfalls möglich. Streng genommen, müsste es im letzten Satz* **annadhir** *(2. Person Plural) heißen, aber ich gehe davon aus, dass* le *vom Sinn her Einzahl ist – im Quenya wird hier nicht zwischen Einzahl und Mehrzahl unterschieden – und daher auch mit dem Singular konstruiert werden kann. Wie schon gesagt, bei Pronomen ist so manches Ermessenssache.*

Zu Lektion 9

(1) Übersetze ins Sindarin (mit Personalendungen). Beachte dabei, dass es in einigen Fällen mehr als eine mögliche Übersetzung gibt und benenne die Unterschiede.

annathon ›ich werde geben‹

melithadhir ›ihr werdet lieben‹ (allg.), *melithagir* ›ihr werdet lieben‹ (fam.)

padrathas ›er wird gehen‹ (pers.), *padratha* ›[er] wird gehen‹ (GF)

dagrathanc ›wir werden kämpfen‹ (inkl.), *dagratham* ›wir werden kämpfen‹ (allg.)

nedithas ›sie wird binden‹ (pers.), *neditha* ›[sie] wird binden‹ (GF)

suliathad ›sie werden grüßen‹ (pers.), *suilathar* ›[sie] werden grüßen‹ (GF)

sevithadhir ›ihr werdet haben‹ (allg.), *sevithagir* ›ihr werdet haben‹ (fam.)

istathanc ›wir werden wissen‹ (inkl.), *istatham* ›wir werden wissen‹ (allg.)

(2) Übersetze ins Sindarin (mit Personalendungen). Beachte dabei, dass es in einigen Fällen mehr als eine mögliche Übersetzung gibt und benenne die Unterschiede.

padrannen ›ich ging‹

tellidhir ›ihr kamt‹ (allg.), *telligir* ›ihr kamt‹ (fam.)

sogannes ›er trank‹ (pers.), *sogant* ›[er] trank‹ (GF)

dagrannen ›wir kämpften‹

mellis ›sie liebte‹ (pers.), *mell* ›[sie] liebte‹ (GF)

suilannenc ›wir grüßten‹ (inkl.), *suilannem* ›wir grüßten‹ (allg.)

tirnet ›sie hielten Ausschau‹ (pers.), *tirner* ›[sie] hielten Ausschau‹ (GF)

rithannedhir ›ihr regtet euch‹ (allg.), *rithannegir* ›ihr regtet euch‹ (fam.)

(2) Übersetze ins Deutsche:

Der Fall Gil-galads

Von Gil-galad dem Elbenkönig / singen Harfner das Klagelied: / der Letzte, dessen Reich schön war und frei / zwischen dem Großen Meer und dem Nebelgebirge.

Sein Schwert war lang und scharf sein Speer, / weithin sein silbergleicher Helm / schimmerte; sein Schild wiederfunkelte / die ungezählte Sternenschar.

Aber lange her ritt er fort, / und keiner weiß die Wohnstatt sein; / denn sein Stern fiel ins Dunkel hinein / in Mordor, dort sind Todesschatten.

Vergleiche das Original-Gedicht in HdR I/11 – am besten im englischen Original, denn die deutsche Übersetzung ist ziemlich frei.

Zu Lektion 10

(1) Übersetze ins Sindarin:

Man eneth lîn? Oman le téla? Amman le péda. Man le aníra sí? Henial nîn? (Präs.)

Nan i·húl i hwinia. Tolon os sad i ú-ben ista. Padon 'ni·men annui. Aníron i achen olthach. Henion i ú-cheniach. (Aor.)

(2) Übersetze ins Deutsche:

»O Adler, was siehst du?« – »Ich sehe weit über Land und Meer. Was suchst du?« – »Adler, siehst du sie? Die Elben, die schönen Kinder Ilúvatars?« – »Ich sehe sie nicht. Wo gehen sie?« – »Sie gehen hier unter den Bäumen in der Abenddämmerung.« –

»Woher kommen sie?« – »Sie kommen von dorther, vom letzten Haus diesseits der Grenze.« – »Wohin gehen sie?« – »Sie gehen dahin, zu den Häfen. Sie suchen die Schiffe, die wie weiße Schwäne schimmern.« – »Jetzt sehe ich sie. Sie segeln nach Westen, über das Meer, das Große Meer! Und sie werden nicht nach hier zurückkehren.«

Zu Lektion 11

(1) Übersetze ins Sindarin:

Suilad nîn. Síla gîl erin·lû govaded vîn. Le hannon 'ni·toled lîn. Manann thílal dorthad? Tolo, mado a sogo! Panno i·huil mîn! I·vereth heriatha aen!

(2) Übersetze ins Deutsche:

(a) »Misch dich nicht in die Angelegenheiten von Zauberern, denn sie sind rasch erzürnt.« (Vgl. *HdR* III/11)
(b) »Ich nenne dich Elbenfreund, und mögen die Sterne auf das Ende deines Weges scheinen.« (Vgl. *HdR* I/3)
(c) »Die Zeit meines Denkens ist mein (zu verwenden).« (Vgl. *HdR* II/1)
(d) »Die Hände des Königs sind Hände eines Heilers, und so soll der rechtmäßige König erkannt werden.« (Vgl. *HdR* V/8)

Zu Lektion 12

(1) Übersetze ins Sindarin:

Na naur hevin a nauthon, naman i·amar natha, ae i·thrîw athelitha ben ethuil i cenithon. Si havel a nauthol oh oer gwenwin laston a phaid dandolel a lamath na annon.

Eine freie Version zweier Verse von Bilbos Lied am Abend vor dem Aufbruch der Ringgefährten (»Am Feuer sitze ich und denk . . .«, *HdR* II/3) – und ein bisschen auch ein Beispiel dafür, dass man manche Texte ziemlich quälen muss, bis sie sich mit dem beschränkten Vokabular des Sindarin wiedergeben lassen . . . Wer mag, kann auch versuchen, es zu reimen.

(1) Übersetze ins Deutsche:

Die Erde ist geborsten, entflammt der Himmel. Der Ring ist in die Kluft des Schicksals gefallen. Hier verbleiben wir allein, umgeben von Feuer. Wie hast du noch Hoffnung, hier am Ende aller Dinge?
   Über allem Dunkel zieht die Sonne ihre Bahn und weilen ewig die Sterne. Ich will nicht sagen, der Tag sei vorbei, und den Sternen Lebwohl. Jenseits des Dunkels erschaue ich Licht, jenseits des Todes Leben.
   »Die Adler! Die Adler kommen . . .«

Zusatzaufgabe für Fortgeschrittene: Übersetze das Gedicht »Der Herr der Ringe« ins Sindarin.

Hîr i·Gorvath

Corf vêl 'nin Eledherain nui·menel,
   Odog 'nin hîr Nogothrim mi 'reth hîn,
Neder 'nin Edain firib beraid 'nan gûr,
   Mîn 'ni Hîr Vôr bo mahalf vôr
Vi Mordor i ennas i·Nguruthos.
   Corf vin na orthored hin phain, Corf vin hin na dired,
   Corf vin na dolthad hin phain ar vin môr hin na noded
Vi Mordor i ennas i·Nguruthos.

Es gibt natürlich noch andere Möglichkeiten, dieses Gedicht zu übersetzen, die gleichermaßen richtig sein mögen. Man findet einige davon im Internet.

Zu weiteren Vokabeln siehe auch die Wörterbücher in Das große Elbisch-Buch.

Zur Schreibweise von Beleriand

Zu Schreibübung 1

(1) Schreibe in Umschrift:

[Tengwar script]

A E-l-b-e-r-e-th G-i-l-th-o-n-i-e-l

Der als **th** *wiedergegebene Laut hat ein eigenes Zeichen.*

(2) Schreibe in Tengwar:

[Tengwar script]

L-ú-th-i-e-n T-i-n-ú-v-i-e-l - B-e-r-e-n

[Tengwar script]

L-o-th-l-ó-r-i-e-n - G-i-l-g-a-l-a-d

Das ú und ó wird mit Langstrich geschrieben. Der Bindestrich bei **Gil-galad** *fällt in der Tengwar-Schrift weg.*

[Tengwar script]

p-e-d-o m-e-l-l-o-n a m-i-nn-o

In der Inschrift auf dem Tor von Moria (HdR II/4) steht kein Punkt

auf dem a, aber immer *auf i*. Das ll wird in zwei Zeichen, *nn* als
kombiniertes Zeichen geschrieben.

ᴗᴛᴊᴋᴍyᴧᴄ ᴩᴧᴍᴄ ᴄᴊyᴊᴧᴛ·

S-i-l-i-v-r-e-n   p-e-nn-a   m-í-r-i-e-l

ᴄᴛᴧᴋᴧᴛ ᴄᴄyᴛᴄy ᴧᴛᴧᴄᴄʜ:

o m-e-n-e-l   a-g-l-a-r   e-l-e-n-a-th.

Die Schreibung folgt hier der von Tolkien (in RGEO). Auffallend
ist, dass er den Markierungspunkt nur an einer Stelle für a verwen-
det und bei o menel Präposition und Hauptwort durch einen Balken
verbindet. Der Punkt hinter miriel bezeichnet eine Sprechpause,
auch wenn man hier kein Komma setzen würde.

Zu Schreibübung 2

(1) Schreibe in Umschrift:

ᴄ ᴄᴄ ᴋᴧᴩᴏ̈ ᴩᴏ́ᴄᴄᴩᴄᴄ:

Ai n-a   v-e-d-ui   D-ú-n-a-d-a-n !

Das ai und ui sind jeweils Diphthonge.

(2) Schreibe in Tengwar, mit diakritischen Zeichen:

ᴧᴛᴏ ʜᴄ̄ꜩᴧᴛ · ᴄyᴄ̇ɡᴏ̈ᴛ

E -l-u Th-i-ng-o-l   - A-r-a-ss-ui-l

Das ng wird als g mit einer Tilde darüber geschrieben. Für ss wird
ein kombiniertes Zeichen verwendet.

E-r-e-d   e-n · E-ch-o-r-i-a-th,

e-r-e-d   e · mb-a-r   n-î-n !

Der als ch wiedergegebene Laut hat ein eigenes Zeichen. Das mb wird als b mit einer Tilde darüber geschrieben. Die hochgestellten Punkte fallen in der Tengwar-Schrift weg.

C-e-l-e-b-r-i-mb-o-r   o   E-r-e-g-i-o-n

t-ei-th-a-nt   i · th-î-w   h-i-n .

Das nt wird als t mit einer Tilde darüber geschrieben.

(3) Schreibe in Tengwar und setze dabei die Markierungspunkte bei *a* und *i* nur da, wo es nötig erscheint:

A Elbereth Gilthoniel, o menel palan-díriel, le nallon sí di'nguruthos!

Das ng in di'nguruthos wird als ñ geschrieben, da es am Wortanfang den Lautwert [ŋ] hat. Bindestrich und Auslassungszeichen fallen in der Tengwar-Schrift weg. Die Umschrift folgt der Schreibung in Der Herr der Ringe (II/10).

[Tengwar-Text]

Fanuilos! A brennil lim! A rîs thar aear annui!
A thîl ammen i reniam im 'aladhremmin ennorath.

Ein Teil einer versuchsweisen Übersetzung des Liedes, welches die wandernden Elben singen, als sie Frodo und seinen Freunden im Auenland begegnen: »Snow-white! Snow-white! O Lady clear! / O Queen beyond the Western Seas! / O light to us that wander here / Amid the world of woven trees!« Hier wörtlich: ›Fanuilos! [= Schneeweiß] O Herrin hell! O Königin jenseits des westlichen Meeres! O Licht für uns, die wandern inmitten der walddurchwirkten Mittelerde.‹ (Vgl. HdR I/3.)

Zu beachten ist auch das **gasdil** *genannte Zeichen zu Beginn von* 'aladhremmin, *wo ein g durch Mutation weggefallen ist.*

Zur Schreibweise von Gondor

Zu Schreibübung 1

(1) Setze die richtigen Tehtar zu den Tengwar-Zeichen hinzu:

(Tengwar-Schrift)

Ar-ag-or-n   Ar-ath-or-n-i-on   Edh-el-h-ar-n

Die Sindarin-Fassung von Aragorns Königsnamen: ›Aragorn, Ara-thorns Sohn, Elbenstein [= Qu. Elessar]‹.

(2) Schreibe in Tengwar-Schrift:

(Tengwar-Schrift)

D–en-eth-or – M–or-g–ul – Ith-il-i-en

Zu Schreibübung 2

(1) Setze die richtigen Tehtar und Zusatzzeichen zu den Tengwar-Zeichen hinzu:

(Tengwar-Schrift)

i·ar-an   G–ond-or   ang–l–enn-ath-a i·D–r-ann

*Der Text ist aus dem »Brief des Königs« abgewandelt: ›Der König von Gondor wird sich dem Auenland nähern.‹ **I·Drann** ist die Sinda-rin-Version von engl. 'The Shire'.*

*Das Zeichen für den Artikel **i** wird bei **i·aran** auf einen Träger* *gesetzt, weil das folgende Wort mit einem a anfängt und somit das erste Tengwar-Zeichen bereits besetzt ist, und bei i·Drann auf das erste Zeichen des folgenden Wortes gesetzt.*

*Die Wortanfänge von **Gondor** und **Drann** zeigen zwei verschiedene Möglichkeiten der Hervorhebung (Verdoppelung des Stamms oder Großschreibung). Tolkien verwendet beide im selben Text.*

Die geschwungene Linie für den Nasallaut und das Tehta für den Vokal werden, wie man hier sieht, einfach übereinandergestapelt.

(2) Schreibe in Tengwar-Schrift:

F-ind-eg-il   - C-el-eb-r-ant - N-ing-l-or

Zu Schreibübung 3

Schreibe in Tengwar-Schrift und setze dabei die richtigen Tehtar und Zusatzzeichen zu den Tengwar-Zeichen hinzu:

m-ae g-ov-ann-en , m-ell-yn   n-î-n

s-ui-l-ad   ui-n   ar-an o M-in-as T-ir-ith

Die Schlussformel aus dem Brief des Königs: ›Grüße vom König aus Minas Tirith‹.

𝖕𝖕𝖑̊𝖝̇ᴛ · 𝖕𝖞̊𝖕̊ᴧ𝖒 · 𝖙̊𝖖𝖞𝖍
Þ-ant-h-ae-l - B-ar-and-ui-n   - Gw-ir-ith

Bei **Panthael** (›Halb-Weise‹), der Sindarin-Form von Samweis,
gehört das **h** zum zweiten Bestandteil des Wortes (lenierte Form von
sael ›weise‹).

Zu Schreibübung 4

Schreibe in Tengwar mit Satzzeichen:

ᴧ̇ 𝖒̊ 𝖐𝖑𝖕𝖘̇ᴧ 𝖕𝖒̊𝖕̊𝖕̊𝖒̊ ˙:
ai na   v-ed-ui   D-ún-ad-an   !

Gildors Ausruf, als er auf dem Weg nach Bruchtal auf Aragorn trifft
(HdR I/12): »O, endlich [der] Dúnadan!«

𝖋𝖒𝖒̇ i𝕷𝖕ᴛ 𝖕ᴧ̇𝖒 · 𝖌𝖉𝖕𝖒̇
𝕷𝖕ᴛ 𝖒̊𝖒̇ :
Ónen i·Estel Edain, ú-chebin estel anim.

Das **linnod**, das Aragorns Mutter Gilraen vor ihrem Tod sprach:
»Ich gab den Dúnedain Estel [= Hoffnung], doch keine Hoffnung
behielt ich für mich.« (HdR Anh/A).
    Der Bindestrich bei **ú-chebin** fällt in der Tengwar-Schrift weg.

[Tengwar script text]

Celebrin siriar i·nîn im Gelos ar Erui
mi delaith gelin e·Lebennin!

*Eine versuchsweise Übersetzung des Anfangs jenes Liedes, welches
Legolas in Gondor sang: »Silver flow the streams from Celos to
Erui / In the green fields of Lebennin!« Hier wörtlich: ›Silbern flie-
ßen die Wasser zwischen Celos und Erui in den grünen Ebenen
Lebennins!‹ (Vgl. HdR V/9.) Celos und Erui sind die beiden Flüsse,
die dieses Land begrenzen, daher ›zwischen‹.*

Zu Schreibübung 5

Schreibe in Tengwar-Zahlen. Beachte dabei die umgekehrte Reihenfolge der Ziffern:

[Tengwar numerals]

0 0 1	–	G.	D.	7 2 4 1	–	6	3 4 1
100			**S.R.**	**1427**			**1436**

G. D. steht für **Genediad Drannail**, *die ›Auenländische Zeitrech-
nung‹, engl. 'Shire Reckoning' (S. R.).*

ṁẓḋẋṁṁ ṁṗ ḋẓṁ: ḃṙ

nelchaenen ned Echuir: 61

Die Datumsangabe im »Brief des Königs«: ›Am dreiundzwanzigsten [Tag] des [Monats] Echuir [= Februar]: 16 [= 16. Jahr des Vierten Zeitalters]‹.

Tabelle: Formen des Verbs

linna- ›singen‹

Präsens

Singular
1. *linnon* ›ich singe‹
1. *linna-nc* ›wir singen‹ (inkl.)
2. *linna-dh* ›du singst‹
2. *linna-g* ›du singst‹ (fam.)
3. *linna-s* ›er/sie singt‹ (pers.)
3. *linna* ›singt‹ (GF)

Plural
1. *linna-m* ›wir singen‹
2. *linna-dhir* ›ihr singt‹
2. *linna-gir* ›ihr singt‹ (fam.)
3. *linna-t* ›sie singen‹ (pers.)
3. *linna-r* ›singen‹ (GF)

Futur

Singular
1. *linna-thon* ›ich werde singen‹
1. *linna-tha-nc* ›wir werden singen‹ (inkl.)
2. *linna-tha-dh* ›du wirst singen‹
2. *linna-tha-g* ›du wirst singen‹ (fam.)
3. *linna-tha-s* ›er/sie wird singen‹ (pers.)
3. *linna-tha* ›wird singen‹ (GF)

Plural
1. *linna-tha-m* ›wir werden singen‹
2. *linna-tha-dhir* ›ihr werdet singen‹
2. *linna-tha-gir* ›ihr werdet singen‹ (fam.)

3. *linna-tha-t* ›sie werden singen‹ (pers.)
3. *linna-tha-r* ›werden singen‹ (GF)

Präteritum

Singular
1. *linna-nne-n* ›ich sang‹
1. *linna-nne-nc* ›wir sangen‹ (inkl.)
2. *linna-nne-dh* ›du sangst‹
2. *linna-nne-g* ›du sangst‹ (fam.)
3. *linna-nne-s* ›er/sie sang‹ (pers.)
3. *linnant* ›sang‹ (GF)

Plural
1. *linna-nne-m* ›wir sangen‹
2. *linna-nne-dhir* ›ihr sangt‹
2. *linna-nne-gir* ›ihr sangt‹ (fam.)
3. *linna-nne-t* ›sie sangen‹ (pers.)
3. *linna-nne-r* ›sangen‹ (GF)

Partizip

Präsens Aktiv
linnol ›singend‹

Perfekt Aktiv
linn-iël ›gesungen habend‹

Perfekt Passiv
linna-nne-n ›gesungen‹

Infinite Formen

Infinitiv
linno ›singen‹

Imperativ
a linno! ›singe!‹ (oder ›singt!‹)

Gerundium
linna-d ›(das) Singen‹

ped- ›sprechen‹

Präsens

Singular
1. *ped-i-n* ›ich spreche‹
1. *ped-i-nc* ›wir sprechen‹ (inkl.)
2. *ped-i-dh* ›du sprichst‹
2. *ped-i-g* ›du sprichst‹ (fam.)
3. *ped-i-s* ›er/sie spricht‹ (pers.)
3. *pêd* ›spricht‹ (GF)

Plural
1. *ped-i-m* ›wir sprechen‹
2. *ped-i-dhir* ›ihr sprecht‹
2. *ped-i-gir* ›ihr sprecht‹ (fam.)
3. *ped-i-t* ›sie sprechen‹ (pers.)
3. *ped-i-r* ›sprechen‹ (GF)

Futur

Singular
1. *ped-i-tha-n* ›ich werde sprechen‹
1. *ped-i-tha-nc* ›wir werden sprechen‹ (inkl.)
2. *ped-i-tha-dh* ›du wirst sprechen‹
2. *ped-i-tha-g* ›du wirst sprechen‹ (fam.)
3. *ped-i-tha-s* ›er/sie wird sprechen‹ (pers.)
3. *ped-i-tha* ›wird sprechen‹ (GF)

Plural
1. *ped-i-tha-m* ›wir werden sprechen‹
2. *ped-i-tha-dhir* ›ihr werdet sprechen‹
2. *ped-i-tha-gir* ›ihr werdet sprechen‹ (fam.)
3. *ped-i-tha-t* ›sie werden sprechen‹ (pers.)
3. *ped-i-tha-r* ›werden sprechen‹ (GF)

Präteritum

Singular
1. *penn-i-n* ›ich sprach‹
1. *penn-i-nc* ›wir sprachen‹ (inkl.)
2. *penn-i-dh* ›du sprachst‹
2. *penn-i-g* ›du sprachst‹ (fam.)
3. *penn-i-s* ›er/sie sprach‹ (pers.)
3. *pent* ›sprach‹ (GF)

Plural
1. *penn-i-m* ›wir sprachen‹
2. *penn-i-dhir* ›ihr spracht‹
2. *penn-i-gir* ›ihr spracht‹ (fam.)
3. *penn-i-t* ›sie sprachen‹ (pers.)
3. *penn-i-r* ›sprachen‹ (GF)

Partizip

Präsens Aktiv
ped-e-l ›sprechend‹

Perfekt Aktiv
píd-iël ›gesprochen habend‹

Perfekt Passiv
penn-e-n ›gesprochen‹

Infinite Formen

Infinitiv
pedi ›sprechen‹

Imperativ
a pedo! ›sprich!‹ (oder ›sprecht!‹)

Gerundium
ped-e-d ›(das) Sprechen‹

tir- ›schauen‹

Präsens

Singular
1. *tir-i-n* ›ich schaue‹
1. *tir-i-nc* ›wir schauen‹ (inkl.)
2. *tir-i-dh* ›du schaust‹
2. *tir-i-g* ›du schaust‹ (fam.)
3. *tir-i-s* ›er/sie schaut‹ (pers.)
3. *pêd* ›schaut‹ (GF)

Plural
1. *tir-i-m* ›wir schauen‹
2. *tir-i-dhir* ›ihr schaut‹
2. *tir-i-gir* ›ihr schaut‹ (fam.)
3. *tir-i-t* ›sie schauen‹ (pers.)
3. *tir-i-r* ›schauen‹ (GF)

Futur

Singular
1. *tir-i-tha-n* ›ich werde schauen‹
1. *tir-i-tha-nc* ›wir werden schauen‹ (inkl.)
2. *tir-i-tha-dh* ›du wirst schauen‹

2. *tir-i-tha-g* ›du wirst schauen‹ (fam.)

3. *tir-i-tha-s* ›er/sie wird schauen‹ (pers.)

3. *tir-i-tha* ›wird schauen‹ (GF)

Plural

1. *tir-i-tha-m* ›wir werden schauen‹

2. *tir-i-tha-dhir* ›ihr werdet schauen‹

2. *tir-i-tha-gir* ›ihr werdet schauen‹ (fam.)

3. *tir-i-tha-t* ›sie werden schauen‹ (pers.)

3. *tir-i-tha-r* ›werden schauen‹ (GF)

Präteritum

Singular

1. *tirn-i-n* ›ich schaute‹

1. *tirn-i-nc* ›wir schauten‹ (inkl.)

2. *tirn-i-dh* ›du schautest‹

2. *tirn-i-g* ›du schautest‹ (fam.)

3. *tirn-i-s* ›er/sie schaute‹ (pers.)

3. *tirn* ›schaute‹ (GF)

Plural

1. *tirn-i-m* ›wir schauten‹

2. *tirn-i-dhir* ›ihr schautet‹

2. *tirn-i-gir* ›ihr schautet‹ (fam.)

3. *tirn-i-t* ›sie schauten‹ (pers.)

3. *tirn-i-r* ›schauten‹ (GF)

Partizip

Präsens Aktiv
tir-iël ›schauend‹

Perfekt Aktiv
tir-iël ›geschaut habend‹

Perfekt Passiv
tirn-e-n ›geschaut‹

Infinite Formen

Infinitiv
tiri ›schauen‹

Imperativ
a tiro! ›schau!‹ (oder ›schaut!‹)

Gerundium
tir-e-d ›(das) Schauen‹

Wortverzeichnis Sindarin–Deutsch

VM = Vokalische Mutation (Lenierung)
NM = Nasalmutation
GM = Gemischte Mutation
PM = Plosivmutation
LM = Liquidmutation

a – mit (VM); vor Vokalen *ah*

a! – o!

ab – nach (zeitlich) (VM)

achen – für dich, 2. Pers. Sg. (fam.)

ad- – wieder-, zurück-, re-

Adan – Mensch, Pl. *Edain*

adel – hinter, am Ende von (VM)

ae – wenn, falls (konditional)

aer – heilig

aew – Vogel, Pl. *aew*

aglar – Glanz

agor – eng

ah – siehe *a*

alle(n) – für euch, 2. Pers. Pl.

alph – Schwan

am – auf, aufwärts (VM)

amar – Welt

amarth – Schicksal

amman? – wohin? (*aus *an* + *man*)

ammen – für uns, 1. Pers. Pl. (allg.)

an – für (= Dat.); auf … zu (NM); *an+in* = 'nin

anann – lange, lange Zeit

andrann – Zeitalter

Andreth – Andreth

angen – für uns, 1. Pers. Sg. (inkl.)

anglenna- – sich nähern

angren – eisern, Pl. *engrin*

aníra- – wünschen, begehren, suchen

anna- – geben, schenken

annen – für dich, 2. Pers. Sg. (allg.)

annon – Tor

annui – westlich

aphada- – folgen (als Letzter in einer Reihe)

ar – und

ar- – ohne, un-

Aragorn – Aragorn

aran – König

ardh – Reich, Gebiet

Arnor – Arnor

arth – Reich

Arwen – Arwen (›Hohe Frau‹)

assain – für sie, 3. Pers. Pl. (unpers.)

assan – für es, 3. Pers. Sg. (unpers.)

assen – für ihn/sie, 3. Pers. Sg. (pers.)

ath – beidseits von (VM)

athan – jenseits von (NM)

athen – für sie, 3. Pers. Pl. (pers.)

athra – quer über, durch … hindurch (VM)

athrabeth – Debatte

Athrad Angren, Pl. *Ethraid Engrin* – die eisernen Furten (= die Furten des Isen)

avo – nicht! (mit Imperativ)

ᵐbach – Ding

bâd – Pfad, Pl. *baid*

bain – schön

ᵐbar – Heim, Haus, Pl. *bair*

barad – Turm

ᵐbarad – verdammt

Barad-dûr – Dunkler Turm

Baranduin – Baranduin (›Brauner Fluss‹), im Auenland Brandywein genannt

Baranduiniant – Baranduinbrücke

ᵐbass – Brot

ᵐbaul – Qual

be – gemäß, nach (im übertragenen Sinne) (VM); *be + in = ben*

beleg – groß, mächtig

Belegaer – Großes Meer

ben (< *be + in*) – gemäß dem (der), Pl. gemäß den (GM)

benn – Mann

blab- – flattern, Prät. *blamp*

blabed – Flattern

bo – auf (VM)

boe – es tut not (unpers.)

boron – treu, standhaft

brethil – Buche

ᵐbund – Schnauze

Cabed-en-Aras – Sprung des Hirschen

caer – zehn

cair – Schiff

calad – Licht

calen – grün

Calenardhon – Grüne Provinz

cam – Hand

can- – rufen, unregelm. Präs. *cína*

canthui – viert(er, e, es)

car- – machen, Prät. *agor*

cen – dir, 2. Pers. Sg. (fam.) Dat.

cen- – sehen, Prät. *cent*

certh – Rune, Pl. *cirth*

ceven – Erde (unter dem Himmel)

chen – dich, 2. Pers. Sg. (fam.) Akk.

cirith – Spalte, Kluft

claur – Glanz

claur – golden (nur von Licht)

corf – Ring (* von Qu. *corma*)

criss – Kluft

cuil – Leben

cuina- – leben, lebendig sein

Curunír 'lan – Saruman der Weiße

cýron – Neumond, Pl. *cýryn*

dad – hinunter (PM)

ⁿdae – Schatten

ⁿdag- – töten

ⁿdagor – Schlacht

ⁿdagra- – kämpfen

ⁿdam – Hammer

ⁿdan – aber, – gegen, zurück zu (NM)

ⁿdan – gegen, zurück

dandol- – wiederkehren (* von *dandol* ›Wiederkehr‹), Prät. *dandoll*

danna- – fallen

dant – Fall (*von der Wurzel √DANT-)

den – dir, 2. Pers. Sg. (allg.) Dat.

den – sie, 3. Pers. Pl. (pers.) Akk.

dhen – dich, 2. Pers. Sg. (allg.) Akk.

dhîn – dein(er), 2. Pers. Sg. (allg.), Endung *-(e)dh*

di – unter, unterhalb von (VM)

dîn – ihr(er), 3. Pers. Pl. (pers.), Endung *-(e)t*

ⁿdir – Mann

ⁿdîs – Frau (jung)

ⁿdô – Land, Pl. *ⁿdŷr*

doron – Eiche

dortha- – bleiben

draug – Wolf

drega- – fliehen

duin – Strom, Pl. *duin*

ⁿdûn – Westen

dûr – dunkel, schwarz

Durin – Durin

ed – aus … heraus (PM)

edh – du (allg.)

Edhel – Elbe, Pl. *Edhil*

Edhelharn – Elessar (›Elbenstein‹, Königsname Aragorns)

edhellen – elbisch

edra- – sich öffnen

eg – du (fam.)

egor – oder

eithel – Quelle, Pl. *eithil*

êl – Stern, Pl. *elin*

Eledharan – Elbenkönig

Eledhrim – Elbenvolk

elenath – Sternenschar

elin – Sterne (Pl. von *êl*)

elleth – Elbenmaid

Elvellon – Elbenfreund

'en – uns, 1. Pers. Sg. (inkl.) Akk.

enchui – sechst(er, e, es)

eneth – Name

ennas – dort, später (vorausverweisend)

enni(n) – für mich, 1. Pers. Sg.

ennor – Mittelland

ennorath – Mittelerde

ent – jener dort, Pl. *ent*

Ephel Dúath – Schattengebirge (›Schattenzaun‹)

eria- – aufsteigen

erib – allein, einsam, isoliert

erin (< *or* + *in*) – auf dem (der), Pl. auf den, auch: am (bei Datumsangaben)

est – er/sie, 3. Pers. Sg. (pers.) Nom.

esta- – nennen

Estel – Estel (›Hoffnung‹)

estel – Hoffnung

eth – Speer

ethuil – Frühling

falas – Ufer

fang – Bart, Pl. *feng*

fin – Haar, Pl. *fin*

Finrod – Finrod

fireb – sterblich

firn – Tote (Pl.)

fuin – Dunkel, Schatten

galadh – Baum (breit)

galadhremmin – walddurchwirkt

ganna- – spielen (Harfe)

[ñ]*gannel* – Harfe

[ñ]*garav* – Wolf

garth – Festung

[ñ]*gaur* – Werwolf

gen – uns, 1. Pers. Sg. (inkl.) Dat.

gen – wir, 1. Pers. Sg. (inkl. = ich und du/ihr) Nom.

gîl – Stern, Pl. *gail*, Koll. Pl. *giliath*

Gil-galad – Gil-galad (›Strahlenstern‹)

gîn – dein(er), 2. Pers. Sg. (fam.), Endung *-(e)ch*

gîn – uns(er), 1. Pers. Sg. (inkl.), Endung *-(e)nc*

glamor – Echo

glân – weiß

Glanduin – Weißfluss

go – mit, zusammen mit (VM); *go + in = guin*

golas – Laub

[ñ]*goll* – klug

Gondor – Gondor

gorgor – Schrecken (groß)

govad- – begegnen, sich treffen

groth – Höhle, unterirdische Wohnstatt

guin (< *go + in*) – zusammen mit dem (der), Pl. – zusammen
    mit den (GM)

[ñ]*gûl* – Magie

gûr – Herz

[ñ]*gûr* – Tod

[ñ]*guruth* – Tod

[ñ]*guruthos* – Todesschatten

gwaith – Volk

gwanna- – fortgehen, hinscheiden

gwaun – Gans, Pl. *gwoen*

gwilith – Luft

gwinia- – umgeben, umgrenzen

hab- – kleiden, Prät. *hant*

hain – ihr(er), 3. Pers. Pl. (unpers.)

hain – sie, 3. Pers. Pl. (unpers.) Akk.

han – es, 3. Pers. Sg. (unpers.) Akk.

harad – Süden

hathol – Axt

Haudh-i-Ndengin – Hügel der Erschlagenen

heb- – behalten, festhalten an, Prät. *hemp*

hen – ihn/sie, 3. Pers. Sg. (pers.)

hên – Kind

hên – sein(er), 3. Pers. Sg. (unpers.)

henia- – verstehen

heria- – beginnen (plötzlich und kraftvoll)

herth – Garde, Truppe eines Herrn

hîn – sein(er)/ihr(er), 3. Pers. Sg. (pers.), Endung -(*e*)*s*

hîr – Herr

híril – Herrin

Hithaeglir – Nebelgebirge

hwest – Brise, Wind, Hauch

hwinia- – wirbeln, wehen

iaur – alt

im – ich, 1. Pers. Sg.

im – innerhalb, zwischen (VM)

în – Jahr

io – her (nachgestellt)

ir – wenn, wann (zeitlich)

ista- – wissen, kennen

Ithil – Mond

ithron – Zauberer, Pl. *ithryn*

lacha- – flammen

Laegel – Grünelbe, Pl. *Laegil*

lain – Faden, Pl. *lain*

lain – frei, befreit

lanc – nackt, kahl

lasta- – hören auf, lauschen auf

lav- – lecken, Prät. *lam*

le(n) – euch, 2. Pers. Pl. Akk.

le(n) – euch, 2. Pers. Pl. Dat.

le(n) – ihr, 2. Pers. Pl. Nom.

lembas – Lembas (›Reisebrot‹)

lhûg – Schlange

lim – schnell, rasch

lîn – euer, 2. Pers. Pl., Endung *-(e)l*

linna- – singen

linnad – Singen, Gesang, Lied (*von *linna-* singen)

lonnath – Häfen

loss, Pl. *lyss* – Schnee

loss – schneeweiß

luitha- – verzaubern

lûth – Blüte, Pl. *luith*

mad- – essen, Prät. *mant*

maeg – scharf

mahalf – Thron (* von Qu. *mahalma*, aus dem Valarin)

man – was?, wer?

manann? – wie lange? (*aus *man* + [*an*]*ann*)

mas? – wo? (*abgeleitet von Qu. *masse?*)

matha- – fühlen, befühlen

medui – letzt(er, e, es)

megil – Schwert

mel- – lieben (* von *meleth* ›Liebe‹)

meleth – Liebe

mellon – Freund

men – uns, 1. Pers. Pl. (allg.) Dat.

men – Weg, Richtung

men – wir, 1. Pers. Pl. (allg.) Nom.

menel – Himmel

Meril – Rose

methed – Ende

mi, *vi* – in (räumlich und allg.) (VM)

min – zwischen, innerhalb (NM)

Miniel – Erst-Elbe (= Vanya), Pl. *Mínil*

minna- – eintreten

minuial – Morgendämmerung

mîr – Juwel

Mirion – Silmaril, Pl. *Miruin*

morchant – Schatten (von Licht geworfen), Pl. *morchaint*

Mordor – Mordor (›Dunkelland‹)

Moria – Moria

mŷl – Möwe, Pl. *mŷl*

na – mit(tels), durch; von (= Gen.) (VM); *na + in = nan*

na- – sein

naergon – Klage

naman? – wie? (*aus *na + man*)

nan – Tal (baumbestanden)

nan (< *na+in*) – durch den (der), Pl. durch die (GM)

Nan-tathren – Weidental

narn – Geschichte, Pl. *nern*

naugol – Zwerg, Pl. *noegyl*

naur – Feuer

nautha- – denken (*von *nauth* Gedanke)

novaer – Lebwohl (* von Qu. *namárië*)

naw – Idee, Pl. *noe*

ned – an, in (zeitlich und allg.) (PM)

neder – neun

nediad – gezählt, zählbar

nef – diesseits von (VM)

nêl – drei

nên – See, Pl. *nîn*

nestar – Heiler (*von *nesta-* heilen)

ni(n) – mich, 1. Pers. Sg. Akk.

ni(n) – mir, 1. Pers. Sg. Dat.

nîn – mein(er), 1. Pers. Sg., Endung -*(e)n*

'nin (< *an+in*) – zu dem (der), Pl. zu den (GM)

ninglor – Iris (Blume)

no – vor (zeitlich) (VM); *no + in = nuin*

nod- – binden, Prät. *nent*

Nogothrim – Zwergenvolk

nor- – laufen, Prät. *onur*

nosta- – riechen

nu – unter, unterhalb von (VM); *nu + in = nuin*

nuin (< *no*+*in*) – vor dem (der), Pl. vor den (zeitlich)

nuin (< *nu*+*in*) – unter dem (der), Pl. unter den

nûr – tief

o – betreffend, über (VM); vor Vokalen *oh*; *o* + *in* = *uin*

o- – fort-, weg-

od – von … weg (PM)

odog – sieben

oh – siehe *o*

ohtar – Krieger, Knappe

ôl – Traum, Pl. *ely*

oltha- – träumen

omman? – woher? (*aus *od* + *man*)

or – über, oberhalb von (LM); *or* + *in* = *erin*

orch – Ork, Pl. *yrch*

orn – Baum (hoch)

orod – Berg, Pl. *eryd*

Orodruin – Orodruin (›Feuerberg‹)

oron – Wald

orthor- – meistern, beherrschen

osp – Rauch

othronn – Stadt (unterirdisch)

pâd – Schritt, Weg

padra- – gehen

palan – fernhin, weithin

palan-diriel – fernhin blickend

panna- – füllen

parth – Gegend

Parth Galen – Grüne Gegend

paur – Faust

ped- – sprechen, Prät. *pent*

pen – irgendwer, jemand

pen – ohne (NM)

Perhael – Samweis

Perian – Halbling, Hobbit

peth – Wort

presta- – stören, beeinflussen

prestanneth – Beeinflussung

rach – Wagen

râd – Pfad, Weg

rada- – Weg finden, Weg suchen

rain – Grenze

redh- – säen, Prät. *rend*

renia- – umherschweifen

rhach – Fluch

rhîw – Winter

rhûn – Osten

rista- – reißen, bersten

ritha- – rucken, sich regen

roch – Pferd

rochben – Reiter, Ritter

ruin – feuerrot

sa – dass

sâdh – Gras, Grasnarbe, Wiese

sain – ihnen, 3. Pers. Pl. (unpers.)

san – ihm, 3. Pers. Sg. (unpers.)

sarn – Stein (klein)

Sarn Athrad – Steinfurt

sav- – haben, Prät. *aw*

sáva – Saft

sen – dieser hier, Pl. *sin*

sen – ihm/ihr, 3. Pers. Sg. (pers.) Dat.

sí – hier, jetzt

síla- – scheinen (mit weißem oder silbernem Licht)

silivren – silbern

sîr – Fluss, Pl. *sîr*

soga- – trinken

sui – so wie

suila- – grüßen

sûl – Kelch

sûl – Wind

ta – es (unpers.)

tai – sie, 3. Pers. Pl. (unpers.) Nom.

talagan – Harfner, Harfenspieler

talath – Land, Ebene

tan – der da, Pl. *tain*

tanas – da, früher (rückverweisend)

tanu – Zeichen, Banner (* von Qu. *tanna*)

taur – Wald (groß)

Taur-na-Neldor – Wald-von-Buche, Buchenwald (= Wald Neldoreth in Beleriand)

tegil – Schreibfeder

teitha- – schreiben

ten – ihnen, 3. Pers. Pl. (pers.) Dat.

ter – durch (bis zum Ende) (LM)

ter- – durch-, bis ans Ende

têw – Schriftzeichen, Pl. *tîw*

thalion – Held, Pl. *thelyn*

thand – Schild

thar – quer über, durch, jenseits von (LM)

thel- – wollen, meinen, beabsichtigen, Prät. *thell*

thela – Spitze (eines Speers), Pl. *thili*

thilia- – funkeln, gleißen

thinna – dunkeln, Abend werden

thôl – Helm

thôr – Adler, Pl. *theryn*

thoron – Adler, Pl. *theryn*

ti – sie, 3. Pers. Pl. (pers.) Nom.

tinnu – Nacht (frühe, ohne Mond), Sternzwielicht, Abenddämmerung

tinu – Stern (klein)

tîr – richtig, recht, gerade

tir- – wachen, schauen, Ausschau halten auf, Prät. *tirn*

tog- – führen, Prät. *tunc*

tol- – kommen, Prät. *toll*

toltha- – kommen lassen, holen

tond – hochgewachsen, hoch

torech – Lauer

trann – Gau (engl. 'Shire')

trî – durch ... hindurch (VM)

tuia- – wachsen, schwellen, zunehmen

tulus – Pappel Pl. *tylys*

tum – Tal, Pl. *tym*

tûr – Macht

ui- – immer-

uilos – Immerweiß, Pl. *uilys*

uin (< *o* + *in*) – von dem (der), Pl. von den (GM)

ven – uns, 1. Pers. Pl. (allg.) Akk.

vi, mi – in (räumlich und allg.) (VM)

vîn – unser, 1. Pers. Pl. (allg.), Endung -*(e)m*

ylf – Fackel, Pl. *ylf*

yúyo – beide

Wortverzeichnis Deutsch–Sindarin

VM = Vokalische Mutation (Lenierung)
NM = Nasalmutation
GM = Gemischte Mutation
PM = Plosivmutation
LM = Liquidmutation

Abenddämmerung, Nacht (frühe, ohne Mond), Sternzwielicht – *tinnu*
aber – *^{n}dan*
Adler – *thôr, thoron*, Pl. *theryn*
allein, einsam, isoliert – *erib*
alt – *iaur*
Abend werden, dunkeln – *thinna-*
am (bei Datumsangaben); auf dem (der), Pl. auf den – *erin*
  (< *or* + *in*)
am Ende von, hinter – *adel* (VM)
an, in (zeitlich und allg.) – *ned* (PM)
Andreth – *Andreth*
Aragorn – *Aragorn*
Arnor – *Arnor*
Arwen (›Hohe Frau‹) – *Arwen*
auf – *bo* (VM)
auf . . . zu; für (= Dat.) – *an* (NM); *an+in* = *'nin*
auf dem (der), Pl. auf den, auch: am (bei Datumsangaben) –
  erin (< *or* + *in*)
auf, aufwärts – *am* (VM)
aufsteigen – *eria-*
aufwärts, auf – *am* (VM)
aus . . . heraus – *ed* (PM)
Ausschau halten auf, wachen, schauen – *tir-*, Prät. *tirn*
Axt – *hathol*
Banner, Zeichen – *tanu* (* von Qu. *tanna*)
Baranduin (›Brauner Fluss‹) – *Baranduin*
Baranduinbrücke – *Baranduiniant*

Bart – *fang*, Pl. *feng*

Baum (breit) – *galadh*

Baum (hoch) – *orn*

beabsichtigen, wollen, meinen – *thel-*, Prät. *thell*

Beeinflussung – *prestanneth*

befreit, frei – *lain*

befühlen, fühlen – *matha-*

begegnen, sich treffen – *govad-*

begehren, suchen, wünschen – *aníra-*

beginnen (plötzlich und kraftvoll) – *heria-*

behalten, festhalten an – *heb-*, Prät. *hemp*

beherrschen, meistern – *orthor-*

beide – *yúyo*

beidseits von – *ath* (VM)

Berg – *orod*, Pl. *eryd*

bersten, reißen – *rista-*

betreffend, über – *o* (VM), vor Vokalen *oh; o + in = uin*

binden – *nod-*, Prät. *nent*

bis ans Ende, durch- – *ter-*

bleiben – *dortha-*

Blüte – *lûth*, Pl. *luith*

Brise, Wind – *hwest*

Brot – *ᵐbass*

Buche – *brethil*

Buchenwald, Wald-von-Buche (= Wald Neldoreth in Beleriand) – *Taur-na-Neldor*

da, früher (rückverweisend) – *tanas*

dass – *sa*

Debatte – *athrabeth*

dein(er), 2. Pers. Sg. (allg.) – *dhîn*, Endung *-(e)dh*

dein(er), 2. Pers. Sg. (fam.) – *gîn*, Endung *-(e)ch*

denken – *nautha-* (*von *nauth* Gedanke‹)

der da – *tan*, Pl. *tain*

dich, 2. Pers. Sg. (allg.) Akk. – *dhen*

dich, 2. Pers. Sg. (fam.) Akk. – *chen*

dieser hier – *sen*, Pl. *sin*

diesseits von – *nef* (VM)

Ding – *ᵐbach*

dir, 2. Pers. Sg. (allg.) Dat. – *den*

dir, 2. Pers. Sg. (fam.) Dat. – *cen*

dort, später (vorausverweisend) – *ennas*

drei – *nêl*

du, 2. Pers. Sg. (allg.) Nom. – *edh*

du, 2. Pers. Sg. (fam.) Nom. – *eg*

Dunkel, Schatten – *fuin*

dunkel, schwarz – *dûr*

dunkeln, Abend werden – *thinna-*

Dunkler Turm – *Barad-dûr*

durch, jenseits von, quer über – *thar* (LM)

durch (bis zum Ende) – *ter* (LM)

durch ... hindurch – *trî* (VM)

durch ... hindurch, quer über – *athra* (VM)

durch den (der), Pl. durch die – *nan* (< *na*+*in*) (GM)

durch-, bis ans Ende – *ter-*

Durin – *Durin*

Ebene, Land – *talath*

Echo – *glamor*

Eiche – *doron*

einsam, allein, isoliert – *erib*

eintreten – *minna-*

eisern – *angren*, Pl. *engrin*

Elbe – *Edhel*, Pl. *Edhil*

Elbenfreund – *Elvellon*

Elbenkönig – *Eledharan*

Elbenmaid – *elleth*

elbisch – *edhellen*

Elessar (›Elbenstein‹, Königsname Aragorns) – *Edhelharn*

Ende – *methed*

eng – *agor*

er/sie, 3. Pers. Sg. (pers.) Nom. – *est*

Erde (unter dem Himmel) – *ceven*

Erst-Elbe (= Vanya) – *Miniel*, Pl. *Mínil*

es tut not (unpers.) – *boe*

es, 3. Pers. Sg. (unpers.) Akk. – *han*

es, 3. Pers. Sg. (unpers.) Nom. – *ta*

essen – *mad-*, Prät. *mant*

Estel (›Hoffnung‹) – *Estel*

euch, 2. Pers. Pl. Akk. – *le(n)*

euch, 2. Pers. Pl. Dat. – *le(n)*

euer, 2. Pers. Pl. – *lîn*, Endung *-(e)l*

Fackel – ylf, Pl. *ylf*

Faden – lain, Pl. *lain*

Fall – *dant* (*von der Wurzel √DANT-)

fallen – *danna-*

falls, wenn (konditional) – *ae*

Faust – *paur*

fernhin, weithin – *palan*

fernhin blickend – *palan-diriel*

festhalten an, behalten – *heb-*, Prät. *hemp*

Festung – *garth*

Feuer – *naur*

feuerrot – *ruin*

Finrod – *Finrod*

flammen – *lacha-*

Flattern – *blabed*

flattern – *blab-*, Prät. *blamp*

fliehen – *drega-*

Fluch – *rhach*

Fluss – sîr, Pl. *sîr*

folgen (als Letzter in einer Reihe) – *aphada-*

fort-, weg- – *o-*

fortgehen, hinscheiden – *gwanna-*

Frau (jung) – ^{n}*dîs*

frei, befreit – *lain*

Freund – *mellon*

früher, da (rückverweisend) – *tanas*

Frühling – *ethuil*

fühlen, befühlen – *matha-*

führen, Prät. *tunc* – tog-

füllen – *panna-*

funkeln, gleißen – *thilia-*

für (= Dat.); auf ... zu – *an* (NM); *an*+*in* = *'nin*

für dich, 2. Pers. Sg. (allg.) – *annen*

für dich, 2. Pers. Sg. (fam.) – *achen*

für es, 3. Pers. Sg. (unpers.) – *assan*

für euch, 2. Pers. Pl. – *alle(n)*

für ihn/sie, 3. Pers. Sg. (pers.) – *assen*

für mich, 1. Pers. Sg. – *enni(n)*

für sie, 3. Pers. Pl. (pers.) – *athen*

für sie, 3. Pers. Pl. (unpers.) – *assain*

für uns, 1. Pers. Pl. (allg.) – *ammen*

für uns, 1. Pers. Sg. (inkl.) – *añgen*

Gans – *gwaun*, Pl. *gwoen*

Garde, Truppe eines Herrn – *herth*

Gau (engl. 'Shire') – *trann*

geben, schenken – *anna-*

Gebiet, Reich – *ardh*

gegen, zurück – *ⁿdan*

gegen, zurück zu – *ⁿdan* (NM)

Gegend – *parth*

gehen – *padra-*

gemäß dem (der), Pl. gemäß den – *ben* (< *be* + *in*) (GM)

gemäß, nach (im übertragenen Sinne) – *be* (VM); *be* + *in* = *ben*

gerade, richtig, recht – *tîr*

Gesang, Lied, Singen – *linnad* (*von *linna-* ›singen‹)

Geschichte – *narn*, Pl. *nern*

gezählt, zählbar – *nediad*

Gil-galad (›Strahlenstern‹) – *Gil-galad*

Glanz – *aglar*; *claur*

gleißen, funkeln – *thilia-*

golden (nur von Licht) – *claur*

Gondor – *Gondor*

Gras, Grasnarbe, Wiese – *sâdh*

Grenze – *rain*

groß, mächtig – *beleg*

Großes Meer – *Belegaer*

grün – *calen*

Grüne Gegend – *Parth Galen*

Grüne Provinz – *Calenardhon*

Grünelbe – *Laegel*, Pl. *Laegil*

grüßen – *suila-*

Haar – *fin*, Pl. *fin*

haben – *sav-*, Prät. *aw*

Häfen – *lonnath*

Halbling, Hobbit – *Perian*

Hammer – ^{n}*dam*

Hand – *cam*

Harfe – $^{\tilde{n}}$*gannel*

Harfenspieler, Harfner – *talagan*

Hauch – *hwest*

Haus, Heim – ^{m}*bar*, Pl. ^{m}*bair*

Heiler – *nestar* (*von *nesta-* ‹heilen›)

heilig – *aer*

Heim, Haus – ^{m}*bar*, Pl. ^{m}*bair*

Held – *thalion*, Pl. *thelyn*

Helm – *thôl*

her – *io* (nachgestellt)

Herr – *hîr*

Herrin – *híril*

Herz – *gûr*

hier, jetzt – *sí*

Himmel – *menel*

hinscheiden, fortgehen – *gwanna-*

hinter, am Ende von – *adel* (VM)

hinunter – *dad* (PM)

Hobbit, Halbling – *Perian*

hoch, hochgewachsen – *tond*

Hoffnung – *estel*

Höhle, unterirdische Wohnstatt – *groth*

holen, kommen lassen – *toltha-*

hören auf, lauschen auf – *lasta-*
Hügel der Erschlagenen – *Haudh-i-Ndengin*
ich, 1. Pers. Sg. – *im*
Idee – *naw*, Pl. *noe*
ihm, 3. Pers. Sg. (unpers.) Dat. – *san*
ihm/ihr, 3. Pers. Sg. (pers.) Nom. – *sen*
ihn/sie, 3. Pers. Sg. (pers.) Akk. – *hen*
ihnen 3. Pers. Pl. (pers.) Dat. – *ten*
ihnen, 3. Pers. Pl. (unpers.) Dat. – *sain*
ihr, 2. Pers. Pl. Nom. – *le(n)*
ihr(er), 3. Pers. Pl. (pers.) – *dîn*, Endung -*(e)t*
ihr(er), 3. Pers. Pl. (unpers.) – *hain*
immer- – *ui-*
Immerweiß – *uilos*, Pl. *uilys*
in (räumlich und allg.) – *mi*, *vi* (VM)
in, an (zeitlich und allg.) – *ned* (PM)
innerhalb, zwischen – *im* (VM); *min* (NM)
irgendwer, jemand – *pen*
Iris (Blume) – *ninglor*
Isenfurten (›die eisernen Furten‹, die Furten des Isen) –
    Athrad Angren, Pl. *Ethraid Engrin*
isoliert, allein, einsam, – *erib*
Jahr – *în*
jemand, irgendwer – *pen*
jener dort – *ent*, Pl. *ent*
jenseits von – *athan* (NM)
jenseits von, quer über, durch – *thar* (LM)
Juwel – *mîr*
kahl, nackt – *lanc*
kämpfen – *dagra-*
Kelch – *sûl*
kennen, wissen – *ista-*
Kind – *hên*
Klage – *naergon*
kleiden – *hab-*, Prät. *hant*
Kluft – *criss*

klug – *ⁿgoll*

Knappe, Krieger – *ohtar*

kommen – *tol-*, Prät. *toll*

kommen lassen, holen – *toltha-*

König – *aran*

Krieger, Knappe – *ohtar*

Land – *ⁿdôr*, Pl. *ⁿdŷr*

Land, Ebene – *talath*

lange, lange Zeit – *anann*

Laub – *golas*

Lauer – *torech*

laufen – *nor-*, Prät. *onur*

lauschen auf, hören auf – *lasta-*

Leben – *cuil*

leben, lebendig sein – *cuina-*

Lebwohl – *novaer* (* von Qu. *namárië*)

lecken – *lav-*, Prät. *lam*

Lembas (›Reisebrot‹) – *lembas*

letzt(er, e, es) – *medui*

Licht – *calad*

Liebe – *meleth*

lieben – *mel-* (* von *meleth* ›Liebe‹)

Lied, Singen, Gesang – *linnad* (* von *linna-* singen‹)

Luft – *gwilith*

machen – *car-*, Prät. *agor*

Macht – *tûr*

Magie – *ⁿgûl*

Mann – *benn*; *ⁿdir*

mein(er), 1. Pers. Sg. – *nîn*, Endung -(e)n

meinen, beabsichtigen, wollen – *thel-*, Prät. *thell*

meistern, beherrschen – *orthor-*

Mensch – *Adan*, Pl. *Edain*

mich, 1. Pers. Sg. Akk. – *ni(n)*

mir, 1. Pers. Sg. Dat.– *ni(n)*

mit – *a* (VM), vor Vokalen *ah*

mit, zusammen mit – *go* (VM); *go + in = guin*

mit(tels), durch; von (= Gen.) – *na* (VM); *na* + *in* = *nan*

Mittelerde – *ennorath*

Mittelland – *ennor*

Mond – *Ithil*

Mordor (›Dunkelland‹) – *Mordor*

Morgendämmerung – *minuial*

Moria – *Moria*

Möwe – *mŷl*, Pl. *mŷl*

nach (zeitlich) (VM) – *ab*

Nacht (frühe, ohne Mond), Sternzwielicht, Abenddämmerung – *tinnu*

nackt, kahl – *lanc*

nähern (sich) – *anglenna-*

Name – *eneth*

Nebelgebirge – *Hithaeglir*

nennen – *esta-*

neun – *neder*

Neumond – *cŷron*, Pl. *cŷryn*

nicht! – *avo* (mit Imperativ)

o! – *a!*

oberhalb von, über – *or* (LM); *or* + *in* = *erin*

oder – *egor*

öffnen (sich) – *edra-*

ohne – *pen* (NM)

ohne, un- – *ar-*

Ork – *orch*, Pl. *yrch*

Orodruin (›Feuerberg‹) – *Orodruin*

Osten – *rhûn*

Pappel – *tulus*, Pl. *tylys*

Pfad – *bâd*, Pl. *baid*

Pfad, Weg – *râd*

Pferd – *roch*

Qual – *ᵐbaul*

Quelle – *eithel*, Pl. *eithil*

quer über, durch … hindurch – *athra* (VM)

quer über, durch, jenseits von – *thar* (LM)

Rauch – *osp*

re-, wieder-, zurück- – *ad-*

recht, gerade, richtig – *tîr*

regen (sich), rucken, – *ritha-*

Reich – *arth*

Reich, Gebiet – *ardh*

reißen, bersten – *rista-*

Reiter – *rochben*

richtig, recht, gerade – *tîr*

Richtung, Weg – *men*

riechen – *nosta-*

Ritter – *rochben*

Ring – *corf* (* von Qu. *corma*)

Rose – *Meril*

rucken, sich regen – *ritha-*

rufen – *can-*, unregelm. Präs. *cína*

Rune – *certh*, Pl. *cirth*

säen – *redh-*, Prät. *rend*

Saft – *sáva*

Samweis – *Perhael*

Saruman der Weiße – *Curunír 'lan*

scharf – *maeg*

Schatten – *ⁿdae*

Schatten (von Licht geworfen) – *morchant*, Pl. *morchaint*

Schatten, Dunkel – *fuin*

Schattengebirge (›Schattenzaun‹) – *Ephel Dúath*

schauen, Ausschau halten, wachen – *tir-*, Prät. *tirn*

scheinen (mit weißem oder silbernem Licht) – *síla-*

schenken, geben – *anna-*

Schicksal – *amarth*

Schiff – *cair*

Schild – *thand*

Schlacht – *ⁿdagor*

Schlange – *lhûg*

Schnauze – *ᵐbund*

Schnee – *loss*, Pl. *lyss*

schneeweiß – *loss*

schnell, rasch – *lim*

schön – *bain*

Schrecken (groß) – *gorgor*

schreiben – *teitha-*

Schreibfeder – *tegil*

Schriftzeichen – *têw*, Pl. *tîw*

Schritt, Weg – *pâd*

Schwan – *alph*

schwellen, zunehmen, wachsen – *tuia-*

Schwert – *megil*

sechst(er, e, es) – *enchui*

See – *nên*, Pl. *nîn*

sehen – *cen-*, Prät. *cent*

sein – *na-*

sein(er), 3. Pers. Sg. (unpers.) – *hên*

sein(er)/ihr(er), 3. Pers. Sg. (pers.) – *hîn*, Endung -*(e)s*

sie, 3. Pers. Pl. (pers.) Nom. – *ti*

sie, 3. Pers. Pl. (unpers.) Nom. – *tai*

sie, 3. Pers. Pl. (pers.) Akk. – *den*

sie, 3. Pers. Pl. (unpers.) Akk. – *hain*

sieben – *odog*

Silmaril – *Mirion*, Pl. *Miruin*

silbern – *silivren*

singen – *linna-*

Singen, Gesang, Lied – *linnad* (*von *linna-* ›singen‹)

so wie – *sui*

Spalte, Kluft – *cirith*

später, dort (vorausverweisend) – *ennas*

Speer – *eth*

spielen (Harfe) – *ganna-*

Spitze (eines Speers) – *thela*, Pl. *thili*

sprechen – *ped-*, Prät. *pent*

Sprung des Hirschen – *Cabed-en-Aras*

Stadt (unterirdisch) – *othronn*

standhaft, treu – *boron*

Stein (klein) – *sarn*

Steinfurt – *Sarn Athrad*

sterblich – *fireb*

Stern – *êl*, Pl. *elin*; *gîl*, Pl. *gail*, Koll. Pl. *giliath*

Stern (klein) – *tinu*

Sterne – *elin* (Pl. von *êl*)

Sternenschar – *elenath*

Sternzwielicht, Abenddämmerung, Nacht (frühe, ohne Mond) – *tinnu*

stören, beeinflussen – *presta-*

Strom – *duin*, Pl. *duin*

suchen, wünschen, begehren – *aníra-*

Süden – *harad*

Tal – *tum*, Pl. *tym*

Tal (baumbestanden) – *nan*

Thron – *mahalf* (* von Qu. *mahalma*, aus dem Valarin)

tief – *nûr*

Tod – $^{\tilde{n}}$*gûr*, $^{\tilde{n}}$*guruth*

Todesschatten – $^{\tilde{n}}$*guruthos*

Tor – *annon*

Tote – *firn* (Pl.)

töten – ^{n}*dag-*

Traum – *ô*, Pl. *ely*

träumen – *oltha-*

treffen (sich), begegnen, – *govad-*

treu, standhaft – *boron*

trinken – *soga-*

Truppe eines Herrn, Garde – *herth*

Turm – *barad*

über, betreffend – *o* (VM), vor Vokalen *oh; o + in = uin*

über, oberhalb von – *or* (LM); *or + in = erin*

Ufer – *falas*

umgeben, umgrenzen – *gwinia-*

umherschweifen – *renia-*

und – *ar*

uns, 1. Pers. Pl. (allg.) Akk. – *ven*

uns, 1. Pers. Pl. (allg.) Dat. – *men*

uns, 1. Pers. Sg. (inkl.) Akk. – *'en*

uns, 1. Pers. Sg. (inkl.) Dat. – *gen*

uns(er), 1. Pers. Sg. (inkl.) – *gîn*, Endung *-(e)nc*

unser, 1. Pers. Pl. (allg.) – *vîn*, Endung *-(e)m*

unter dem (der), Pl. unter den – *nuin* (< *nu+in*)

unter, unterhalb von – *di* (VM); *nu* (VM); *nu + in = nuin*

verdammt – *ᵐbarad*

verstehen – *henia-*

verzaubern – *luitha-*

viert(er, e, es) – *canthui*

Vogel – *aew*, Pl. *aew*

Volk – *gwaith*

von . . . weg – *od* (PM)

von dem (der), Pl. von den – *uin* (< *o + in*) (GM)

vor (zeitlich) – *no* (VM); *no + in = nuin*

vor dem (der), Pl. vor den (zeitlich) – *nuin* (< *no+in*)

wachen, schauen, Ausschau halten auf – *tir-*, Prät. *tirn*

wachsen, schwellen, zunehmen – *tuia-*

Wagen – *rach*

Wald – *oron*

Wald (groß) – *taur*

Wald-von-Buche, Buchenwald (= Wald Neldoreth in Bele-riand) – *Taur-na-Neldor*

walddurchwirkt – *galadhremmin*

wann, wenn (zeitlich) – *ir*

was? – *man*

Weg finden, Weg suchen – *rada-*

weg-, fort- – *o-*

Weg, Richtung – *men*

Weg, Schritt – *pâd*

wehen, wirbeln – *hwinia-*

Weidental – *Nan-tathren*

weiß – *glân*

Weißfluss – *Glanduin*

weithin, fernhin – *palan*

Welt – *amar*

wenn, falls (konditional) – *ae*

wenn, wann (zeitlich) – *ir*

wer? – *man*

Werwolf – *ⁿgaur*

Westen – *ⁿdûn*

westlich – *annui*

wie? – *naman?* (*aus *na* + *man*)

wie lange? – *manann?* (*aus *man* + [*an*]*ann*)

wieder-, zurück-, re- – *ad-*

wiederkehren – *dandol-* (* von *dan* + *tol-* kommen‹), Prät. *dandoll*

Wind – *sûl*

Winter – *rhîw*

wir, 1. Pers. Pl. (allg.) Nom. – *men*

wir, 1. Pers. Pl. (inkl. = ich und du/ihr) Nom. – *gen*

wirbeln, wehen – *hwinia-*

wissen, kennen – *ista-*

wo? – *mas?* (*abgeleitet von Qu. *masse?*)

woher? – *omman?* (*aus *od* + *man*)

wohin? – *amman?* (*aus *an* + *man*)

Wolf – *draug*; *ⁿgarav*

wollen, meinen, beabsichtigen – *thel-*, Prät. *thell*

Wort – *peth*

wünschen, begehren, suchen – *aníra-*

zählbar, gezählt – *nediad*

Zauberer – *ithron*, Pl. *ithryn*

zehn – *caer*

Zeichen, Banner – *tann* (* von Qu. *tanna*)

Zeitalter – *andrann*

zu dem (der), Pl. zu den – *'nin* (< *an+in*) (GM)

zunehmen, wachsen, schwellen – *tuia-*

zurück-, re-, wieder- – *ad-*

zurück, gegen – *ⁿdan*

zusammen mit dem (der), Pl. zusammen mit den – *guin* (< *go* + *in*) (GM)

zusammen mit, mit – *go* (VM); *go* + *in* = *guin*
Zwerg – *naugol*, Pl. *noegyl*
Zwergenvolk – *Nogothrim*
zwischen, innerhalb – *im* (VM); *min* (NM)

Ausführliche Wörterbücher Sindarin–Deutsch und Deutsch–
Sindarin sind in *Das große Elbisch-Buch* enthalten.

Lautschrift

Für die Darstellung der Laute wurde eine leicht vereinfachte Form der Standard-Lautschrift (IPA) gewählt. Bei folgenden Zeichen ist die Aussprache besonders zu beachten:

Vokale (Selbstlaute)

[ε] wie in ›hell‹ [ˈhεl] (offenes *e*, fast wie ein kurzes *ä*)
[e] wie in ›Beet‹ [ˈbeːt] (geschlossenes *e*)
[ɔ] wie in ›toll‹ [ˈtɔl] (offenes *o*)
[o] wie in ›Boot‹ [ˈboːt] (geschlossenes *o*)
[y] wie in ›Glück‹ [ˈglyk], ›grün‹ [ˈgryːn] (deutsches *ü*)

Konsonanten (Mitlaute)

[ç] wie in ›ich‹ [ˈiç] (wie *ch* im Deutschen nach *i*, *e* und *ä*, *ö*, *ü*)
[ŋ] wie in ›lang‹ [ˈlaŋ], in der Umschrift zur Verdeutlichung *ñ* geschrieben
[r] wie in engl. 'merry' [ˈmεri] (Zungenspitzen-*r*)
[s] wie in ›Fass‹ [ˈfas] (stimmloses, gezischtes *s*, wie deutsches *ß* oder *ss*)
[v] wie in ›Wein‹ [vain], ›Venus‹ [ˈveːnus] (deutsches *w*)
[w] wie in engl. 'well' [wεl] (Halbvokal; gesprochen wie *u*, aber wie ein Konsonant verwendet)
[x] wie in ›ach‹ [ax] (wie *ch* im Deutschen nach *a*, *o*, *u*)
[ð] wie in engl. 'on the rocks' [ɔn ðə rɔks] (stimmhaftes *th*)
[θ] wie in engl. 'thin' [ˈθin] (stimmloses *th*)

Alle anderen Buchstabenzeichen in der Lautschrift werden wie im Deutschen üblich ausgesprochen.

Sonderzeichen

[:] Längenzeichen, steht *nach* dem Laut
[:.] Laut mit Überlänge
['] Hauptbetonung, steht *vor* der betonten Silbe
[.] zur Verdeutlichung der Silbentrennung
[/] Pausenzeichen

Nähere Ausführungen zur Aussprache in Lektion 2.

Allgemeine Abkürzungen

Abl. – Ablativ (*Woher*-Fall)
Adj. – Adjektiv (Eigenschaftswort)
Akk. – Akkusativ (*Wen-/Was*-Fall)
All. – Allativ (*Wohin*-Fall)
allg. – allgemein
Aor. – Aorist (allgemeine Zeitform)
Dat. – Dativ (*Wem*-Fall)
dt. – deutsch
Dual – Dual (Zweizahl)
engl. – englisch
etc. – et cetera, und so weiter
exkl. – exklusiv (ausschließend)
fam. – familiär
Fut. – Futur (Zukunft)
Gen. – Genitiv (*Wes*-Fall)
Ger. – Gerundium (substantiviertes Verb)
GF – Grundform
inkl. – inklusiv (einschließend)
Instr. – Instrumentalis (*Womit-/Wodurch*-Fall)
Koll. – kollektiver Plural (Gruppe oder Gesamtheit)
Lok. – Lokativ (*Wo-/Wann*-Fall)
Nom. – Nominativ (*Wer*-Fall)
Pers. – Person
pers. – personal, persönlich
Pl. – Plural (Mehrzahl)
Poss. – Possessiv (besitzanzeigender Fall)
PQ. – Primitives Quendisch (elbische Ursprache)
Präs. – Präsens (Gegenwart)
Prät. – Präteritum (Vergangenheit)
Pron. – Pronomen (Fürwort)
Qu. – Quenya
Sind. – Sindarin
Sg. – Singular (Einzahl)
Subst. – Substantiv, Nomen (Hauptwort)

unpers. – unpersönlich
vgl. – vergleiche

*   – rekonstruierte Form
** – falsche Form
?   – zweifelhaft
>   – geworden zu
<   – entstanden aus

Quellen

HdR – *Der Herr der Ringe* (*The Lord of the Rings*, 1954/55), dt.
1969/70, Neuübers. 2000.

Die Seitenzahlen verschiedener Ausgaben sind zum Teil unterschiedlich. Daher wird nach Teilen zitiert:

I-II – Die Gefährten (= Erstes und Zweites Buch)

III-IV – Die zwei Türme (= Drittes und Viertes Buch)

V-VI – Die Wiederkehr des Königs (= Fünftes und Sechstes
Buch)

Anh – Anhänge

Kapitel werden mit Zahlen und Unterteilungen im Anhang mit
Großbuchstaben notiert, z. B. *HdR* II/1 = *Der Herr der Ringe*,
Zweites Buch, Erstes Kapitel; *HdR* Anh/B = *Der Herr der Ringe*,
Anhänge, Anhang B.

NaM – *Nachrichten aus Mittelerde* (*Unfinished Tales*, 1980),
1983.

Die Seitenzahlen verschiedener Ausgaben sind zum Teil unterschiedlich. Daher wird nach Teilen zitiert:

1 – Teil eins: Das Erste Zeitalter

2 – Teil zwei: Das Zweite Zeitalter

3 – Teil drei: Das Dritte Zeitalter

4 – Teil vier

Reg – Register

Unterteilungen werden mit römischen Ziffern notiert, z. B. NaM
3/II = *Nachrichten aus Mittelerde*, Teil drei, Abschnitt II.

RGEO – *The Road Goes Ever On* (1968), dt. 1993 (als englische
Ausgabe mit deutschem Beiblatt).

Sil – *Das Silmarillion* (*The Silmarillion*, 1977), dt. 1978.

Zitiert nach Unterteilungen:

Ain – Ainulindale

Val – Valaquenta

QS – Quenta Silmarillion; Kapitel werden mit römischen Ziffern notiert, z. B. QS/IV = *Das Silmarillion*, Quenta Silmarillion, Kapitel IV

Ak – Akallabêth

RdM – Von den Ringen der Macht

Reg – Namensregister

Anh – Anhang: Elemente in den Quenya- und Sindarin-Namen.

VT – Vinyar Tengwar (Zeitschrift)
Zitiert nach Ausgabe und Seite, z. B. *VT* 43:12.

PE – Parma Eldalamberon (Zeitschrift)
Zitiert nach Ausgabe und Seite, z. B. *PE* 17:35

Übersetzungen zu allen elbischen Texten in Tolkiens Hauptwerken, ausführliche Wörterbücher Elbisch–Deutsch und Deutsch–Elbisch sowie Hinweise zu weiterführender Literatur und Internet-Seiten sind enthalten in:

Helmut W. Pesch: *Das große Elbisch-Buch*. Bergisch Gladbach: Bastei Lübbe 2009; 4. Aufl. 2015. ISBN 978–3–404–38524–4. Paperback. 891 S.

Weitere Texte und Informationen auf www.elbisch.info.

Das Standardwerk der Elbensprachen

Helmut W. Pesch
DAS GROSSE
ELBISCH-BUCH
896 Seiten
ISBN 978-3-404-28524-2

Nach langer Zeit sind nun endlich Tolkiens Notizen, Kommentare und Erklärungen zum »Herrn der Ringe« veröffentlicht worden. Aus diesen Notizen gehen viele neue Erkenntisse über die geheimnisvolle Sprache der Elben hervor. »Das große Elbisch-Buch« bringt den Leser auf den neuesten Stand.

- Eine umfassende Einführung in die Sprachen der Elben.
- Neues Hintergrundwissen aus Tolkiens Notizen zum Herrn der Ringe.
- Neue grammatische Zusammenhänge und viele bislang unbekannte Vokabeln.
- Einen Anhang über die Sprachen der Orks und Zwerge.
- Erstmals einen Index Deutsch-Elbisch / Elbisch-Deutsch.

Bastei Lübbe